Dieter Seitzer

# Arbeitsspeicher für Digitalrechner

Springer-Verlag
Berlin Heidelberg New York 1975

Dr.-Ing. DIETER SEITZER
o. Professor an der Universität Erlangen-Nürnberg
Vorstand des Instituts für Technische Elektronik

Mit 141 Abbildungen

ISBN-13: 978-3-540-06928-7     e-ISBN-13: 978-3-642-80868-5
DOI: 10.1007/978-3-642-80868-5


Library of Congress Cataloging in Publication Data
Seitzer, Dieter, 1933 — Arbeitsspeicher für Digitalrechner. (Hochschultext)
Includes bibliographies and index.
1. Computer storage devices. I. Title.
TK7895.M4S38     621.3819'533     74-19452

# Vorwort

Das Buch enthält den Stoff einer einsemestrigen Vorlesung von 2 Semesterwochenstunden für Studenten der Elektrotechnik des 7. Semesters.
Damit sind der Umfang gegeben und die Voraussetzungen, mit denen gerechnet wird, d.h. es werden Kenntnisse der physikalischen Grundlagen
von Halbleiterbauelementen, deren Herstellung und Eigenschaften sowie
der Schaltungsanalyse vorausgesetzt.

Es ist die hauptsächliche Absicht von Vorlesung und Lehrbuch, zu einem
Verständnis für den Zusammenhang zwischen den Eigenschaften des Speicherelementes (Ferritkern, Halbleiterkippstufe) und den Kenndaten eines
Speichers als Systembaustein hinzuführen. Die dazu notwendigen Begriffe und Kennwerte werden im ersten Abschnitt eingeführt. In den nächsten
Abschnitten folgen die einzelnen Speichertechniken. Dabei sollen im Hauptteil jeweils die Wirkungsweise typischer Ausführungsformen nahegebracht
werden und als Ergänzung und Abrundung einige Sonderbauformen mit den
Vor- und Nachteilen gegenüber der Standardtechnik Platz finden, hauptsächlich in der Absicht, eine Vorstellung zu geben von der Breite der
Möglichkeiten, aber auch vom Aufwand, um bestimmte Eigenschaften zu erzielen. Der Speicherperipherie ist ein getrennter Abschnitt gewidmet,
einmal deswegen, weil ihr im Zusammenspiel zwischen Speicherelement,
Gesamtspeicher und Rechenanlage eine besondere Bedeutung zukommt, andererseits, weil sie in modifizierter Form bei allen Speicherverfahren
wiederkehrt und oft ausschlaggebend die Wirtschaftlichkeit beeinflußt.

Im Interesse einer lehrhaften Behandlung des Stoffes entspricht der Umfang eines Kapitels nicht unbedingt dessen augenblicklicher technischer
Bedeutung. Das Verständnis für den augenblicklichen Stand und die gegenwärtigen Probleme einer Technik werden oft erst deutlich aus dem Vergleich mit Alternativlösungen, die von der technischen Entwicklung inzwischen überholt worden sind oder aus anderen Gründen nicht mehr ein-

IV

gesetzt werden. Wichtige praktische Fragen der Herstellung, der Zuverlässigkeit und Prüfung sind der Straffung zum Opfer gefallen.
Die Vielfalt konkurrierender Speicherverfahren war von jeher ein Kenn-
zeichen des Gebiets und ist es heute mehr denn je, ebenso deren schnelle Weiterentwicklung. So muß die Auswahl vielfach willkürlich erscheinen. Es ist hier die Absicht, die einigermaßen gesicherten Erkenntnis-
se in eine übersichtliche Ordnung zu bringen und gleichzeitig Ansätze
zur Weiterentwicklung zu zeigen. In diesem Sinn sollte das Buch auch
dem in der Praxis tätigen Ingenieur von Nutzen sein, der als Spezia-
list auf seinem Gebiet das Nachbargebiet nicht immer mit der nötigen
Intensität verfolgen kann. Die mit Absicht sparsamen Literaturhinweise
mögen dem an Details Interessierten weiterhelfen.

Ich bin sicher, daß das Buch Fehler enthält und entschuldige mich dafür
von vornherein. Ebenso sicher ist, daß man in Auswahl und Darstellung
des Stoffes andere Wege hätte gehen können und weiter ist sicher, daß
der Inhalt veraltet. Dies läßt die Hoffnung auf eine Neuauflage möglich
erscheinen, in der ich die Ungereimtheiten des ersten Anlaufs durch die
Mitarbeit kritischer Leser, um deren Hilfe ich hiermit bitte, auszumer-
zen in der Lage bin. Es schien mir wichtiger, das Buch jetzt und so dem
Studenten in die Hand zu geben, als es in weiteren Iterationen zu verbessern und dabei auf meinem Schreibtisch in wesentlichen Teilen ver-
alten zu sehen.

Wenn für Verfahren unterschiedliche Zahlenangaben gemacht werden, so
zeigt dies nur, daß verschiedene Autoren mit verschiedenen Annahmen zu
verschiedenen Aussagen gelangen können und die Entwicklung noch im Fluß
ist. Der kritische Leser sei hier auf die zitierten Quellen verwiesen.

Zum Schluß möchte ich Frau H. Zurinski herzlich für die sorgfältige
Reinschrift danken, ebenso wie einer Reihe ungenannter Hilfskräfte,
welche insbesondere meine Skizzen zu Zeichnungen verarbeiten halfen.
Auch dem Verlag gebührt mein Dank für sein Eingehen auf meine Wünsche.

Erlangen, im Sommer 1974

D. Seitzer

# Inhalt

# 1. Überblick

## 1.1 Einleitung und Abgrenzung

Die Speicherung stellt eine wichtige Funktion innerhalb von informationsverarbeitenden und informationsübertragenden Systemen dar und tritt in vielfältiger Weise in Erscheinung. Nicht nur technische Systeme machen davon Gebrauch, man denke z.B. an die Gene, welche als Träger der Erbinformation gelten, oder an das menschliche Gedächtnis mit seiner enormen Leistungsfähigkeit. Andere Arten von Informationsspeichern sind in Form von Büchern, Mikrofilmen, Zeichnungen usw. in Gebrauch.

Auch Datenverarbeitungsanlagen verwenden Speicher in vielfältiger Weise, sei es zur Speicherung kontinuierlich veränderlicher elektrischer Signale in Analogrechnern in Form von Kapazitäten, sei es in Form von Lochkarten, magnetischen Platten, Bändern oder Kernen oder integrierten Halbleitern zur Speicherung diskreter Zahlen, Zeichen oder Worte. Diese Vielfalt beruht auf den weiteren Anforderungen, welche zusätzlich zur Speicherung gestellt werden, wie z.B. die maximale Größe, die Möglichkeit und Geschwindigkeit zur Veränderung und Auslese der gespeicherten Informationen, die Unabhängigkeit von störenden Umgebungseinflüssen und nicht zuletzt auch der Preis.

Besondere Anforderungen werden in dieser Hinsicht an die Arbeitsspeicher moderner Rechenanlagen gestellt. Für sie sind im Laufe der Zeit ganze Technologien entwickelt worden bzw. werden noch entwickelt und stehen miteinander in scharfem Wettbewerb.

Unter Arbeitsspeicher soll hier im Sinne von v. Neumann (Bild 1.1) der Speicher verstanden werden, der unmittelbar mit dem zentralen Rechenwerk zusammenarbeitet und entsprechend Teile des Programms bzw. der Daten speichert. Im englischen Sprachgebrauch wird er auch als main memory (Hauptspeicher) bezeichnet. Im einfachen Fall dient der Haupt-

2

speicher auch zur Aufnahme von Daten, die der Anlage über die Eingabe
eingespeist werden bzw. zur Aufnahme von Ergebnissen, die für die
Ausgabe auf Anforderung zur Verfügung stehen. In größeren Anlagen
steht für die Speicherung eine ganze Hierarchie von Speichern zur
Verfügung, die in Ergänzung zum Haupt- oder Arbeitsspeicher als Hintergrundspeicher oder Massenspeicher (mass memory) benutzt werden.
Den einzelnen Teilen der Anlage, die im Bild auftreten, ist ein Leit-
werk übergeordnet, welches den Betriebsablauf überwacht und steuert.

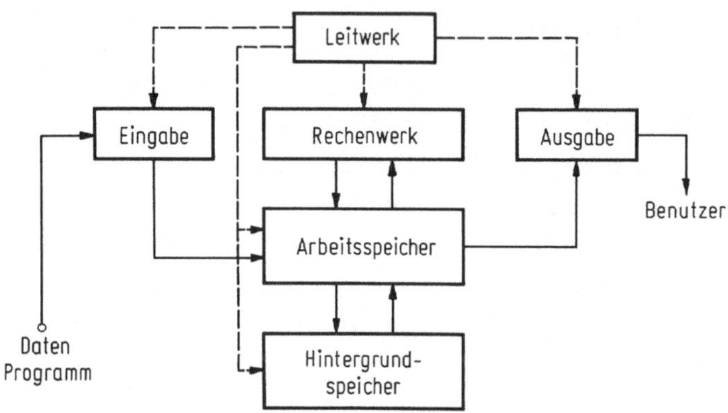


**1.1. Struktur einer Datenverarbeitungsanlage nach v. Neumann**

Die in modernen Rechenanlagen verwendeten Arbeitsspeicher sollen Ge-
genstand dieser Darstellung sein. Im Vordergrund steht der Zusammenhang zwischen den Eigenschaften der verwendeten Speicherelemente und
denjenigen technischen Eigenschaften, die ein Speicher als Systembaustein innerhalb einer Anlage aufzuweisen hat. In Verbindung damit werden auch die physikalische Wirkungsweise, der Aufbau und die Herstellung von Speichern zu besprechen sein, d.h. ausschließlich physikalische Betrachtungen sind ebenso ausgeschlossen wie rein wirtschaftliche oder fertigungstechnische Gesichtspunkte.

Im Sinne einer Beschränkung des Themas kann auf die vielfältige Wech-
selwirkung zwischen der Rechnerarchitektur und den zur Verfügung stehenden Speicherverfahren nicht eingegangen werden. Es genüge der Hin-
weis, daß anstelle von Rechenwerken gespeicherte Tabellen einsetzbar
sind, daß durch die Mikroprogrammierung mit austauschbaren Festwertspeichern ein nahezu kontinuierlicher Übergang zwischen den Methoden
der Software und der Hardware möglich ist und daß assoziative Speicher u.U. völlig andersartige Verarbeitungsstrukturen eröffnen. Auch
die vom wirtschaftlichen Standpunkt aus außerordentlich wichtigen

Fragen der Prüfung von Speichern, der Zuverlässigkeit, der Aufteilung
in verschiedene Aufbau- und Verdrahtungsebenen (packaging) und der Modularität gehen über den gesteckten Rahmen hinaus.


## 1.2 Leistungsparameter und Kenngrößen von Speichern

Leistungsparameter und Kenngrößen von Systembausteinen dienen einerseits zur Angabe der für die Anwendung in einer Systemumgebung wichtigen Eigenschaften, andererseits zum Vergleich verschiedener Technologien untereinander. Beim Speicher sind die für die Anwendung wichtigsten Leistungsparameter die Kapazität, die Zugriffs- oder Zykluszeit,
der Preis pro Speicherelement und die Speicherdichte.


Die Kapazität eines Speichers bestimmt den Umfang der Probleme, die
verarbeitet werden können, d.h. die Größe des Programms und die Menge
der Daten. Die Kapazität in der Einheit bit gibt die Anzahl der spei-
cherbaren Binärstellen [1.1]. Im allgemeinen ist eine Speicherzelle
für eine Binärstelle aus Gründen der Speicherorganisation nicht an-
sprechbar. Vielmehr ist die kleinste adressierbare Einheit oft eine
Gruppe von 8 bit = 1 byte, oder auch ein´Wort, das je nach Rechner
etwa 16 bis 72 bit, d.h. 2 bis 9 byte umfaßt. Zur Speicherung einer
Dezimalziffer bedarf es mindestens 4 bit, zur Speicherung von Zeichen
je nach Alphabet oder Code 6 bis 8 bit. Eine Schreibmaschinenseite enthält demnach etwa 10000 bis 20000 bit, ein dickes Buch wie die Bibel
etwa $10^8$ bit an in Buchstaben codierter Information. Innerhalb der Ma-
schine kommen dazu oft noch weitere Stellen zur Datensicherung. Die
gesamte Speicherkapazität großer Rechenanlagen hat sich von ca. $2 \cdot 10^4$
bit im Jahr 1950 auf ca. $5 \cdot 10^7$ bit im Jahr 1973 vergrößert, was einer
Verdoppelung in 2 Jahren entspricht.


Die Zugriffszeit gibt die Zeitdauer zwischen dem Eintreffen der Spei-
cheradresse im Adressenregister und dem Eintreffen der ausgelesenen
Information im Ausgaberegister des Speichers an (Bild 1.2). Die Adresse besteht aus n bit für $2^n$ adressierbare Worte. Mit Hilfe der Entschlüsselung (Decodierung) wird die Auswahl von einem aus $2^n$ Worten
vorgenommen. Die Ansteuerschaltungen sowie die Leseverstärker dienen
der Anpassung der Signalpegel. Innerhalb der Speichermatrix treten
Lauf- und gegebenenfalls Umschaltzeiten der Speicherelemente auf. Im
Fall der zerstörenden Auslese muß die Information vor einem neuen Zugriff wieder eingeschrieben werden. In diesem Fall ist die Zykluszeit,

4

d.h. die Zeit für einen Lese- und einen Schreibvorgang, ein zweckdien-
licheres Maß für die Geschwindigkeit des Speichers als die Zugriffszeit allein. Die Zykluszeit von Schnellspeichern hat sich von ca. 10 µs
im Jahr 1958 herabentwickelt auf ca. 50 ns im Jahr 1972, eine Verringe-
rung um den Faktor 2 in jeweils 1,8 Jahren.

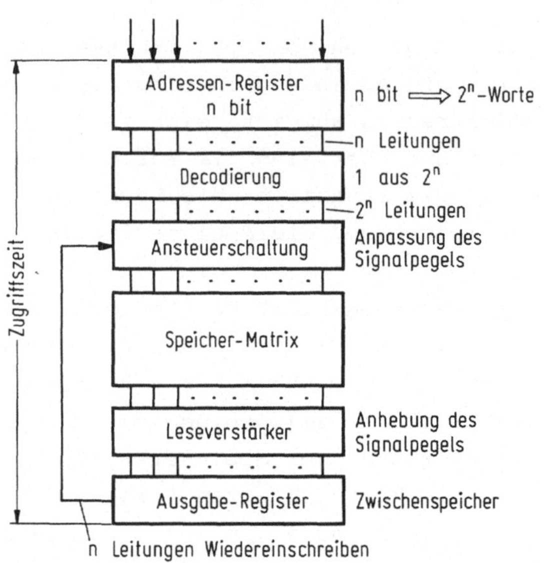


## 1.2. Beteiligung verschiedener Baugruppen am Zustandekommen von Zugriffs und Zykluszeit

Zugriffszeit bzw. Zykluszeit und Kapazität sind die Koordinaten eines
Diagramms (Bild 1.3), in dem einige wichtige Vertreter von heute in Gebrauch befindlichen Speichertechniken eingetragen sind. Führt man als
Güteziffer das Produkt aus Kapazität mal Geschwindigkeit ein, so sind
die Orte konstanter Güte Geraden mit $45°$ Gefälle. Keine Speichertechnik erfüllt gleichzeitig die Anforderungen großer Kapazität und großer
Geschwindigkeit. Dies und der unterschiedliche Preis sind die Gründe
für das Nebeneinander so vieler Verfahren für eine Aufgabe.

Die erreichbare Geschwindigkeit hängt eng zusammen mit der Art des
Zugriffs zu einem Speicher, der aufbaubedingt ist. Den schnellsten
Zugriff erlaubt die matrixförmige Anordnung der Speicherelemente
(wahlfreier Zugriff = random access); er ist gleichzeitig am aufwen-
digsten. Beim zyklischen Zugriff (z.B. Trommelspeicher) läuft das
Speichermedium oder die Information um, und die mittlere Zugriffszeit
ist gleich der halben Umlaufdauer innerhalb einer Spur. Beim seriellen
Zugriff (z.B. Bandspeicher) ist die gesamte Information längs einer
Koordinate gespeichert. Die Zugriffszeit wird am größten, jedoch der

Aufwand am kleinsten, da nur eine Lese- bzw. Schreibeinheit für alle
Stellen notwendig ist. Es muß ferner unterschieden werden zwischen me-
chanischem und elektronischem Auswahlverfahren, was verständlicherwei-
se einen wesentlichen Einfluß auf die Zugriffszeit hat.

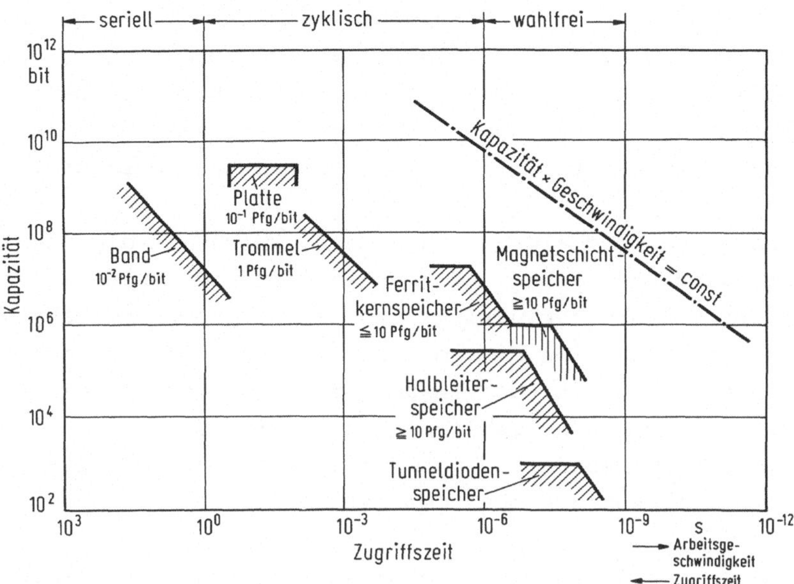


1.3. Zusammenhänge zwischen Kapazität und Geschwindigkeit bei verschiedenen Speichertechniken

Ein weiterer besonders für die Anwendung wichtiger Parameter ist der
Preis pro Speicherzelle. Er liegt heute bei den in Gebrauch befindlichen Techniken zwischen $10^{-2}$ Pf/Bit (Bandspeicher) und etwa 10 Pf/Bit
(schnelle Halbleiterspeicher). Der Preis ist eine Funktion der Zeit
und hängt stark vom Entwicklungsstand einer Technologie ab. Bei Neu-
einführung einer Technik ist der Preis am höchsten und fällt mit stei-
gendem Einsatz (Menge) und besserer Beherrschung der Herstellungsverfahren (Ausbeute) im Laufe von wenigen Jahren oft um eine Größenordnung. Ein praktisches Beispiel hierfür sind die Halbleiterspeicher, die
im Jahre 1968 noch etwa 50 Pf/Bit gekostet haben, und die heute (1974)
bereits für wenige Pfennige je Bit zu bekommen sind.

Eine wichtige Eigenschaft von Speichern läßt sich mit dem Stichwort
"Modularität" andeuten. Darunter versteht man die Möglichkeit, mit
einer einheitlichen Herstellungsmethode Speicher sehr verschiedener
Größe in baukastenartiger Form wirtschaftlich aufbauen zu können. Beim
Halbleiterspeicher ist dies in hohem Maße gegeben, bei magnetischen
Speichern mit einer aufwendigen Peripherie weit weniger.

## 1.3 Kenngrößen von Speicherelementen

Ein Speicher als Systembaustein enthält eine Vielzahl von Speicherzellen bzw. Speicherelementen, die kurz auch als "Bits" bezeichnet
werden (im Unterschied zur klein geschriebenen Informationseinheit
"bit", die nur in der Einzahl verwendet wird, ist die Bezeichnung
"Bit" für das physische Speicherelement mit der Möglichkeit zur Bildung der Mehrzahl in Form von "Bits" gebräuchlich). Die Speicherelemente sind somit die wichtigsten Teile des Speichers, da ihre Eigenschaften wesentlich die Parameter des gesamten Speichers bestimmen.

Da ist zunächst die Umschaltzeit zu nennen, welche in die Zugriffszeit eingeht, wenn das Element beim Lesen oder/und Schreiben umgeschaltet werden muß.Die Verlustleistung ist besonders bei aktiven
Speichern von Interesse, da sie im Dauerbetrieb unter wenigen Milli-
watt liegen muß, damit Speicher in der Größe von Megabit einen wirtschaftlichen und temperaturstabilen Betrieb erlauben. Davon zu unterscheiden ist die zum Umschalten notwendige Leistung, die nur beim Aufruf des Speicherelementes anzusetzen ist.

Die Lesbarkeit eines Speicherelementes äußert sich sowohl in der Größe
des Lesesignals wie auch in der Eigenschaft der zerstörenden (destructive readout, DRO) oder zerstörungsfreien Auslese (non-destructive readout, NDRO).

In diesem Zusammenhang interessiert auch das Verhältnis des Lesesignals
zum Ansteuersignal, das zum Umschalten des Elementes aufzubringen ist.
Ein wichtiger Parameter ist ferner die Störsicherheit der gespeicherten
Information, d.h. die Empfindlichkeit des physikalischen Speicherzustandes gegenüber Umgebungseinflüssen wie störenden Magnetfeldern, Tempera-
turerhöhung, insbesondere auch gegenüber Ausfall der Energieversorgung
(volatility: Flüchtigkeit), die besonders bei aktiven Speichern zu beachten ist.

Die Abmessungen eines Speicherelementes schließlich bestimmen im wesentlichen die Speicherdichte (Bit/mm$^2$) und damit die Abmessungen des gesamten Speichers. Sie haben auch einen wesentlichen Einfluß auf die
Laufzeit innerhalb des Speichers und damit auf die Zugriffszeit; über
die Länge der Aufrufleitungen und deren Dämpfung bestimmen sie auch u.U.
die maximale Kapazität eines Speichers. Besteht eine Rückwirkung zwischen den Vorgängen im Speicherelement und den Signalen auf der Ansteuer

leitung, so können auch dadurch Begrenzungen der Speichergröße z.B.
durch Dämpfungseffekte bzw. besondere Anforderungen an die Steuer-
schaltung bezüglich Impedanzen und Toleranzen resultieren.

Schließlich ist das Herstellungsverfahren von Bedeutung. Dabei interessieren von der wirtschaftlichen Seite her die Toleranzen und damit
die Ausbeute ebenso wie die sogenannte Kompatibilität. Darunter versteht man die Verträglichkeit mit den Herstellungsverfahren, die man
zum Aufbau der anderen Systembausteine innerhalb eines Systems benötigt, wie z.B. dem Rechenwerk (Logik) oder der peripheren Geräte für
die Ein- bzw. Ausgabe. Bei großen Speichern rückt die pro Arbeitsgang
herstellbare Anzahl von Speicherelementen in den Vordergrund. Serielle
Verfahren scheiden dabei u.U. aus, da sie zu lange Zeit benötigen, um
nur die Elemente für einen Massenspeicher herzustellen. Hier rücken
parallele Herstellungsverfahren in den Blickpunkt, die dann entsprechend größere Anforderungen an die Ausbeute stellen, da man bei Ausfall
eines Elementes gleich eine ganze Anzahl guter Elemente, die sich innerhalb der gleichen Einheit befinden, aussortieren muß. Auf den bereits
erwähnten Begriff der Modularität sei noch einmal hingewiesen.

Wie man sieht, ist es ein ganzes Spektrum von Anforderungen, welche an
brauchbare Speicherelemente gestellt werden. Je nach Anwendung sind bestimmte Anforderungen verschieden zu gewichten. Man versteht aus diesen
Gründen, wenn heute eine Vielzahl von Speichertechniken auf dem Markt
ist, welche miteinander in ständigem Wettbewerb stehen.

In diesem Zusammenhang sei auf die weiterführenden Darstellungen in
Form von Übersichtsartikeln und Büchern am Ende dieses Abschnitts verwiesen [1.2 bis 1.10].

## 1.4 Schrifttum zu Abschnitt 1

1.1   Speiser, A.P.: Digitale Rechenanlagen, 2. Aufl. Berlin, Heidel-
      berg, New York: Springer 1967.

1.2   Bornemann, H. (Hrsg.): Jahrbuch des elektrischen Fernmeldewe-
      sens. Bad Windsheim: Verl. f. Wissensch. u. Leben Georg Hei-
      decker 1966.

1.3   Steinbuch, K. (Hrsg.): Taschenbuch der Nachrichtenverarbeitung,
      2. Aufl. Berlin, Heidelberg, New York: Springer 1967.

1.4   Dokter, F.; Steinhauer, J.: Digitale Elektronik in der Meßtech-
      nik und Datenverarbeitung, Bde. 1 u. 2. Hamburg: Deutsche Phi-
      lips GmbH 1969.

8

1.5  Weber, W.: Einführung in die Methoden der Digitaltechnik. AEG-
     Telefunken-Handbücher, Bd. 6. Berlin: Elitera-Verlag 1970.

1.6  Klar, R.: Digitale Rechenautomaten. Sammlung Göschen, Bd. 1241/a.
     Berlin, New York: de Gruyter & Co. 1970.

1.7  Bürger, E.: Informationsspeicher für Datenverarbeitung und Rechen-
     technik. Braunschweig: Friedr. Vieweg & Sohn 1970.

1.8  Renwick, W.; Cole, A.J.: Digital storage systems. London: Chap-
     man & Hall 1971.

1.9  Hartlieb, M.: Digitale Informationsspeicher (Diplomarbeit). In-
     stitut für Technische Elektronik, Universität Erlangen-Nürnberg
     1973.

1.10 Kaufmann, H.: Daten-Speicher. München, Wien: R. Oldenbourg 1973.

# 2. Ferritkernspeicher

## 2.1 Einleitung

Seit seiner Einführung Anfang der fünfziger Jahre [2.1] ist der Ferritkernspeicher zum Maßstab der Speichertechniken moderner Rechner geworden. Seine Kapazität liegt in der Gegend von $10^6$ bis $10^7$ Bit, die Zugriffszeit in der Gegend von Bruchteilen einer Mikrosekunde bis zu mehreren Mikrosekunden, und die Kosten nahmen stetig ab, bis sie den Wert von 5 Pf/Bit erreicht haben. Er stellt eine nahezu ideale Lösung des Problems der Speicherung dar, was seinen Erfolg erklärt.

Der Ferritkern ist ein Strukturspeicher, der zur Speicherung keine Leistung erfordert und schnell geändert werden kann. Gleichzeitig ist der Ferritkern sein eigenes Adressengatter mit drei Eingängen, die miteinander über eine Schwellwertlogik verknüpft sind. Das zur Ansteuerung verwendete Koinzidenzverfahren kann angewendet werden, da der Kern eine ausgesprochen nichtlineare Charakteristik (rechteckige Hystereseschleife) besitzt. Ferritkerne mit rechteckiger Hystereseschleife sind wenig störanfällig wegen des ringförmig geschlossenen Feldlinienverlaufs innerhalb der Kerne, und die Ausgangsspannungen sind relativ groß. Auch die Zuverlässigkeit ist hervorragend, da keine Alterungserscheinungen vorhanden sind; Ausfälle bei einer einmal betriebsfähigen Matrix sind sehr selten.

Das Kernmaterial Eisenoxid $Fe_2O_3$ mit Beimengungen der Oxide von zweiwertigen Metallen wie Mangan, Nickel, Kobalt und Zink hat einen sehr hohen spezifischen Widerstand, was Wirbelströme verhindert und zum schnellen Schaltverhalten beiträgt. Der Außendurchmesser der verwendeten Kerne, der ursprünglich 2 mm betrug, hat im Lauf der Zeit kontinuierlich abgenommen und beträgt heute bei den schnellsten Speichern nur noch 0,3 mm. Damit lassen sich Speicher mit Zykluszeiten bis herab zu 100 ns bauen. Einer weiteren Herabsetzung der Kerndurchmesser steht die Notwendigkeit entgegen, daß wenigstens zwei Drähte durch einen Kern hin-

durchzufädeln sind. Der Ferritkernspeicher dürfte heute nahezu an der
Grenze seiner Möglichkeiten angelangt sein. Seine Ablösung durch Halbleiterspeicher steht wohl in den nächsten Jahren bevor.


## 2.2 Magnetische Größen und Erscheinungen

Grundgrößen zur Beschreibung magnetischer Erscheinungen sind die magnetische Feldstärke H und die magnetische Induktion B. Sie sind im
Vakuum verknüpft durch die Beziehung

$$B = \mu_o\, H, \tag{2.1}$$

wobei die Permeabilität $\mu_o = 1{,}256 \cdot 10^{-8}$ Vs/Acm beträgt. Die Einheit
der Feldstärke H ist A/cm, die Induktion B wird angegeben in Vs/cm$^2$.
Gebräuchliche Einheiten sind ferner das Oersted, wobei 1 Oe = 10/4$\pi$
A/cm, das Tesla, wobei 1 T = $10^{-4}$ Vs/cm$^2$ beträgt (1 Kilogauß = 1 kG =
$10^{-5}$ Vs/cm$^2$ soll nicht mehr benutzt werden). Im Material ist

$$B = \mu_r\, \mu_o\, H, \tag{2.2}$$

d.h. die Eigenschaften der Materie werden durch die relative Permeabilität $\mu_r$ angegeben. In der Physik hat sich eingebürgert, die Änderung
der Induktion bei Anwesenheit von Materie durch eine additive Größe,
die magnetische Polarisation J, anzugeben. Somit ist

$$B = \mu_o\, H + J. \tag{2.3}$$

Durch Ausklammern von $\mu_o$ ergibt sich

$$B = \mu_o\, (H + M) \tag{2.4}$$

mit

$$J = \mu_o\, M,$$

wobei M als Magnetisierung bezeichnet wird. M hat die Dimension einer
Feldstärke.

Durch Gleichsetzung von (2.2) und (2.4) erhält man

$$M = (\mu_r - 1)\, H = \chi\, H. \tag{2.5}$$

Die Größe $\chi$ (Chi) bezeichnet man als Suszeptibilität. Für Vakuum ist $\chi = 0$, für diamagnetische Stoffe ist $\chi < 0$, für paramagnetische Stoffe ist $\chi > 0$. Nur für ferromagnetische Materialien ist $\chi \gg 1$. Von technischer Bedeutung sind nur ferromagnetische Stoffe.

Für die Berechnung magnetischer Kreise wichtig sind ferner das Durchflutungsgesetz in Form des Umlaufintegrals

$$\int \vec{H}d\vec{r} = \Theta$$

und der Fluß $\vec{\Phi}$, der gegeben ist durch das Flächenintegral

$$\int \vec{B}d\vec{F} = \vec{\Phi}.$$

In Analogie zum Ohmschen Gesetz des elektrischen Kreises bezeichnet man die Beziehung

$$\vec{\Theta} = R_M \vec{\Phi}$$

als das Ohmsche Gesetz des magnetischen Kreises, wobei

$$R_M = \frac{1}{\mu_r \mu_0 F} \tag{2.6}$$

mit l als Länge, F als Querschnitt und $\mu_0 \mu_r$ als magnetischer Leitfähigkeit. Die Induktivität L ist definiert als

$$L = \frac{\int \vec{B}d\vec{F}}{\int \vec{H}d\vec{r}} = \frac{\vec{\Phi}}{\vec{\Theta}} \ . \tag{2.7}$$

Der Magnetismus ist ein physikalisch außerordentlich vielschichtiges Phänomen, da die Beiträge zum makroskopischen Verhalten vom einzelnen Atom ausgehend über die Kopplung vieler Atome (Vielteilchen-Problem) zu Bereichen mit gleichliegender Magnetisierung und weiter über das Zusammenwirken einer Vielzahl von Bereichen zustande kommen [2.2 bis 2.4]. Im Atom selbst führt der Drall der Elektronen zu einem Spinmoment, die Bewegung der Elektronen um den Kern zu einem Bahnmoment, das sich nach außen wegen des schalenförmigen Aufbaus der Atomhülle und der damit verbundenen Symmetrien beim Festkörper kaum bemerkbar macht [2.5].

12

Zwischen den Atomen bestehen Austauschkopplungen, welche zu einer voll-
ständigen Parallelausrichtung der einzelnen Momente (Ferromagnetismus),
zu einer teilweisen Ausrichtung (Ferrimagnetismus) oder zu einer völligen Kompensation führen können (**Antiferromagnetismus**). Die Bereiche, in
denen die magnetischen Momente sponten, d.h. ohne äußeres Feld, durch
die Austauschwechselwirkung in einer Richtung eingerichtet sind, nennt
man Weißsche Bezirke. Sie haben eine Größe von 10 bis 100 μm. Sie sind
getrennt durch Blochwände, in denen die Magnetisierungsrichtung über
rund hundert Atomlagen hinweg allmählich in die Richtung des benachbarten Weißschen Bezirkes dreht.

Da sich selbst in einem Einkristall viele solcher Bezirke bilden, ergibt
sich die Frage, warum sich die spontane Ausrichtung der Bezirke nur über
einen begrenzten Bereich ausdehnt. Der Grund dafür ist, daß dies ein ener
getisch ungünstiger Zustand wäre. Es gilt der Satz, daß eine stabile Lag
der Magnetisierung stets mit einem Energieminimum verbunden ist. Im Fall
eines Einbereichs, der sich über einen ganzen Körper erstreckt, würde si
ein äußeres Streufeld mit einer großen Energie ergeben. Dieses Streufeld
läßt sich vermindern, wenn mehrere Bereiche unterschiedlicher Magnetisie
rungsrichtung bestehen.

Die notwendige Energie zum Aufbau der Wand wird dem äußeren Streufeld en
zogen. Die Dicke der Wand wird nun durch das Gleichgewicht zwischen Austauschenergie und Kristallenergie gegeben. Die Austauschenergie wird grc
wenn benachbarte Atome unterschiedlich ausgerichtet sind, die Kristallenergie wird groß, wenn die Magnetisierungsrichtung innerhalb des Krista
von einer energetisch günstigen Ausrichtung, z.B. entlang einer Würfel-
kante im kubisch raumzentrierten Kristallgitter, abweicht. Da die Wandenergie proportional zur Oberfläche der Wand ist und die Kristallenergie
sowie die Feldenergie proportional zum Volumen sind, können sich unterhalb einer bestimmten Größe des Volumens keine Wände mehr ausbilden, so
daß man einen Einbereich mit homogen ausgerichteter Magnetisierung erhäl
Ein Einbereich verhält sich wie ein bis zur Sättigung magnetisierter Per
manentmagnet.

An der Ausrichtung der Magnetisierung beteiligt sein können ferner
mechanische Kräfte (Spannungsenergie), sowie beabsichtigte oder un-
beabsichtigte Veränderungen in der Materialstruktur (Korngrenzen, Ver-
setzungen) oder Materialform. Immer dann, wenn eine Bevorzugung bestimmter Lagen der Magnetisierung auftritt, spricht man von einer Anisotropie.

## 2.3 Der Ferritkern als Speicherelement

Beim magnetischen Ringkern herrscht durch die Ringform eine ausgeprägte Formanisotropie, welche eine stabile Lage der Magnetisierung innerhalb des Ringquerschnitts und senkrecht zur Schnittfläche zur Folge hat. Die stabile Lage ist für zwei um 180° verschiedene Magnetisierungsrichtungen erfüllt, denen man entsprechend die binäre Information O und 1 zuordnet. Wichtig für die Anwendung ist, daß dieser Zustand auch nach Abschaltung eines äußeren Feldes erhalten bleibt und damit zur Informationsspeicherung ohne Zufuhr äußerer Energie geeignet ist (Strukturspeicher). Wichtig ist ferner, daß der Übergang von einem stabilen Magnetisierungszustand in die entgegengesetzte Lage reproduzierbar ist und der Übergang von einem Sättigungszustand in den anderen sehr steil bei einer bestimmten Höhe der Feldstärke erfolgt. Das ist dann der Fall, wenn die Kraft zur Verschiebung einer Blochwand von einem Energieminimum zum nächsten praktisch konstant ist (Bild 2.1). Diese Eigenschaften führen zu der rechteckigen Hystereseschleife von Bild 2.2. Wichtige Parameter sind die Koerzitivfeldstärke

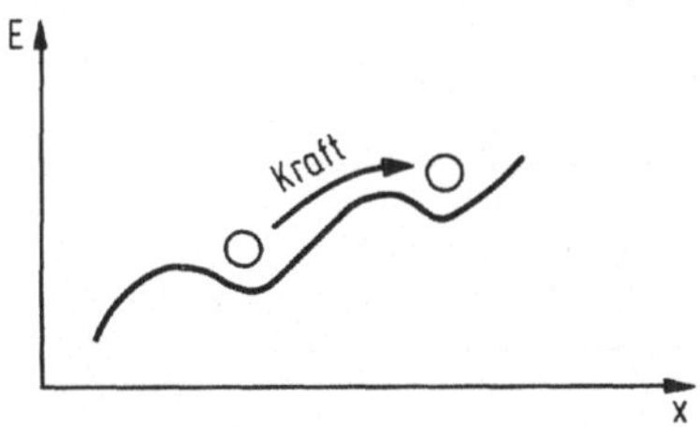


2.1. Zusammenhang zwischen Energie und Weg bei Bewegung einer Blochwand

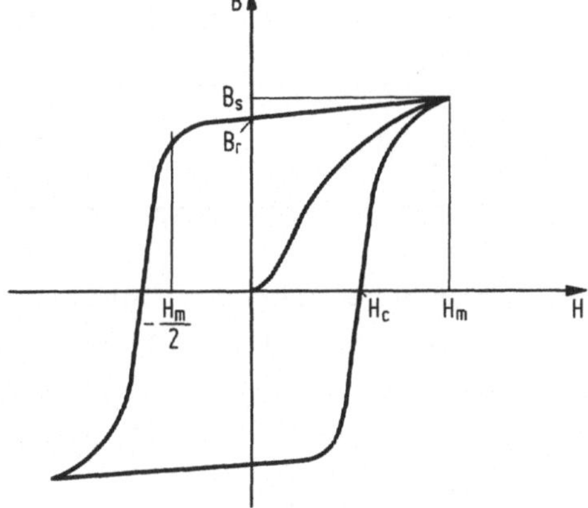


2.2. Typische Hystereseschleife eines Ferritspeichermaterials

$H_c$, bei der die Induktion durch "O" geht, die maximale Feldstärke $H_m$, bei der die Sättigung erreicht wird, und die bei Feldstärke O verbleibende "remanente" Induktion $B_r$. Ein Maß für die Rechteckigkeit der Hystereseschleife ist der Faktor

$$R = \frac{B(-H_m/2)}{B(+H_m)} = 0{,}85 \text{ bis } 0{,}9. \tag{2.8}$$

$H_m$ sollte möglichst wenig von $H_c$ verschieden sein und ist in der Praxis durch $H_m = 1{,}3$ bis $1{,}5\ H_c$ gegeben. Wegen der Abhängigkeit der Feldstärke vom Radius kann man die Rechteckigkeit durch einen schlanken Kern günstig beeinflussen. Gebräuchlich ist $d_a$ = 1,23 $d_m$ ($d_a$ als Außendurchmesser, $d_m$ als mittleren Durchmesser).

Als Material werden Ferrite, d.h. Mischungen von Eisenoxid $Fe_2O_3$ mit zweiwertigen Metalloxiden der Metalle Mn, Mg, Zn, Ni, Li verwendet. Metallische Magnetwerkstoffe kommen trotz größerer Remanenz wegen der beim Umschalten entstehenden Wirbelströme nicht in Frage. Ringkerne aus dünnen Bändern mit genügend kurzer Schaltzeit sind schwer herstellbar. Die Werte von $B_r$ und $H_c$ sind für einige Schaltkernwerkstoffe in der Tabelle 2.1 eingetragen [2.6 bis 2.8]. Schaltkerne mit hoher Remanenz und kleiner Koerzitivfeldstärke haben i.a. einen ungünstigeren Temperaturgang als solche mit hohem $H_c$ und kleinerem $B_r$ (1 T = $10^{-4}$ $V_s/cm^2$).

Tabelle 2.1. Kennwerte von Speicherwerkstoffen

| Werkstoff | R 530 | R 402 | R 404 | R 405 |
|---|---|---|---|---|
| $H_c$ $\frac{A}{cm}$ | 0,57 | 0,32 | 0,18 | 0,13 |
| $B_r$ T | 0,19 | 0,19 | 0,16 | 0,23 |

Für den Speicherbetrieb von Interesse ist ferner das dynamische Verhalten des Kerns beim Umschalten. Betrachtet sei zunächst der ungestörte Fall, bei dem eine "1" charakterisiert sei durch die positive Remanenzlage $+B_r$, eine "0" durch die Lage $-B_r$.

Das beim Umschalten durch einen Strom der Größe $I_m \triangleq H_m$ in einer Sekundärwicklung erzeugte Lesesignal werde in Anlehnung an die angelsächsische Literatur für die ungestörte "1" mit $uV_1$ (undisturbed voltage 1), für die ungestörte "0" mit $uV_z$ (undisturbed voltage zero) bezeichnet. Den prinzipiellen zeitlichen Verlauf der Signale $uV_z$ bzw. $uV_1$ bei vorgegebenem $I_m$ mit endlicher Anstiegs- und Abfallzeit sowie einem hinreichend langen, ebenen Dach zeigt Bild 2.3. Das Minimum des Lesesignals ergibt sich während des horizontalen Daches von $I_m$ nach Ablauf der Spitzenzeit $t_p$ (Index p = peak). Die Schaltzeit $t_s$ (Index s = switching) rechnet man zwischen den Punkten, an denen das Lesesignal $\geq$ 10 % vom Spitzenwert beträgt. Aus der Hystereseschleife entnimmt man,

daß die für die Größe des Lesesignals maßgebliche Induktionsänderung
für die gelesene "1" $\Delta B_1 \simeq 2\ B_r$ beträgt, für eine gelesene "O" wegen

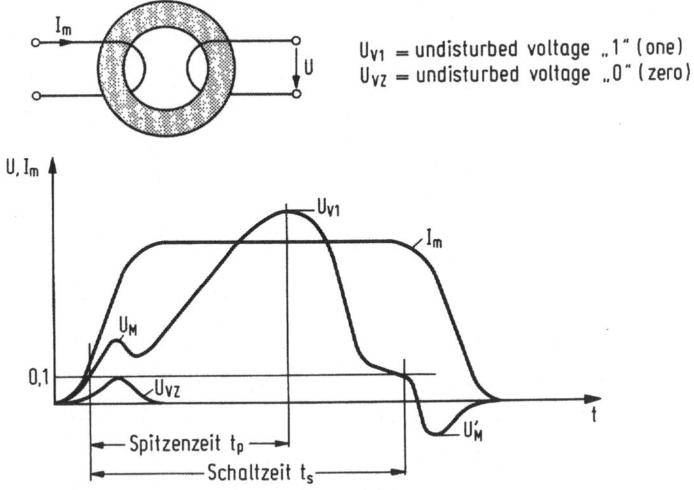


## 2.3. Signalverläufe bei der Ummagnetisierung eines Speicherkerns

der endlichen Rechteckigkeit $\Delta B_O \simeq 0,1\ B_r$. Für den Scheitelwert $uV_1$
gilt angenähert

$$uV_1 \simeq F\ \frac{2\ B_r}{t_s}\ . \tag{2.9}$$

Von großer praktischer Bedeutung ist dabei die Tatsache, daß die Information "1" beim Lesen zerstört wird und der Kern nach dem Lesen
einer "1" in den Nullzustand gelangt. Bei der Betrachtung des zeitlichen Verlaufs fällt auf, daß zunächst ein Spannungsmaximum $u_M$ auftritt,
etwa zur gleichen Zeit, zu der auch das Nullsignal seinen Höhepunkt erreicht. Man schreibt dies schnellen reversiblen Drehungsprozessen der
Magnetisierung zu, welche dem Anstieg des Stromes folgen können, wogegen die Bewegung der Wände durch das Material hindurch langsamer ab-
läuft und für das spätere Maximum der Lesespannung der "1" maßgeblich
ist.

Für den Ablauf der Wandverschiebung hat man angenähert das Zeitgesetz

$$\frac{1}{t_s} = \frac{H_m - H_O}{S} \tag{2.10}$$

gefunden (Bild 2.4). S ist die Schaltkonstante des Materials. Sie liegt
zwischen O,3 bis O,6 $\mu_s$ A/cm. Oberhalb einer Schwellfeldstärke $H_O$, die

ungefähr mit dem statischen $H_c$ des Materials übereinstimmt, ergibt sich ein linearer Zusammenhang zwischen Feldstärke und reziproker Schaltzeit.

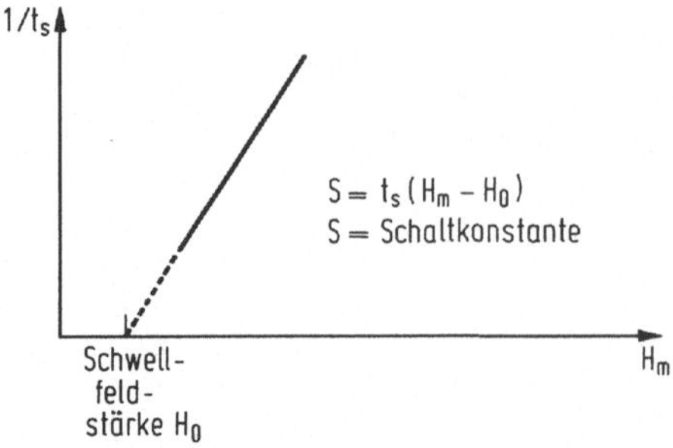


**2.4. Zusammenhang zwischen Schaltzeit $t_s$ und Schaltfeldstärke $H_m$**

Im praktischen Speicherbetrieb ist der Ferritkern stets in einer matrixförmigen Anordnung eingebaut (Bild 2.5). Ein besonders wirtschaftlicher Betrieb ergibt sich, wenn man die zum Umschalten notwendige Feldstärke $H_m$ durch Koinzidenz zweier Ströme $I_m/2$ erzeugt, wobei jeder Strom für sich noch keine nennenswerte Ummagnetisierung bewirkt. Theoretisch dürfte dann $H_m = 2\,H_c$ werden, was für eine kleine Umschaltzeit günstig wäre. Wegen der unvermeidlichen Toleranzen der Ansteuerschal-

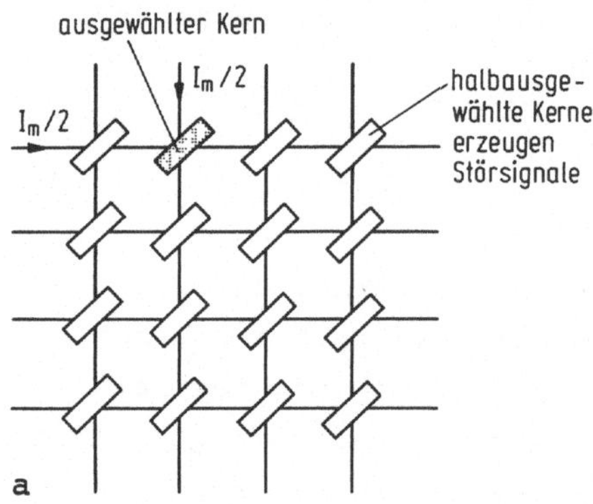


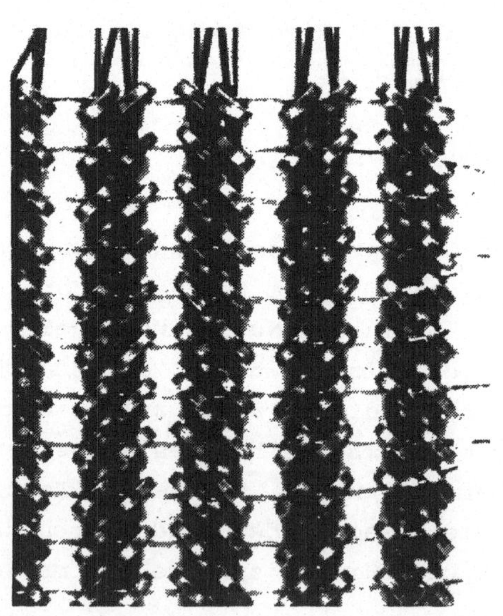


2.5a,b. Speichermatrix für Koinzidenzbetrieb, a Struktur, b Ausschnitt (Durchmesser O,5 mm) (Fa. Siemens AG)

tungen und der Streuungen von $H_c$ bei verschiedenen Kernen wählt man beim Koinzidenzbetrieb $H_m = 1,4\,H_c$. Durch entsprechende Auswahl der Teilströme kann man auf diese Weise jeden Kern innerhalb der Matrix einzeln ansteuern bzw. umschalten. Der Kern hat hierbei die Eigenschaft einer Schwellwertlogik, welche eine UND-Verknüpfung mit zwei Eingängen bewirkt. Diese nichtlinearen Eigenschaften werden an anderen Stellen ebenfalls verwendet, wovon noch die Rede sein wird.

Infolge der matrixförmigen Anordnung werden beim Lesen alle Kerne, die in der gleichen Zeile bzw. Spalte wie der ausgewählte Kern liegen, mit der Feldstärke $-H_m/2$ beaufschlagt, beim Schreiben mit der Feldstärke $+H_m/2$. Dabei ergeben sich wegen des vom idealen Rechteck abweichenden Aussehens der Hystereseschleife kleine irreversible Wandverschiebungen (Bild 2.6). Diese Verschiebungen sind bei der erstmaligen Störung am

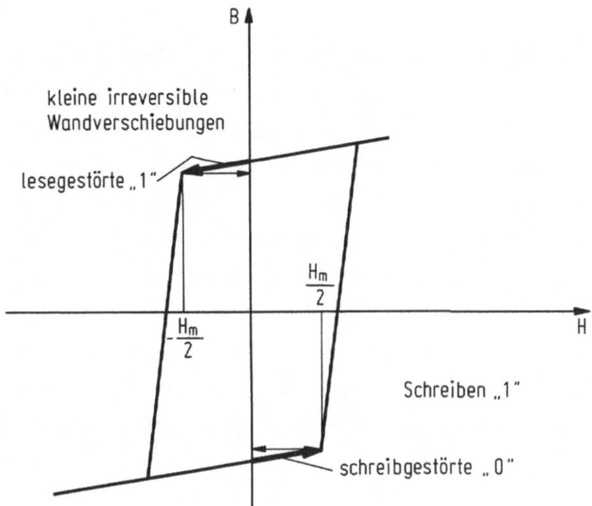


2.6. Störung des Remanenzzustandes durch Halbauswahl

größten und konvergieren für eine große Zahl von Störungen auf kleinere Werte der Remanenz $+B_r$ bzw. $-B_r$. Die Folge ist, daß die Signale für eine lesegestörte "1" $rV_1$ (read disturbed voltage 1) kleiner sind als im

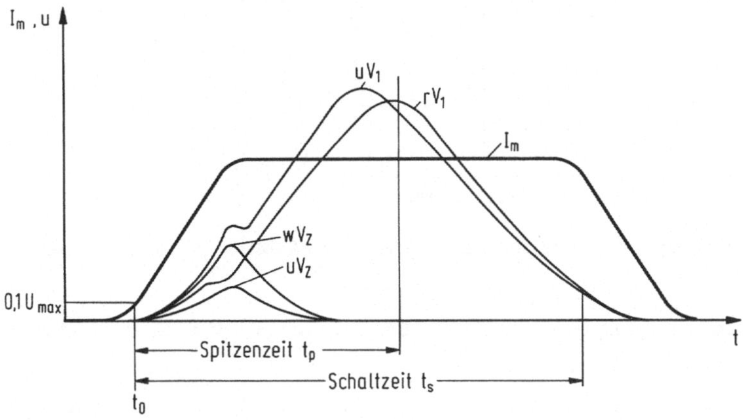


2.7. Signalverläufe bei der Auslese von durch Halbauswahl gestörten Speicherkernen.

ungestörten Fall, und das Signal für eine schreibgestörte "0" $wV_z$ (write disturbed voltage zero) größer ist als im ungestörten Fall (Bild 2.7).

Das Signal/Stör-Verhältnis wird dadurch verschlechtert, jedoch erreicht
man immer noch Werte in der Gegend von etwa 5:1. Beim Entwurf von Test-
verfahren müssen diese und weitere Störbedingungen einbezogen werden.

## 2.4 Organisation von Ferritkernspeichern

### 2.4.1 2D-Speicher

Die in ihrer Wirkungsweise und Verdrahtung einfachste, mit maximaler
Geschwindigkeit arbeitende, aber gleichzeitig teuerste Form der Speicherorganisation ist der sogenannte 2D-Speicher. 2D heißt soviel wie
zweidimensional und wird auch als wortorganisierter Speicher, Linear-
speicher oder Speicher mit äußerer Auswahl bezeichnet. Die Kerne sind
hierbei in einer zweidimensionalen Matrix angeordnet, die zu einem
Wort (Zeile) gehörigen Z Kerne sind linear auf einer Wortleitung auf-
gereiht, bei N Worten umfaßt die Matrix also N·Z Kerne (Bild 2.8). In
Spaltenrichtung sind durch jeden Kern je eine Ziffernleitung und eine
Leseleitung hindurchgeführt, d.h. durch jeden Kern laufen 3 Drähte. Es
gibt auch Ausführungen mit gemeinsamer Ziffern/Leseleitung.

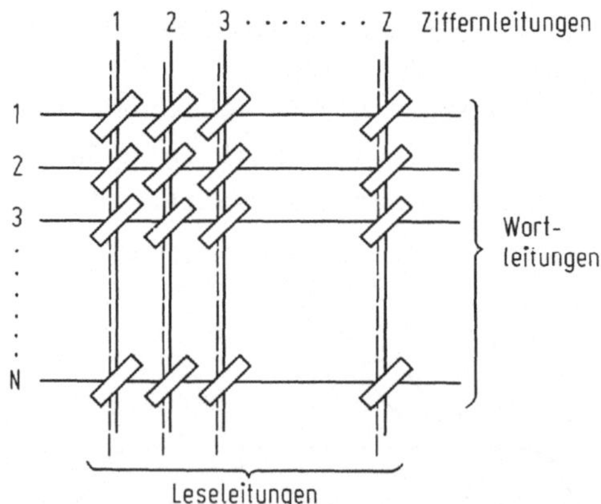


2.8. Anordnung der Drähte und Speicherkerne beim 2D-Speicher

Beim Lesen wird ein impulsförmiger Strom durch die Wortleitung geschickt
welcher die Kerne in Richtung der negativen Sättigung aussteuert (Bild
2.9 a bis c). Da keine Koinzidenz zweier Teilströme vorgesehen ist, muß
der Wortstrom $I_{wr}$ allein groß genug zur Überwindung von $H_c$ sein. Er darf
sogar wesentlich größer sein als dieses Minimum, was zu einer sehr
schnellen Umschaltung des Kernes benutzt werden kann. Seine Größe wird
praktisch nur beschränkt durch die den Ansteuerschaltungen gesteckten

Grenzen. Halb ausgewählte Kerne, welche beim Lesen gestört werden, gibt es nicht. Das Lesesignal ist nur durch einen umgeschalteten Kern pro Spalte gegeben.

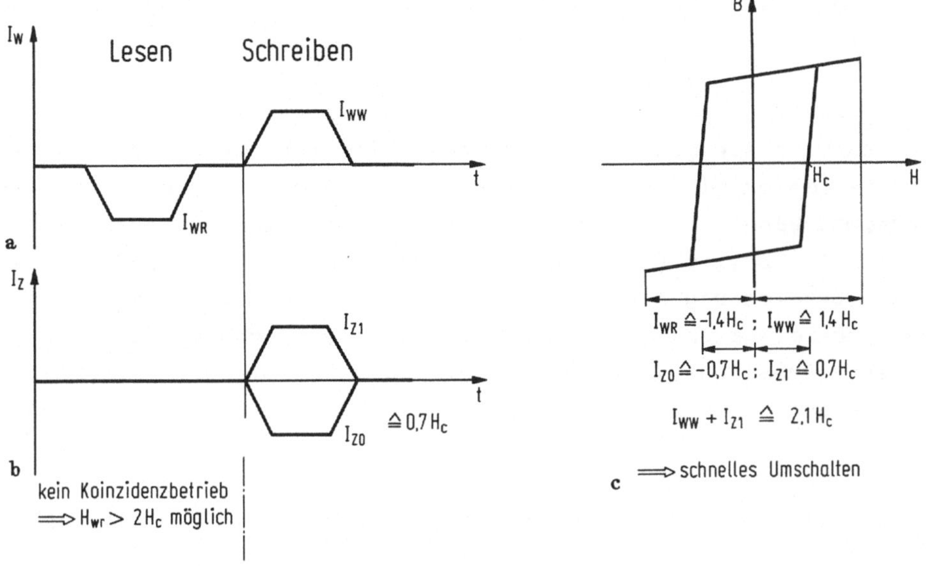


2.9a bis c. Signalverläufe und Aussteuerung beim Lesen und Schreiben
a. Grundsätzlicher Verlauf des Wortstroms beim Lesen und Schreiben
b. Grundsätzlicher Verlauf des Ziffernstroms beim Schreiben
c. Aussteuerung der Hystereseschleife durch Wort- und Ziffernfelder

Auch beim Schreiben kann eine höhere Geschwindigkeit als beim Koinzidenzprinzip erreicht werden. Das zum Schreiben nötige Feld wird erzeugt durch Überlagerung des Wortstromes $I_{WW} \triangleq 1,4\ H_c$ und eines Ziffernstromes $+I_{Z1} \triangleq 0,7\ H_c$ für eine "1" bzw. $-I_{Z0} \triangleq 0,7\ H_c$ für eine "0".

Die in Richtung positiver Remanenz umzuschaltenden Kerne werden also mit einem Feld $2,1\ H_c$ angesteuert und schalten entsprechend schnell um, die im Zustand negativer Remanenz entsprechend einer "0" zu haltenden Kerne werden durch einen mit dem Wortstrom entgegengesetzten Ziffernstrom für "0" am Umschalten gehindert. Es gibt nun zwar durch den Ziffernstrom halb ausgewählte Kerne mit entsprechenden Störsignalen, die jedoch nur während des Schreibens auftreten und vom Leseverstärker ignoriert werden.

Die Vorteile der 2D-Organisation lassen sich zusammenfassen in: Hohe Geschwindigkeit durch schnelles Umschalten und wenig Störsignale beim Lesen, geringe Kosten für die Herstellung der Matrix, da nur wenige

Drähte pro Kern durchzufädeln sind. Demgegenüber steht als Hauptnach-
teil die hohe Anzahl der Ansteuerschaltungen, da die nichtlinearen
Eigenschaften des Kerns nicht mit zur Entschlüsselung herangezogen
werden (siehe Aufwandsvergleich für ein Zahlenbeispiel Tabelle 2.2 in
Abschnitt 2.3.3).

### 2.4.2 3D-Speicher

Die wirtschaftlichste Art der Speicherorganisation ist die 3D-Organi-
sation, deren Namen mit der dreidimensionalen Anordnung des Speicherblocks zusammenhängt. Auch der Name "Speicher mit innerer Auswahl bzw.
Koinzidenzspeicher" ist gebräuchlich, wenn auch nicht so eindeutig wie
die erstere Bezeichnung "3D". Bei dieser Anordnung macht man, daher
der Name "innere Auswahl", von den nichtlinearen Eigenschaften des
Speicherkerns im Sinne einer Schwellwertlogik zur Bildung der UND-Verknüpfung Gebrauch. Innerhalb einer Ebene (Bild 2.1o) werden ein Spal-

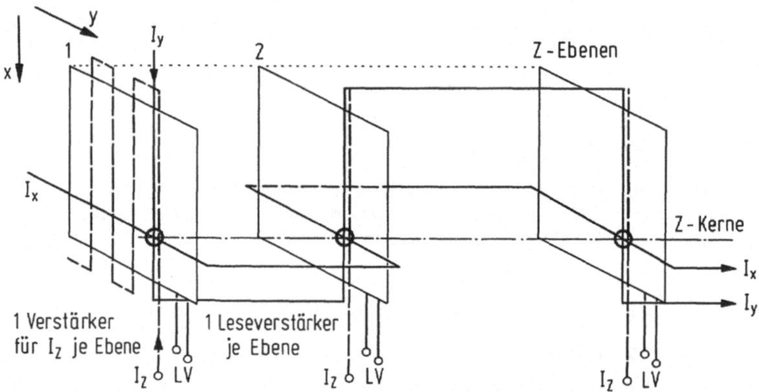


2.10. Anordnung der Drähte und Speicherkerne beim 3D-Speicher

tenstrom $I_Y$ und ein Zeilenstrom $I_X$ zur Koinzidenz gebracht und damit
ein Kern ausgewählt. Die Z-Kerne eines Wortes werden in Z hintereinander liegenden Ebenen angeordnet, wobei die Drähte für die X bzw. Y-Richtung hintereinander durch alle Z Ebenen hindurchgeführt sind. Da beim
Lesen also immer nur ein Kern je Ebene umgeschaltet wird, genügt ein
Leseverstärker pro Ebene, der mit einem entsprechend durch alle Kerne
geführten Draht, wie noch zu besprechen sein wird, verbunden ist. Die
gesamte Anzahl der Worte beträgt demnach X·Y.

Beim Lesen entspricht die Größe des Stromes $I_{rx} \triangleq -0,7\ H_c$ und $I_{ry} \triangleq$
$-0,7\ H_c$, so daß $H_m = -1,4\ H_c$ beträgt (Bild 2.11 a bis c).

Beim Schreiben kehren $I_x$ und $I_y$ das Vorzeichen und treiben den Kern in

Richtung der positiven Sättigung. Soll die negative Remanenz entsprechend einer zu speichernden "0" beibehalten werden, so benutzt man den Inhibitstrom $I_z$, der die Wirkung von $I_y$ kompensiert. $I_z$ braucht nur von Ebene zu Ebene verschieden sein, d.h. der Inhibitdraht läuft parallel zum Y-Draht durch alle Kerne einer Ebene und wird von je einem Treiber pro Ebene gespeist.

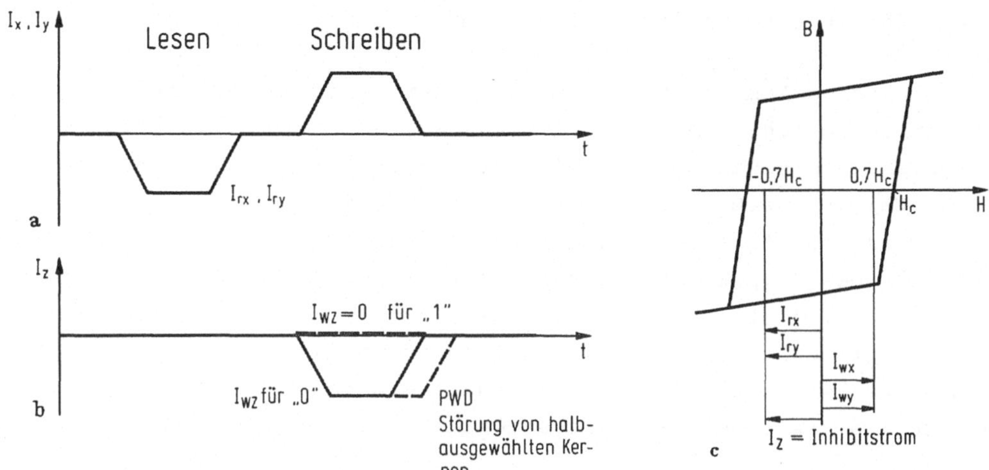


2.11a bis c. Signalverläufe und Aussteuerung beim Lesen und Schreiben
a, b. Grundsätzlicher Verlauf der Ströme $I_x$(a) und $I_y$ bzw. $I_z$(b)
c.     Aussteuerung der Hystereseschleife durch die einzelnen Teilströme

Man benötigt also 4 Drähte pro Kern, wobei der Lesedraht, wie noch ausgeführt wird, in diagonaler Richtung durch die Kerne einer Ebene verläuft. Die Wirtschaftlichkeit kommt durch die relativ geringe Zahl von Ansteuerschaltungen zustande. Bei $N = X \cdot Y$ Worten benötigt man nur $X + Y$ Ansteuerschaltungen. Für $X = Y$ wächst ihre Zahl entsprechend $2\sqrt{N}$, was z.B. bei einer mittleren Anzahl von $N = 1024$ Worten zu 64 gegenüber 1024 Treiberschaltungen beim wortorganisierten Speicher führt.

Es ist notwendig, an dieser Stelle auf einige Störeffekte einzugehen, welche einen wesentlichen Einfluß auf die Größe und Geschwindigkeit eines Koinzidenzspeichers haben. Beim koinzidenten Lesen erzeugt der ausgewählte Kern ein Signal $rV_1$ oder $wV_0$, wie bereits im Abschnitt 2.2 besprochen. Dazu kommen Signale durch die halb ausgewählten Kerne der gleichen Ebene, die in der gleichen Zeile bzw. Spalte wie der ausgewählte Kern liegen, sowie Störsignale durch die kapazitive und induktive Kopplung der Zeilen- und Spaltendrähte mit dem Lesedraht. Mit Hilfe der Flechtweise des Lesedrahts und einer entsprechenden Stellung der Kerne soll nun eine weitgehende Kompensation der Störsignale erreicht werden. Es sind verschiedene Flechtweisen bekanntgeworden, die eine

wesentliche Verbesserung bringen, z.B. die MIT-Flechtweise (MIT für
Massachusetts Institute of Technology), die LNS-Flechtweise (LNS für
low noise system) und die ISWS-Verdrahtung (ISWS für interlaced sense
wiring system). Gemeinsam ist ihnen der diagonale Verlauf des Lesedrahts (Bild 2.12), der eine gute kapazitive Entkopplung bietet, der
LNS-Aufbau bringt außer der Kompensation nach Vorzeichen und Amplitude
auch noch ähnliche Laufzeiten der störenden Signale.

Eine vollständige Kompensation ist nicht nur aufgrund unvermeidlicher
Toleranzen unmöglich, sondern auch deswegen, weil die Störsignale von
der Vorgeschichte sowie der gespeicherten Information abhängen. Ein ungünstiger Fall ist z.B., wenn sich die Störsignale zweier Kerne kompensieren sollen, von denen der eine eine "1" gespeichert hat und der andere eine "0". Das Signal des Kerns mit der gespeicherten "1" ist größer,
die Differenz wird als Deltasignal bezeichnet. Im ungünstigsten Fall
(worst case pattern) trifft diese Konfiguration für alle Paare entlang
eines Lesedrahts zu, wobei sich ein Signal ergeben kann, was wesentlich
größer ist als das eigentliche Lesesignal.

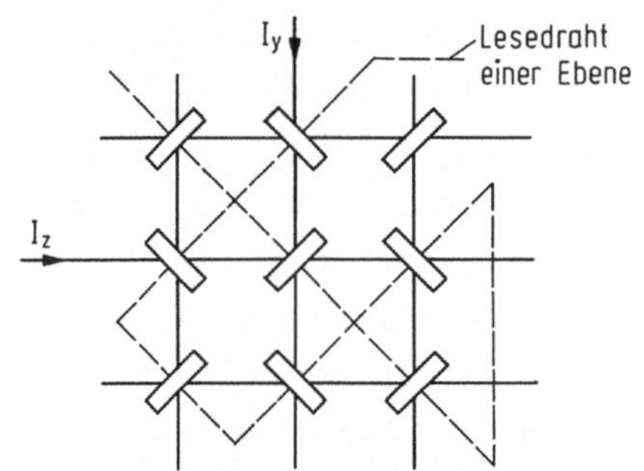


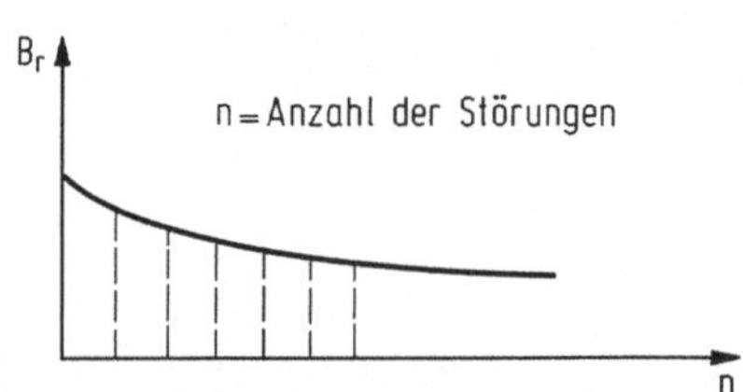


2.12. Fädelung des Lesedrahtes
zur Störsignalkompensation

2.13. Abnahme der Remanenz bei
mehrfacher Halbauswahl

Als Abhilfe sind verschiedene Maßnahmen üblich. Beim zeitlichen Aus-
blenden (strobing) benutzt man die Tatsache, daß die Störsignale ihr
Maximum zu einer anderen Zeit erreichen als das Lesesignal. Beim post
write disturb verlängert man den Inhibitstrom beim Schreiben, so daß
alle Kerne bereits einmal in Schreibrichtung gestört sind. Es hat
sich gezeigt, daß die irreversiblen Änderungen der Remanenz bei der
ersten Störung am größten sind (Bild 2.13). Durch die einmalige Störung für alle Kerne wird eine einheitlichere Vorgeschichte und damit
ein gleichförmigeres Ausgangssignal erreicht. Beim staggered read mode
benutzt man die Tatsache, daß ein Teil der Störsignale mit der ansteigenden Flanke der Treibströme zusammenfällt. Schaltet man die

Treibströme $I_x$ und $I_y$ hintereinander ein, so findet keine algebraische Addition der Maxima statt. Eine weitere Maßnahme ist die Unterteilung des Lesedrahts in Abschnitte, welche nur einen Teil der Kerne einer Ebene erfassen, so daß die Störspannungen sich im ungünstigsten Fall nicht auf zu große Werte aufsummieren. Die Überlegungen für die worst case pattern spielen eine große Rolle beim Entwurf von Testprogrammen für Speichermatrizen [2.9].

Eine weitere Beschränkung für die Größe eines Speichers ergibt sich durch den Spannungsabfall an den Treibleitungen für die Ströme $I_x$ und $I_y$. Die Leitung hat ohne die Kerne bereits eine Induktivität von der Größenordnung 10 nH/cm. Ihre Länge läßt sich abschätzen über die Anzahl der Kerne auf einem Draht, welche $Z \cdot X$ bzw. $Z \cdot Y$, also z.B. $10^3$ beträgt, und die Dichte der Kerne auf dem Draht. Bei einer Dichte von 4 Kernen pro cm ergibt sich eine Länge von 250 cm und damit eine Induktivität von einigen Mikrohenry für die Treibleitungen. Der induktive Spannungsabfall beim Einschalten der Treibströme $U_i = L \cdot di/dt$ muß kleiner sein als die Durchbruchspannung der Treibertransistoren.

Um die Amplitude des Stromes unabhängig von der induktiven Gegenspannung zu halten, muß die Ansteuerschaltung als Stromquelle ausgelegt werden. Dazu kommt, daß sich beim Umschalten der Kerne auch die Spannungen, die durch die Flußänderung in den Kernen selbst zustande kommen und die gleich groß sind wie das Lesesignal, über die Länge der Treibleitung abhängig von der Information addieren. Auch diese Spannung kann im ungünstigen Fall einige Volt betragen und muß bei der Auslegung des Speichers berücksichtigt werden.

Die oben beschriebenen Effekte bewirken zusammengenommen, daß die Größe einer Ebene des Speichers, also eine Matrix, bei einem 3D-Speicher sinnvollerweise nicht über 64 x 64 Kerne $\hat{=}$ 4096 Worte hinausgeht.

### 2.4.3  2 1/2D-Speicher

Die 2 1/2D-Organisation nimmt eine Mittelstellung ein zwischen der reinen 2D- und der reinen 3D-Organisation und ergibt dadurch einen günstigen Kompromiß zwischen Aufwand und Geschwindigkeit. Bei der 2D-Organisation genügen ein Strom zum Lesen und zwei Ströme zum Schreiben, auch kommt man mit drei Drähten pro Kern aus, bei der 3D-Organisation erfordert der Koinzidenzbetrieb zum Lesen zwei Ströme, zum Schreiben drei Ströme, es bedarf vier Leitungen pro Kern. Beim 2 1/2D-Verfahren wird beim Lesen mit Koinzidenz, also mit zwei Strömen ge-

24

arbeitet wie bei 3D, beim Schreiben mit zwei Strömen wie bei 2D.

Tabelle 2.2. Vergleich verschiedener Speicheranordnungen bezüglich der
Anzahl der Ströme und Drähte pro Kern

|         | Lesen     | Schreiben | $\dfrac{\text{Drähte}}{\text{Kern}}$ |
|---------|-----------|-----------|-----------|
| 2D      | 1 Strom   | 2 Ströme  | 3 |
| 3D      | 2 Ströme  | 3 Ströme  | 4 |
| 2 1/2D  | 2 Ströme  | 2 Ströme  | 3 |

Der Inhibitstrom fällt weg beim Schreiben, man benötigt nur drei Drähte
pro Kern. Anstelle des Inhibitstromes treten für jede Ebene getrennt
definierbare Ziffernströme. Man kann sich die Anordnung so vorstellen,
daß Z Ebenen eines Speicherblocks nicht hintereinander, sondern nebeneinander angeordnet werden, wobei die x-Leitungen alle Ebenen durchlaufen, während die Ziffernleitungen für jede Ebene getrennt sind (Bild 2.1

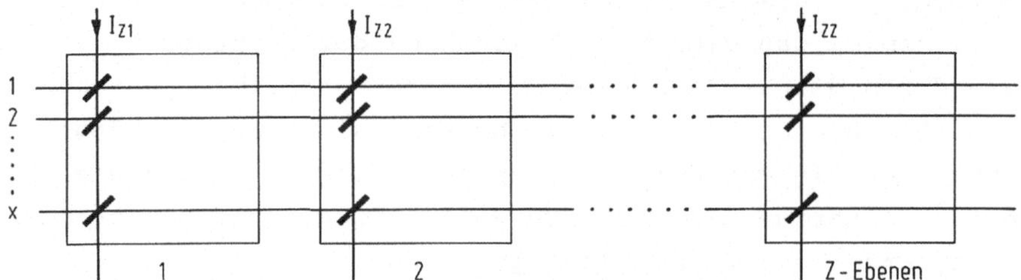


2.14. Anordnung der Kerne und Schreibdrähte beim 2 1/2D-Speicher

Als nächsten Schritt läßt sich der Aufbau so modifizieren, daß die
Z-Kerne für ein Wort in eine Ebene zu liegen kommen und entsprechend
auch die zu einem Wort gehörigen Ziffernleitungen nebeneinander liegen (Bild 2.15). Die Verwandtschaft mit der 2D-Anordnung wird nun
offenkundig: Der 2 1/2D-Speicher sieht aus (wird aber nicht so betrieben) wie ein 2D-Speicher mit einer über Y Ebenen laufenden "langen" Wortleitung. Wie man sieht, wird dadurch die Zahl der Ziffern-
treiber groß, nämlich Y·Z, während nur Z Inhibittreiber eingespart
werden. Günstiger ist also, von der langen X-Leitung abzugehen und
die Zahl der X-Treiber so lange zu vergrößern, bis X = Z·Y wird, man
also eine quadratische Anordnung erreicht. Es ist die gleiche Lösung

wie bei dem geometrischen Problem, wo bei konstanter Fläche (entsprechend der Gesamtzahl der Kerne) der Umfang (entsprechend der Gesamtzahl der Treiber) zu einem Minimum werden soll. Eine flechtgünstige Anordnung ergibt sich außerdem für den Lesedraht (Bild 2.15),

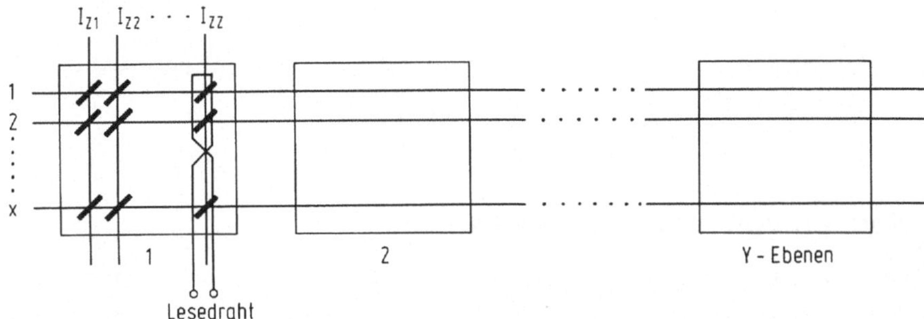


2.15.  2 1/2D-Anordnung mit modifizierter Anordnung der Speicherkerne

wenn er parallel zu einem z-Draht durch die Kerne einer Spalte geführt und zum Zwecke der Kompensation in der Mitte überkreuzt wird. Ein Vergleich der Anzahl notwendiger Schaltungen für verschiedene Organisationsformen zeigt die Tabelle 2.3.

Tabelle 2.3. Vergleich der notwendigen Anzahl von Verstärkerschaltungen für verschiedene Speicheranordnungen für 2048 Speicherworte zu je 32 Bit

|  | Wort-treiber | Ziffern-treiber | Inhibit-treiber | Lesever-stärker | Summe der Verstärker |
|---|---|---|---|---|---|
| 2D | 2048 | 32 | – | 32 | 2112 |
| 3D | 32+64[x] | – | 32 | 32 | 160 |
| 2 1/2D | 256[xx] | 256 | – | 32 | 544 |

[x]Weitere Möglichkeiten siehe Abschnitt 4.       [xx]Optimale Aufteilung

Die 2 1/2D-Anordnung hat zunächst Vorteile für große Speicher ($> 10^6$–$10^7$ Bit), wo die Kosten für das Durchfädeln der Drähte durch die Kerne diejenigen der Elektronik überwiegen. In diesem Fall faßt man gerne die parallel zur Ziffernleitung verlaufende Leseleitung mit jener zusammen, so daß man mit zwei Drähten pro Kern auskommt. Durch die Erhöhung der Störsignale beim Schreiben und Lesen innerhalb der Leseverstärker wird

dadurch die Geschwindigkeit herabgesetzt, was man jedoch bei großen
Speichern zugunsten der Kosten in Kauf nimmt. Der Dreidraht-2 1/2D-Spei-
cher hat weniger Aufwand an Elektronik als die 2D-Anordnung und weniger
Störsignale als die 3D-Anordnung und gibt dadurch eine wirtschaftliche
Lösung für Speichergrößen und -kapazität bis herab zu $10^4$ Bit.

Im übrigen wird auf die Literaturangaben am Ende des Abschnitts hingewiesen [2.10 bis 2.16].

## 2.5 Sonderformen von Ferritspeicherelementen

Für besondere Anforderungen, welche durch die bisherigen Speicherelemente, deren Anordnung oder Betriebsweise nicht erfüllt werden können,
rechtfertigen sich u.U. Sonderformen. Solche Anforderungen können sein:

a) Zerstörungsfreies Lesen zum Zweck der Erhöhung der Geschwindigkeit
(Einsparung des Wiedereinschreibens, schnelles Auslesen durch Ausnutzen
reversibler Vorgänge) oder zum Zwecke der Herabsetzung der Fehlerrate,
welche bei der zerstörenden Auslese mit Wiedereinschreiben prinzipiell
größer ist als bei Erhaltung der Information beim Lesen.

b) Verbesserte Wirtschaftlichkeit durch weitere Herabsetzung der Fädelungskosten, speziell in Verbindung mit Groß- oder Massenspeicher.

### 2.5.1 Biax-Speicher [2.17]
Das Biax-Element hat die Gestalt eines Quaders (Bild 2.16), der von zwei
Löchern durchsetzt ist, deren Achsen in der Richtung um 90° versetzt

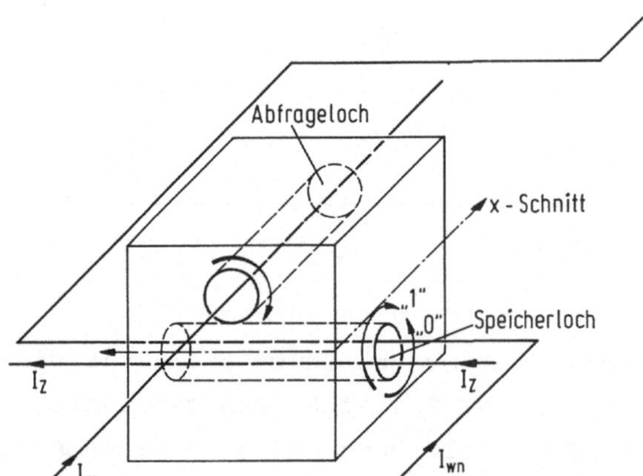


2.16. Biax-Speicherelement

sind, und die auch in der Höhe so weit getrennt sind, daß dazwischen etwas magnetisches Material stehen bleibt. Das obere "Abfrageloch" wird vom Draht für den Abfragestrom $I_{rn}$ durchsetzt, das untere "Speicherloch" vom Draht für den Speicherstrom $I_z$ und vom mäanderförmig verlaufenden Draht für den Schreibstrom $I_{wn}$. Biax-Speicher sind wortorganisiert in Richtung des Abfrage- bzw. Schreibdrahtes. Der Materialbereich um die Löcher bildet zwei magnetisch gekoppelte Kreise. Auch zwei zueinander senkrechte Ferritkerne, die einander an einer Stelle durchstoßen, können dieselbe Funktion erfüllen, sind aber schwieriger herstellbar.

Das Einschreiben erfolgt, indem der Bereich um das Speicherloch durch Koinzidenz des Ziffernstromes $I_z$ und des Wortstromes $I_{wn}$ im Uhrzeigersinn oder dagegen in die Sättigung magnetisiert wird. $I_{wn}$ ist bipolar und stets von gleicher Form, während der Ziffernstrom von der Information abhängt (Bild 2.17). Nach Beendigung der Ströme verbleibt das

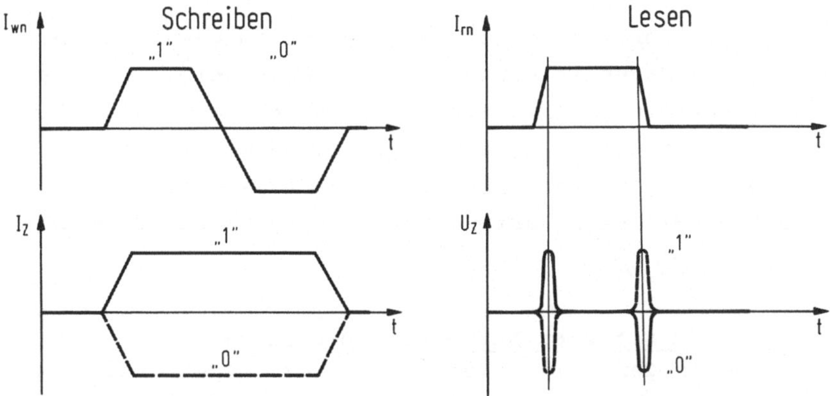


2.17. Grundsätzliche Signalverläufe beim Schreiben und Lesen des Biax-Speicherelementes

Material im Zustand der Remanenz in der Umfangsrichtung des Speicherlochs. Schaltet man den Abfragestrom $I_{rn}$ ein, so wird die Magnetisierung im Kopplungsbereich nach Maßgabe des angelegten Feldes gedreht (Bild 2.18) und dadurch eine zeitliche Änderung der Induktion im z-Draht bewirkt.

Das resultierende Lesesignal hat je nach Information eine unterschiedliche Polarität. Abweichend vom Ferritkernspeicher unterscheiden sich die Signale für "1" und "0" durch ihre Polarität. Dies erhöht einerseits das verfügbare Signal/Störverhältnis, andererseits kann ein fehlendes Signal nicht als "0" fehlinterpretiert werden. Der Vorgang ist

reversibel, d.h. beim Abschalten von $I_{rn}$ kehrt die Magnetisierung in
die Ausgangslage zurück, wobei ein dem ursprünglichen Signal entgegengesetzt gleiches entsteht. Reversible, d.h. elastische Änderungen der
Magnetisierung verlaufen im Material in einigen Nanosekunden, der Vorgang kann mit hoher Folgefrequenz wiederholt werden (bis zu 25 MHz).

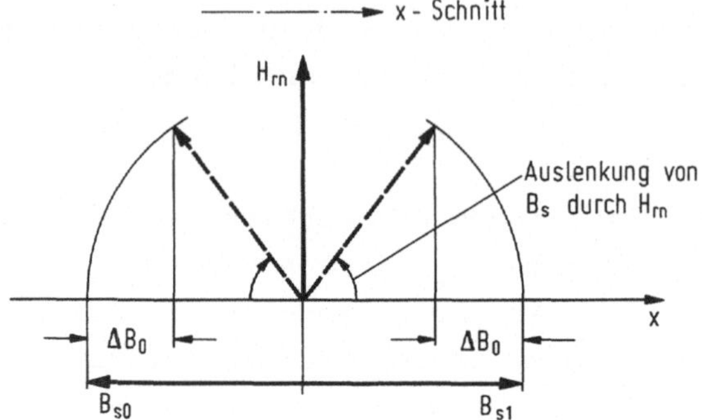


2.18. Auslenkung des Induktionsvektors durch das Magnetfeld beim Lesen

Um die völlige Zerstörungsfreiheit des Lesens zu gewährleisten, darf
die Auslenkung der Magnetisierung nicht zu groß sein. Deswegen ist
das Lesesignal verhältnismäßig klein, was durch Verkürzung der Anstiegszeit des Stromes $I_{rn}$ wieder ausgeglichen werden kann. Das Einschreiben erfolgt durch Wandverschiebungsprozesse, folgt also den
gleichen Gesetzen wie beim Ferritkernspeicher und dauert entsprechend
länger.


### 2.5.2 Das Verfahren mit zwei Kernen pro Bit [2.18]

Den Vorteil höherer Geschwindigkeit und eines Lesesignals, das sich
für "1" bzw. "0" durch das Vorzeichen unterscheidet, kann man auch
mit einer Anordnung von zwei Kernen pro Speicherplatz erhalten. Eine
Matrixanordnung mit 2D-Organisation zeigt Bild 2.19. Der Wortdraht
bildet eine Schleife und ist dadurch mit zwei auf der Ziffernleitung
benachbarten Kernen entgegengesetzt verkettet. Außerdem ist die Richtung der Ströme für Lesen und Schreiben verschieden.


Bei der Beschreibung der Wirkungsweise gehen wir davon aus, daß der
obere Kern im Uhrzeigersinn, der untere entgegengesetzt magnetisiert
sei (Bild 2.20), was nach dem Auslesen der Fall ist. Nun werde eine
"1" eingeschrieben mit Hilfe von Strömen der angegebenen Pfeilrich-
tung. Im unteren Kern überlagern sich die Teildurchflutungen der
Ströme und schalten den Kern um, im oberen Kern erfolgt eine Differenzbildung, der Kern verbleibt in seiner ursprünglichen Lage. Ein

nachfolgender Leseimpuls in der Wortleitung wird nun den unteren Kern in Gegenrichtung des Uhrzeigersinns umschalten, den oberen jedoch in der vorhandenen Richtung in die Sättigung treiben. In der gemeinsamen Ziffernleseleitung entsteht ein positives Lesesignal.

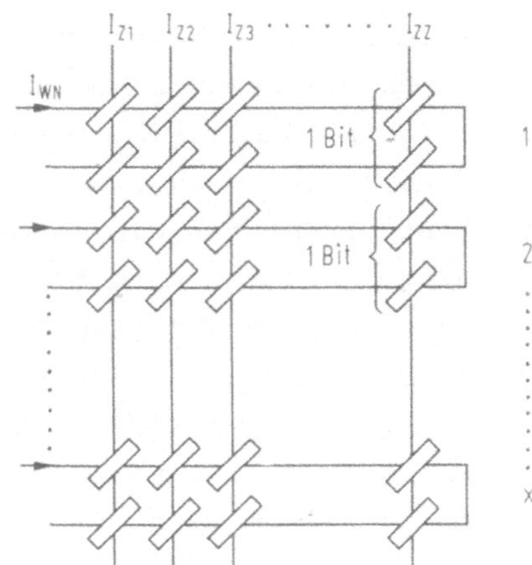


2.19. Speicheranordnung mit 2 Kernen pro Bit und Wortorganisation

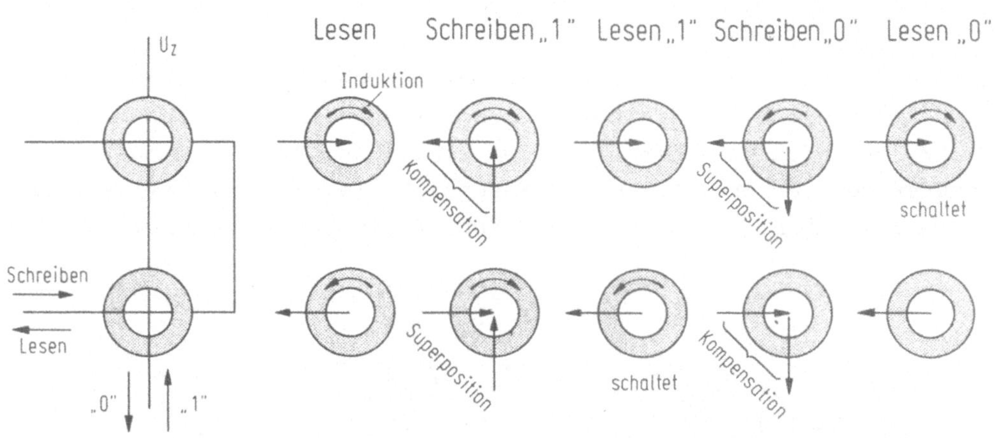


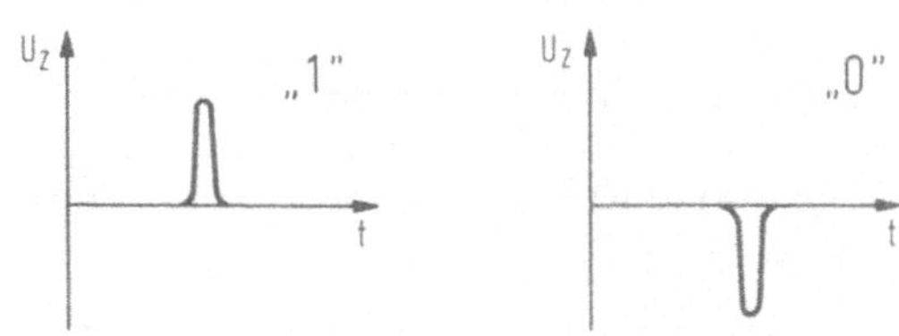


2.20. Aussteuerung der Speicherkerne beim Schreiben und Lesen im Fall von 2 Speicherkernen pro Bit

Beim Schreiben einer "0" verändert sich das Vorzeichen des Ziffernstromes, und die Situation bezüglich der beiden Kerne kehrt sich um.

Der obere Kern wird umschalten, der untere bleibt liegen. Die Folge
ist, daß bei einer nachfolgenden Leseoperation der obere Kern in die
Uhrzeigerrichtung geschaltet wird, wobei ein negatives Lesesignal
entsteht.

In Abweichung vom Speicher mit einem Kern pro Bit ist also der Zustand nach dem Lesen nicht mit dem der gespeicherten "O" identisch.
In Verbindung damit gibt eine gelesene "O" nicht nur ein parasitäres
Signal ab. Aus diesem Grund kann man die beschriebene Anordnung auch
betreiben, indem man die Kerne nur zu einem Teil umschaltet (partial
switching). Dadurch kann die Geschwindigkeit des Speichers erheblich
gesteigert werden (Umschalten von 25 % des Flusses bereits in 30 ns),
wenn auch unter Verlust an Lesesignalgröße. Unter dieser Einschrän-
kung ist auch ein zerstörungsfreies Auslesen der Information möglich.
Ein weiterer Vorteil ist, daß beim Lesen und Schreiben jeweils ein
Kern umgeschaltet wird. Dadurch bleibt die Belastung der Treiber unabhängig von der Information konstant.

### 2.5.3 Flute-Speicher [2.19]

Der Name "flute-memory" erinnert an das Aussehen des Speicherelementes, das (Bild 2.21) aus einem Röhrchen mit Querlöchern besteht. Diese Form des Aufbaues entstand in dem Bestreben, die Fädelungskosten
gegenüber dem Kernspeicher durch Massenfabrikationstechniken zu ver-
ringern und dadurch auf wirtschaftliche Weise große Speicher zu bauen.

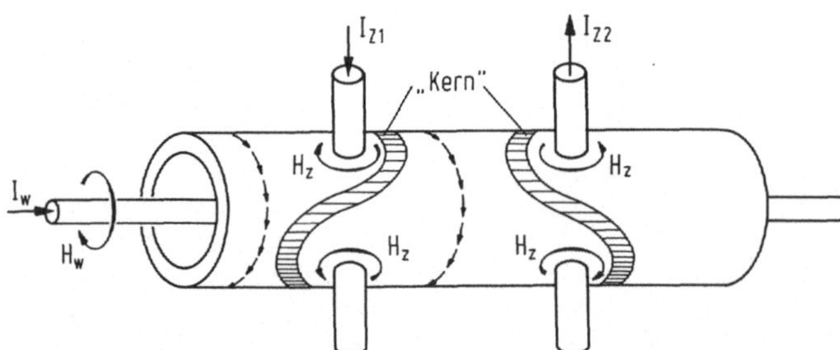


2.21. Aufbau des flute-Speichers mit seinen flötenartigen Querlöchern

Bei der Herstellung werden hitzebeständige Silberpalladiumdrähte in
eine Form gelegt und der verbleibende Hohlraum mit Ferritpuder und
einem thermoplastischen Material ausgefüllt. Anschließend wird das
Ferrit bei hoher Temperatur gesintert, wobei Risse beim Schrumpfen
durch den Thermoplasten vermieden werden. Die Wirkungsweise ist ähnlich der beim Biax-Element beschriebenen, d.h. es kann auch zerstörungsfrei gelesen werden.

### 2.5.4 Laminated ferrites (Schichtplattenspeicher) [2.20]

Auch der Schichtplattenspeicher aus Ferrit (Bild 2.22) verdankt seine Entstehung dem Bestreben nach billiger Herstellung von Massenspeichern aus Ferritmaterial. Das Grundverfahren ist der Dickfilmtechnik sehr ähnlich. Man druckt zunächst das Leitungsmuster der Spaltenleitung auf

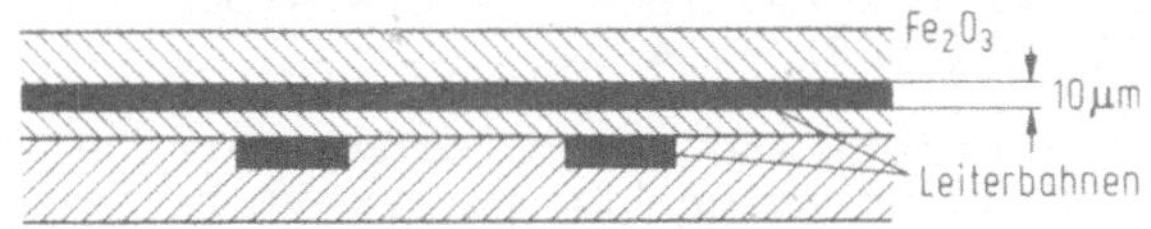


2.22. Aufbau des Schichtplattenspeichers

eine Glasplatte. Dann wird eine Schicht aus Ferritpuder darübergestrichen und gesintert, danach wird die Glasplatte abgelöst. Dabei erhält man eine Ferritplatte mit ebener Oberfläche und eingelegten Leiterbahnen. In gleicher Weise wird die Platte mit den Zeilenleitungen hergestellt. Im Endzustand wird eine dünne Ferritplatte ohne Leitungsmuster zwischen die Platten mit den Leitungsmustern gelegt, deren Leitungen einander zugekehrt sind. Die Dicke der gesamten Anordnung beträgt etwa 0,1 mm. Die Breite der Leitungen ist etwa 60 µ, deren Abstand 200 µm.

## 2.6 Schrifttum zu Abschnitt 2


2.1  Forrester, J.W.: Digital information storage in three dimensions. J. Appl. Phys. 22 (1951) 44-48.

2.2  Lambeck, M.: Barkhausen-Effekt und Nachwirkung in Ferromagnetiken. Berlin, New York: de Gruyter & Co. 1971.

2.3  Kneller, E.: Ferromagnetismus. Berlin, Heidelberg, New York: Springer 1962.

2.4  Kittel, Ch.: Einführung in die Festkörperphysik. München, Wien: R. Oldenbourg 1969.

2.5  v. Münch, W.: Werkstoffe der Elektrotechnik. Teubner Studienskripten. Stuttgart: B.G. Teubner 1972.

2.6  Langer, E.; Schmitt, R.: Rechteckferritkerne, Eigenschaften und Anwendungen. Berlin, München: Siemens AG 1967.

2.7  Neeteson, P.A.: Rechteck-Ferritkerne. Philips Technische Bibliothek. Eindhoven: N.V. Philips 1964.

2.8  Ringkerne aus Ferroxcube 6 für Magnetspeicher. Hamburg: Valvo GmbH 1961.

2.9  Elles, Ch.R.: Exercising memory systems with worst-case bit patterns. Electronics 42 (1969) 18, 93.

2.10 Schmitt, R.: Digitalspeicher mit Ferritkernen. Berlin, München:
     Siemens AG 1971.

2.11 Quartly, C.J.: Schaltungstechnik mit Rechteckferriten. Philips
     Technische Bibliothek. Eindhoven: n.V. Philips 1965.

2.12 Rajchman, J.A.: Magnetic memories. J. Appl. Phys. 34 (1963) 4, 1013.

2.13 Gilligan, T.J.: High speed memory systems-past, present and future.
     IEEE Trans. EC 15 (1966) 4, 475.

2.14 Reese Brown, J.: First- and second-order ferrite memory core charac-
     teristics and their relationship to system performance. IEEE Trans.
     EC 15 (1966) 4, 485.

2.15 Russel, L.A.; Whalen, R.M.; Leilich, H.O.: Ferrite memory systems.
     IEEE Trans. MAG 4 (1968) 2, 134-145.

2.16 Whalen, R.M.: Speeding up ferrite-core memories. Electronics 42
     (1969) 21, 108.

2.17 Wemper, D.: Biax-Speicherelement für zerstörungsfreies Lesen.
     Elektron. Rdsch. 17 (1963) 4, 181.

2.18 Quartly, C.J.: Schaltungstechnik mit Rechteckferriten. Philips
     Technische Bibliothek. Eindhoven: N.V. Philips 1965,51.

2.19 Bartkus, E.A.; et al.: An approach towards batch fabricated fer-
     rite memory planes. IBM J. Res. and Dev. 8 (1964) 2, 170.

2.20 Shahbender, R.; et al.: Laminated ferrite memory. RCA Rev. 24
     (1963) 705-729.

# 3. Magnetschichtspeicher

Magnetspeicher verdanken ihre Entstehung dem Wunsch, die Zugriffs-
bzw. Zykluszeit weiter herabzusetzen als das beim Ferritkernspeicher
möglich ist. Jenem sind Grenzen gesetzt durch die Schaltzeit der Kerne, durch die Induktivitäten der Treibleitungen und die Erwärmung der
Kerne bei schneller Wiederholung des Lesens und Schreibens. Magnetschichten bieten demgegenüber den Vorteil vernachlässigbarer Schaltzeiten, vernachlässigbarer Umschaltverluste, und im Fall des flachen
Schichtspeichers auch des definierten Wellenwiderstandes der Treibleitungen. Von der Zwischenlösung der aus ferromagnetischen Bändern
gewickelten Bandringkerne ist man wegen der Herstellungsschwierig-
keiten und der bei beherrschbarer Herstellungsdicke von einigen Mikro-
metern noch merkbaren Wirbelströme wieder abgekommen.

Der Magnetschichtspeicher hat sich auf breiter Front nicht durchsetzen
können. Dafür gibt es verschiedene Gründe. Einmal hat die Konkurrenz
durch den Schichtspeicher dem Ferritkernspeicher enorme Impulse in
Richtung auf eine Steigerung der Geschwindigkeit und Erhöhung der Dichte gegeben, so daß mit schnellsten Ferritkernspeichern auch Zykluszeiten bis herab zu 100 ns [3.1] möglich geworden sind. Zum zweiten
hat die Technologie der Magnetspeicher nie die Reife erreichen können,
die zugleich Voraussetzung und Folge eines wirtschaftlichen Einsatzes
ist, und drittens boten die in rascher Entwicklung auf den Markt drän-
genden Halbleiterspeicher gleiche und höhere Geschwindigkeiten zu ver-
gleichbaren Kosten mit der Aussicht auf erhebliche Verbilligung an.

Immerhin wurden Speicher mit eindrucksvollen technischen Daten, d.h.
Zykluszeiten von 120 ns bei einer Kapazität von $10^6$ Bit [3.2] bzw. sogar 30 ns Zugriffszeit mit zerstörungsfreiem Lesen mit $10^5$ Bit an Kapazität erreicht [3.3, 3.4]. Trotzdem ist diese Speichertechnologie heute
mehr oder weniger nur noch von historischem bzw. akademischem Interesse.

Wenn ihm hier ein im Vergleich zu dieser Beurteilung breiter Platz ein-
geräumt wird, so deswegen, weil er als Denkmodell, das durch praktische
Arbeiten untermauert ist, zeigt, welche Kenndaten erreichbar sind,
wenn man das Grundkonzept der magnetischen Speicherung beibehält und
mit einem Element vernachlässigbarer Schaltzeit ein System auslegt.
Im übrigen deuten sich in Form der Domänenspeicher [3.5] neue Möglichkeiten auf dem Gebiet der magnetischen Speicherung an.

Man unterscheidet zwei Arten von Schichtspeichern; ebene und zylindrische nach der Form des Speicherelements.


## 3.1 Die ebene Magnetschicht als Speicherelement

Ebene oder planare Magnetschichten oder Filmspeicher werden durch Aufdampfen bzw. Kathodenzerstäubung von NiFe im Vakuum hergestellt. Das
Material ist Nickel-Eisen in einer Zusammensetzung von 81 % Nickel und
19 % Eisen, um eine minimale Magnetostriktion zu erreichen. Als Unterlage dient Glas oder eine Silberplatte, deren Oberfläche speziell be-
handelt und mit einer Deckschicht von SiO zum Ausgleich der Oberflä-
chenrestrauhigkeit versehen ist. Die Dicke der Schicht liegt in der
Gegend von 0,1 µm. Infolge dieser extrem dünnen Geometrie besteht eine
Formanisotropie, welche sich zunächst darin äußert, daß die Magnetisierung stets innerhalb der Schichtebene liegt. Auch die Ausbildung
von Blochwänden ist energetisch ungünstig, weswegen sich eine ideale
Schicht wie ein Weißscher Bezirk, d.h. wie ein "Einbereich" verhält.
Durch ein beim Aufdampfen vorhandenes starkes Magnetfeld parallel zur
Längsachse der Schicht erhält man zudem noch eine uniaxiale Anisotropie,
d.h. zwei ausgezeichnete stabile Lagen der Magnetisierung, denen man
die Information "1" bzw. "O" zuordnen kann. Ohne äußeres Feld liegt die
Magnetisierung in der Schicht immer in dieser "leichten" Richtung; die
dazu senkrechte Richtung, in die man die Magnetisierung allenfalls
durch ein äußeres Feld zwingen kann, bezeichnet man entsprechend als
"harte" Richtung.

Die Vorstellung vom Einbereichsverhalten der Magnetschicht, auch
für das dynamische Verhalten, hat zur Folge, daß das Umschalten der
Schicht von einer Vorzugslage in die dazu entgegengesetzte nicht
durch Wandschalten erfolgen kann (es gibt ja keine Wände), sondern
die Drehung der Magnetisierung erfolgt an allen Stellen der Schicht
parallel und gleichzeitig, man spricht von "kohärenter Rotation"

[3.6, 3.7]. Dieser Vorgang läuft weit schneller ab als das Wandschalten eines Ferritkerns und ermöglicht Umschaltzeiten, die unter
1 ns liegen [3.8].

Die Anisotropie- und Kristallkräfte sowie diejenigen infolge eines
äußeren Magnetfeldes H, welche auf die Magnetisierung einwirken, lassen sich zu einem Modell einer idealen, als Einbereich sich verhalten-
den Schicht zusammenfassen. Die Lage der Magnetisierung M ist hierbei
gegeben durch die Tangente von der Spitze des Feldvektors H des angelegten Feldes an eine Astroide mit der Gleichung (Bild 3.1)

$$H_x^{2/3} + H_y^{2/3} = H_k^{2/3}.$$

$H_k$ ist die Anisotropiefeldstärke, die X-Achse ist parallel zur leichten Richtung, die Y-Achse ist parallel zur harten Richtung.

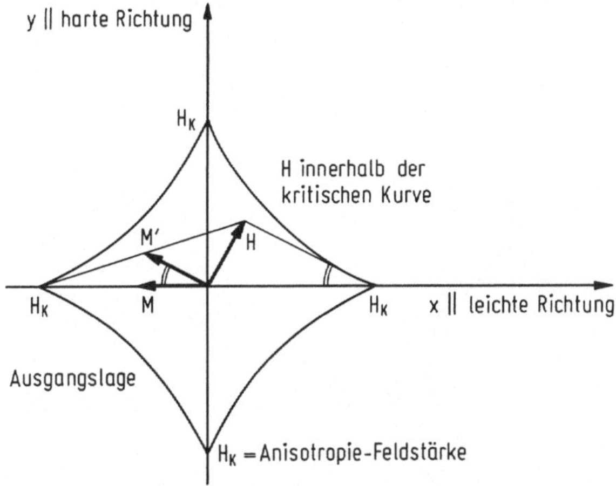


3.1. Konstruktion der Lage der Magnetisierung als Tangente an die
Astroidenkurve einer idealen Magnetschicht

Innerhalb der Astroide gibt es zwei mögliche Tangenten, deren gültige
durch die Ausgangslage der Magnetisierung gegeben ist. Außerhalb der
Astroide gibt es nur noch eine Tangente. Falls die Magnetisierung vorher in Richtung der zweiten möglichen Tangente gelegen hat, springt
sie beim Überschreiten der Astroide, die man deswegen auch die kritische Kurve nennt, durch kohärente Rotation in die neue Richtung (Bild
3.2). Reduziert man von diesem über der kritischen Kurve liegenden
Punkt die Feldstärke kontinuierlich auf O, so dreht sich die Magneti-

sierung nach Maßgabe der Tangentenrichtung in die neue leichte Richtung parallel zur X-Achse.

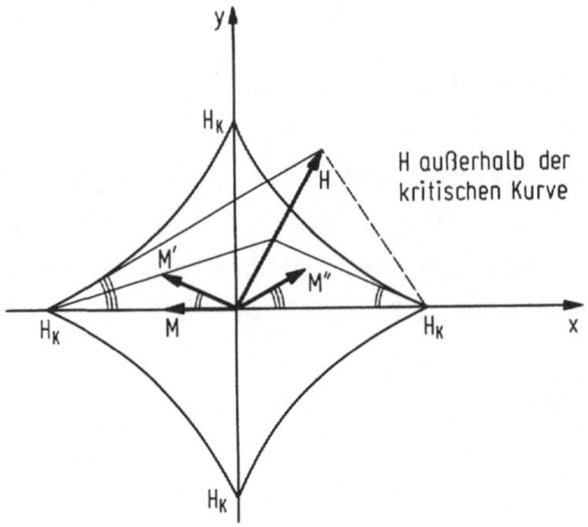


## 3.2. Umschalten der Magnetschicht bei Überschreitung der kritischen Kurve durch das angelegte Feld

Eine reale Schicht verhält sich nur angenähert, wie es das Modell angibt. Die kritische Kurve ist keine scharfe Linie, sondern ein Streifen von endlicher Breite (Bild 3.3). Nur außerhalb dieses Streifens,

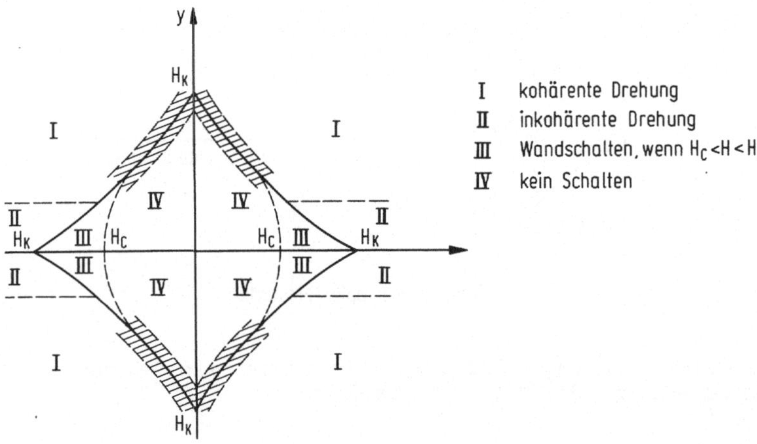


## 3.3. Charakterisierung der realen Schicht durch Bereiche mit verschiedenem Schaltverhalten.

im Bereich I für die angelegte Feldstärke, erfolgt das Umschalten durch kohärente Drehung. Auch die Ausbildung von Blochwänden ist nicht auszuschließen, insbesondere an den schmalseitigen Enden der Schicht. Für sie gibt es auch eine Schwellfeldstärke $H_C$ für die Bewegung von Blochwänden, d.h. für eine Ummagnetisierung durch Wandschalten. Im Be-

reich III für $H_C < H < H_K$ findet also eine entsprechend langsame Ummagnetisierung durch Wandbewegung statt. Im Bereich IV findet kein Umschalten statt, da die angelegte Feldstärke sowohl für Drehung wie auch
Wandbewegung zu klein ist. Leider ist die Grenze des Bereichs IV für
impulsförmige Felder ziemlich unsicher. Es zeigt sich, daß die in der
Schicht gespeicherte Information durch viele kleine impulsförmige Felder parallel zur leichten Richtung u.U. völlig zerstört werden kann
[3.9, 3.10]. Diesen Vorgang bezeichnet man als "Kriechen" (creeping).

Diesen Gegebenheiten muß bei Aufbau und Organisation des Speichers
Rechnung getragen werden. Die für das Umschalten beim Lesen und Schreiben zu erzeugenden Felder müssen in den Bereich I zu liegen kommen.
Dies läßt sich am einfachsten durch die Wortorganisation des Speichers
erreichen. Bezüglich anderer Betriebsarten sei auf die Literatur verwiesen [3.11, 3.12].

Das Wortfeld $H_W$ ist größer als $H_K$ und zeigt in die harte Richtung,
das Ziffernfeld $H_Z$ ist kleiner als $H_C$ und zeigt in die leichte Richtung (Bild 3.4). Beim Schreiben ist der Impuls für den Ziffernstrom

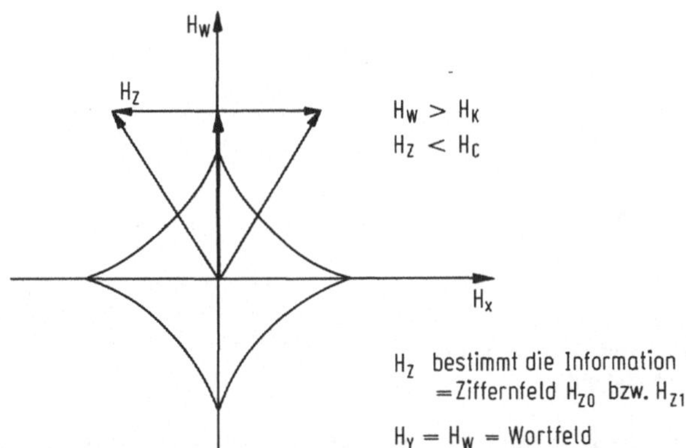


3.4. Orientierung der Magnetfelder beim wortorganisierten Speicher

oder Bitstrom länger als derjenige für den Wortstrom, so daß beim
Abschalten von $H_W$ eine eindeutige Lage für die Magnetisierung beim
Überschreiten der kritischen Kurve zustande kommt. Beim Lesen wird
nur das Wortfeld eingeschaltet, welches eine kohärente Drehung der
Schicht in die harte Richtung bewirkt (Bild 3.5). Je nach Ausgangslage der Magnetisierung ergibt sich ein positives oder negatives Lesesignal. Beim Abschalten des Wortfeldes ist die Lage der Magnetisierung undefiniert, so daß die Information beim Lesen zerstört wird.

Tatsächlich ergibt sich meist ein Aufspalten der Schicht in mehrere
Bereiche verschiedener Magnetisierungsrichtung, welche durch Blochwände getrennt sind. Das Lesesignal ist trotz des schnellen Umschaltens wegen des geringen umgeschalteten Volumens nur von der Größenordnung von 1 mV. Daraus ergibt sich, daß ein Betrieb mit Wandschal-
tung wegen ungenügender Größe des Lesesignals nicht in Frage kommt.
Die beim Umschalten verbrauchte Energie liegt in der Größenordnung
von $10^{-12}$ Ws. Eine unzulässige Erwärmung der Schichten tritt deswegen selbst bei hohen Wiederholfrequenzen nicht auf. Außerdem ist die
Wärmeableitung im Fall eines ebenen metallischen Substrats optimal.

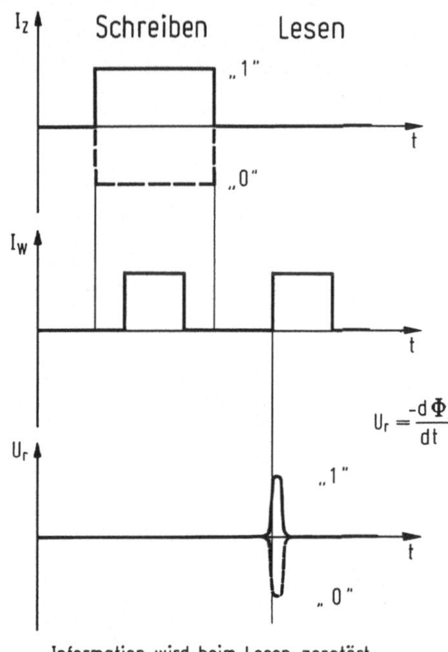


3.5. Grundsätzliche Signalverläufe beim Schreiben und
Lesen des Schichtspeichers

Eine schematische Darstellung der gesamten Speicherordnung zeigt Bild
3.6. Die Schichten liegen mit ihrer Längsachse, der leichten Richtung
also, parallel zur Wortleitung. Senkrecht hierzu verlaufen die Ziffernleitungen und die Leseleitungen, deren zugehörige Verstärker auf
entgegengesetzten Seiten der Speichermatrix liegen, worauf noch zu-
rückzukommen sein wird. Da bei großen Speichern die Anstiegszeiten
der Impulse kürzer sind als die Laufzeiten auf den Leitungen, werden
die Leitungen in diesem Fall zweckmäßigerweise mit ihrem Wellenwiderstand abgeschlossen. Die Treibleistungen werden dadurch zwar erhöht,
jedoch störende Reflexionen, welche zur Verlängerung der Zykluszeit
beitragen, werden vermieden.

Typische Werte für die Treibströme, Wellenwiderstände der Leitungen, das Lesesignal, die Abmessungen und magnetischen Kenndaten der Schicht

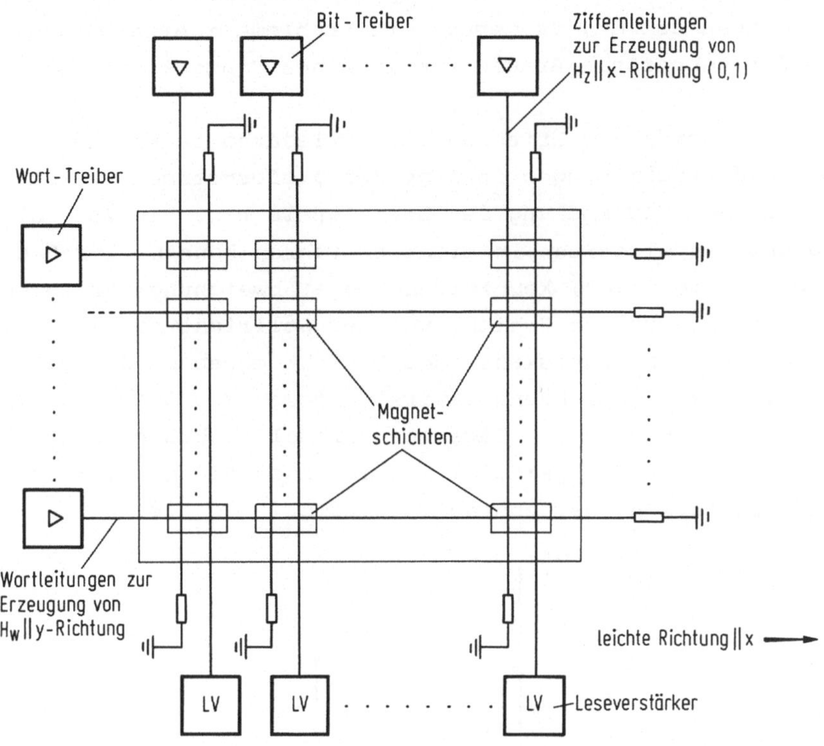


**3.6. Aufbau des Magnetschichtspeichers mit Ansteuerelektronik**

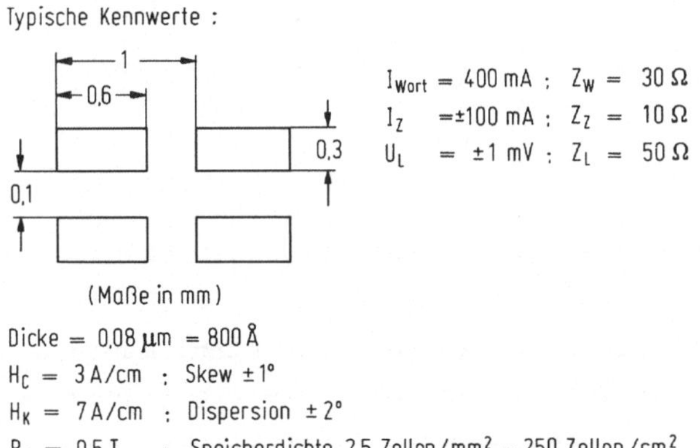


**3.7. Typische Kennwerte eines Magnetschichtspeichers**

sind in Bild 3.7 zusammengefaßt. Mit den angegebenen Abmessungen ergibt sich eine Speicherdichte von 250 Zellen pro cm$^2$, was etwa eine Größenordnung über dem Wert von Ferritkernspeichern liegt.

## 3.2 Spezielle Probleme des Magnetschichtspeichers

Der Magnetspeicher weist eine Reihe spezieller Probleme auf, die kurz
besprochen werden sollen, da gerade oft Probleme zweiter Ordnung sehr
wesentlich die technische Brauchbarkeit eines Konzepts mitbestimmen.

Bereits erwähnt wurde das Kriechen, d.h. wiederholte kleine irreversible Blochwandverschiebungen infolge der Ziffernströme, welche zu
einer allmählichen Verwandlung des Lesesignals bzw. bis zur völligen
Zerstörung der gespeicherten Information führen können. Der Skew (zu
deutsch etwa "Schieflage") kennzeichnet die Abweichung der leichten
Richtung der individuellen Schicht von der Sollrichtung, die z.B.
durch die geometrische Längskante der Schicht gegeben ist. Ein Feld in
der geometrisch harten Richtung bewirkt infolge des Skew innerhalb der
Schichten, deren individuelle Lage von der Sollrichtung abweicht, eine
Teilkomponente des Feldes parallel zur leichten Richtung, welche das
Ziffernfeld verstärken oder abschwächen kann (Bild 3.8).

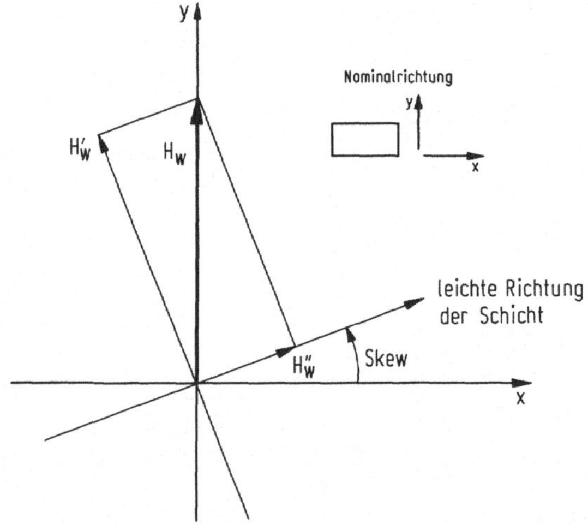


3.8. Auswirkung einer Abweichung der leichten Richtung einer Schicht von
der Nominalrichtung (Skew)

Um ein sicheres Einschreiben zu gewährleisten, muß deshalb das Ziffern-
feld entsprechend erhöht werden, gleichzeitig ergeben sich schärfere
Anforderungen an die Toleranz der Ziffernströme, um bei entsprechendem
Skew-Winkel genügenden Abstand von der Kriechgrenze zu haben.

Zum Skew, der ein makroskopisches Maß für die Abweichung der leichten
Achse von der Sollrichtung darstellt, kommt die Dispersion als ein
mikroskopisches Maß für die Variation der leichten Richtung an ver-

schiedenen Stellen innerhalb der Schichten. Die Dispersion wirkt erhöhend auf das benötigte Ziffernfeld. Typische Werte von Skew und Dispersion sind in der Tafel 3.7 angegeben.

Als störend betrachtet werden muß der Streufluß der benachbarten Schichten, welche zwecks maximaler Speicherdichte möglichst geringen Abstand haben. Beim Umschalten der Schicht tritt ein unter dem Stichwort trapped flux (gefangener Fluß) bekanntgewordener Effekt in Erscheinung. Das statische Streufeld der Schicht durchsetzt die metallische Grundplatte ebenso wie die darüber liegenden Leiterstreifen. Schaltet die Schicht um, z.B. in die harte Richtung, so kann der Fluß innerhalb der metallischen Leiter infolge von Wirbelströmen nicht beliebig schnell folgen, er ist "gefangen".

Um das Umschalten der Schicht selbst dadurch nicht zu verhindern, müssen die Leiter geschlitzt werden. Es verbleibt der Einfluß des Grundplattenfeldes, welches auf eine Erhöhung der von außen anzulegenden Felder hinausläuft. Da man den gefangenen Fluß auch als ein Gedächtnis für die Ausgangslage der Schichtmagnetisierung auffassen kann, sind Vorschläge gemacht worden, diesen Effekt zum zerstörungsfreien Auslesen zu verwerten. Sie haben jedoch keine Bedeutung erlangt. Neben der Schlitzung der Ansteuerleitungen hat sich die Verwendung eines magnetischen Rückschlusses (keeper) als Deckplatte (Bild 3.9) als vorteilhaft erwiesen. Durch ihn werden die magnetischen Feldlinien des Streuflusses von vorneherein hauptsächlich außerhalb der Grundplatte zusammengefaßt [3.13].

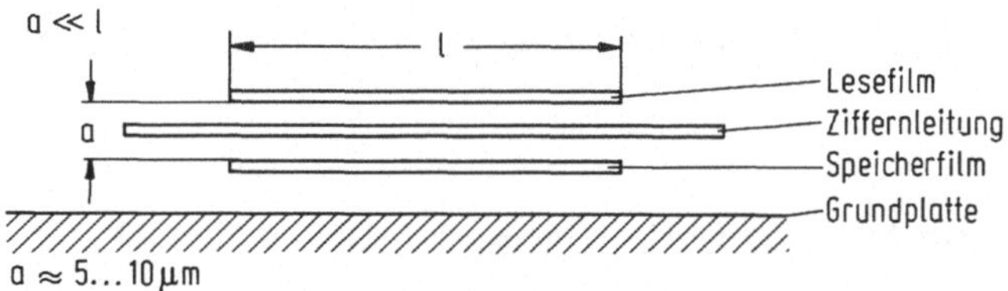


3.9. Anordnung von zwei gekoppelten Filmen für zerstörungsfreie Auslese

Eine nicht zu vernachlässigende Rolle spielen auch die Randfelder der Aussteuerleitungen, welche am Ort der Nachbarschicht je nach Abstand noch Werte vom 0,1fachen des Maximalwertes annehmen können. Besonders gefährdet sind die Schichten in der unmittelbaren Nachbarschaft einer aufgerufenen Wortleitung, da sie außer mit dem Streufeld auch mit dem vollen Ziffernfeld beaufschlagt werden. Zu erwähnen wäre als weitere Schwierigkeit, daß die Felder frequenzabhängig

sind. Man sieht dies leicht ein, wenn man bedenkt, daß im Grenzfall
$f \to \infty$ das Innere der Leiter feldfrei ist, während das Magnetfeld für
$f \to 0$ auch die Grundplatte gleichmäßig durchsetzen kann [3.14].

Weitere störende Effekte kommen durch die elektrischen und magnetischen Kopplungen der Wort- und Ziffernleitung mit der Leseleitung
zustande. Die Kapazität im Kreuzungspunkt der Wortleitung mit der
Leseleitung von Bruchteilen eines Picofarad ist groß genug, um ein
Störsignal in der Leseleitung zu erzeugen, das gleich groß oder grös-
ser ist als das magnetische Lesesignal. Durch Verlegung einer Kompen-
sationsleitung zwischen den Schichten kann dieser Effekt weitgehend
unwirksam gemacht werden, wenn auch unter Erhöhung des Aufwandes [3.15].

Äußerst störend ist ferner die Schreibstörung durch den Ziffernstrom.
Da die Ziffernleitung über die ganze Länge parallel zur Leseleitung
verläuft und außerdem einen Strom führt, der um etwa 3 bis 4 Größenordnungen über dem Lesestrom liegt, kann während des Schreibens ein
Störsignal in der Leseleitung erzeugt werden, welches den Leseverstär-
stärker völlig übersteuert. In diesem Fall kann die Zykluszeit des
Speichers ausschlaggebend von der Erholungszeit des Leseverstärkers
abhängen. Auch dieser Effekt kann bis zu einem gewissen Grad kompensiert werden durch entsprechende Anordnung [3.16]. Bei geeigneter Dimensionierung kann man sich außerdem im Sinn eines Richtkopplers die
teilweise Kompensation der magnetischen und elektrischen Kopplung in
bezug auf das ferne Leitungsende [3.17] zunutze machen. Deswegen ordnet man den Leseverstärker, wie bereits erwähnt, auf der den Ziffern-
treibern entgegengesetzten Seite der Speichermatrix an. Über die Grenzen von Geschwindigkeit und Kapazität wird in [3.18] berichtet.


## 3.3 Sonderformen von Magnetschichtspeichern

### 3.3.1 Gekoppelte Filme

Da die offene Flußstruktur einerseits zu Störfeldern der Schicht selbst
Anlaß gibt, andererseits ihre Empfindlichkeit gegenüber magnetischen
Feldern der Umgebung erhöht und gleichzeitig wegen der entmagnetisie-
renden Felder die notwendigen Treibströme erhöht, hat man Anstrengungen unternommen, um Strukturen mit einem geschlossenen Pfad des magnetischen Flusses ähnlich wie beim Ringkern zu erhalten. Auf einfachste Weise angenähert erreichbar ist ein geschlossener Pfad durch 2
übereinanderliegende Schichten, welche entweder nur durch eine da-

zwischenliegende Leitung getrennt sind oder sogar an den Rändern der
Leitungen aneinander stoßen. Meist wird die Ziffernleitung dazu herangezogen, um den Ziffernstrom herabzusetzen und den Fluß in der leichten Richtung zu schließen [3.19, 3.2o]. Läßt man die Ziffernleitung
auf beiden Seiten überstehen (Bild 3.9) und schlitzt sie nicht, so läßt
sich ein zerstörungsfreies Auslesen der Information erreichen, da die
zwischen Grundplatte und Ziffernleitung befindliche Schicht durch Wirbelströme an der Drehung gehindert wird, während der obere Film ein
Lesesignal abgibt [3.21].

Als Nachteil zu erwähnen sind die Schwierigkeiten der Herstellung der
übereinandergedampften bzw. -gelegten Schichtenfolge von Filmen und
Leitungsmustern, die für das Lesen und Schreiben verschiedene Form,
Amplitude und Dauer des Wortstromes sowie ein gegenüber der zerstörenden Auslese kleineres Lesesignal.

Sehr günstig ist die Stabilität der eingeschriebenen Information,
welche beim wiederholten Lesen immer besser wird. Eine zerstörungsfreie Leseoperation wirkt sich beim magnetischen Speicher besonders
vorteilhaft auf die Geschwindigkeit deswegen aus, weil die Einsparung der Schreiboperation im Anschluß an das Lesen auch die lange Erholungszeit des Lesekanals zum Verschwinden bringt. Für das reine Lesen sind Folgefrequenzen mit 74 MHz [3.3] an einem Speichermodell gemessen worden, als Zugriffszeit wurden 30 ns erreicht.

### 3.3.2 Zylindrische Filmspeicher (Drahtspeicher)

Zylindrische Filmspeicher nehmen in Betrieb und Eigenschaften eine
Stellung zwischen dem Ferritkernspeicher und dem Magnetschichtspeicher mit ebenen Schichten ein, da die Geometrie der Anordnung mit
dem um den Draht verlaufenden magnetischen Material kernähnlich ist,
die magnetische Schicht selbst wie beim Flachfilm aus Nickel-Eisen
besteht.

Im Fall des plated-wire-memory [3.22, 3.23] hat die Schicht eine Vorzugsrichtung entlang des Umfangs, im Fall des rod-memory handelt es
es sich um eine isotrope Schicht ohne Vorzugsrichtung. Beim letzteren
stellen die aus Stäbchen von 2,5 mm Länge bestehenden Drähte auch eine elegante Lösung des Fädelungsproblems dar. Sie werden vollautoma-
tisch in eine Matrix aus Drahtspulen gesteckt. Die Umschaltung erfolgt beim rod-memory durch Wandbewegung. Die Herstellung der magnetischen Schicht erfolgt galvanisch, d.h. durch Abscheidung aus einem

Bad mittels Elektrolyse. Der Twistor-Speicher [3.24] schließlich hat
eine Vorzugsrichtung unter 45$^{o}$ zur Mantellinie des Drahtes, welche dadurch entsteht, daß ein magnetisches Band unter Zug in Form einer lang-
gezogenen Spirale um den Draht gewickelt wird.

### 3.3.3 Plated-wire-memory (plattierter Drahtspeicher) [3.22, 3.23]

Beim plated-wire-memory wird ein Kupferdraht mit einem Durchmesser
von 0,1 bis 0,2 mm durch Elektroplattieren mit einer NiFe-Schicht von
0,5 bis 2 µm Dicke belegt. Es besteht eine Vorzugsrichtung parallel
zum Umfang. Infolgedessen ergibt sich eine Struktur mit geschlossenem
Fluß in der leichten Richtung. Der Trägerdraht dient gleichzeitig als
Ziffern- und Lesedraht für eine 2 1/2D-Organisation. Das Wortfeld in
der harten Richtung parallel zur Achse des Drahts wird durch Band-
leiter aus Kupfer erzeugt, welche um die Drähte geschleift sind (Bild
3.10). Die Magnetdrähte sind in einem Abstand von 0,75 mm in einen
Tragkörper aus Teflon verlegt. Die um diesen Tragkörper verlaufenden
Wortleitungsbänder sind auf eine Epoxydharzfolie geklebt und haben
eine Breite von 1 mm und einen Abstand von 0,5 mm. Auf diese Weise ergibt sich eine Speicherdichte von ungefähr 100 Bit/cm$^2$.

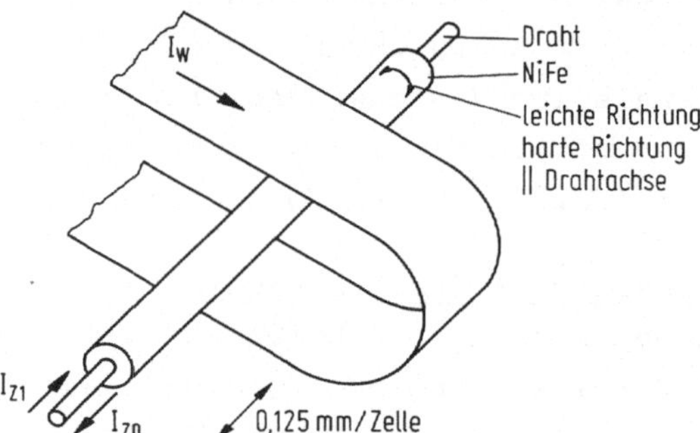


3.10. Grundsätzlicher Aufbau eines Drahtspeichers mit plattierter Magnetschicht

Als Vorteile dieser Speicher werden eine schnellere Umschaltzeit als
bei Kernen (ca. 100 ns), leichtere Massenherstellung (kein Fädelungs-
problem), höhere Dichte als bei Kernen und Lesesignalen sowohl für "1"
als auch für "0" genannt. Auch zerstörungsfreies Lesen wird bei geringer Aussteuerung erreichbar. Gegenüber Flachfilmen vorteilhaft ist
ein größeres Lesesignal aufgrund der größeren Filmdicke und größere
Stabilität gegen Kriechen.

Als Nachteil gegenüber Kernen zählen das kleinere Lesesignal, gegenüber Flachfilmen die schwieriger beherrschbare Magnetostriktion durch
die mechanische Beanspruchung der Drähte.

### 3.3.4 Twistor-Speicher [3.24, 3.25]

Der Name des Speichers deutet auf seine ursprüngliche Herstellung hin,
bei der ein Nickel-Eisen-Volldraht durch Torsion (to twist: drehen)
mit einer Vorzugsrichtung versehen wurde, was sich jedoch nicht be-
währt hat. Die aktuelle Version besteht aus einem 80 µm dicken Kupferdraht, der mit einem unter Zugspannung stehenden Permalloy-Band um-
wickelt ist (Bild 3.11).

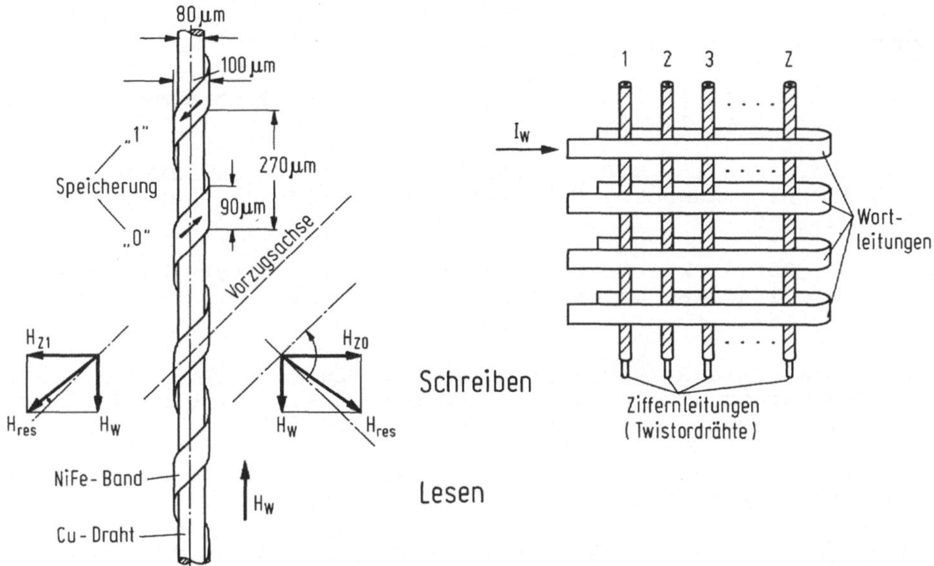


3.11. Aufbau des Twistor-Speichers und seine Verwendung als Speicherelement

Da entlang des Drahtes etwa 4 Bit/cm untergebracht werden können und
4 Drähte pro cm nebeneinander zu liegen kommen, ergibt sich eine Dichte
von ca. 16 Bit/cm$^2$. Die Zugspannung ergibt eine Vorzugslage der Magnetisierung unter 45$^{\circ}$ zur Mantellinie, welche zur antiparallelen Speicherung der "1" bzw. "O" ausgenützt werden. Der das Band tragende Draht
dient als gemeinsame Ziffern-Leseleitung, die Wortleitung umschließt
die Ziffernleitung.

Beim Schreiben einer "1" addieren sich das Wort- und Ziffernfeld vek-
toriell so, daß die Magnetisierung praktisch in Richtung der einen
45$^{\circ}$-Lage zu liegen kommt. Beim Schreiben einer "O" ändert das Ziffernfeld das Vorzeichen, so daß eine Magnetisierungslage zustande kommt,
welche eine wesentliche Komponente in Richtung der anderen 45$^{\circ}$-Lage
hat. Das Ziffernfeld wirkt hierbei als Inhibitfeld, da nach dem Lesen
mit dem umgekehrten Wortfeld (Bild 3.11) die Nullage eingespeichert
wird. Die Ummagnetisierung erfolgt durch Wandbewegung. Die Zyklus-

zeit eines Speichers mit 65000 Worten zu 90 Bit beträgt 5 µs. Der Twistor-Speicher kann als Halbfestwertspeicher programmiert werden, indem auf eine Aluminium-Unterlage aufgeschweißte Permanentmagnete die Magnetisierung nach dem Lesen immer in die Ausgangslage zurückkehren lassen. Soll die gespeicherte Information verändert werden, wird die Aluminiumkarte mit den Permanentmagneten ausgewechselt.

## 3.4 Schrifttum zu Abschnitt 3


3.1   Werner, G.E.; et al.: A 110-nanosecond ferrite core memory. IBM J. Res. and Dev. 11 (1967) 2, 153-161.

3.2   Pugh, E.W.; Shalan, V.T.; Siegle, W.T.: Device and array design for a 120 nsec magnetic film main memory. IBM J. Res. and Dev. 11 (1967) 2, 169.

3.3   Kohn, G.; Jutzi, W.; Mohr, Th.; Seitzer, D.: A very-high-speed nondestructive-read magnetic film memory. IBM Res. and Dev. 11 (1967) 2, 162.

3.4   Anacker, W.; Bland, G.F.; Pleshko, P.; Stuckert, P.E.: On the design and performance of a small 60 nsec destructive readout magnetic film memory. IBM J. Res. and Dev. 10 (1966) 1, 41-50.

3.5   Bobeck, A.H.: Properties and device applications of magnetic domains. Bell Syst. Techn. J. 46, II (1967) 8, 1901.

3.6   Smith, D.O.: Magnetization reversal in thin films. J. Appl. Phys. 29 (1958) 3, 264.

3.7   Feldtkeller, E.: Eine anschauliche Darstellung der kohärenten Magnetisierungsdrehung in dünnen ferromagnetischen Schichten. Z. Angew. Phys. (1960) 12, 257.

3.8   Dietrich, W.; Pröbster, W.E.; Wolf, P.: Nanosecond switching in thin magnetic films. IBM J. Res. and. Dev. 4 (1960) 189-196.

3.9   Middelhoek, S.; Wild, D.: Review of wall creeping in thin magnetic films. IBM J. Res. and Dev. 11 (1967) 1, 93-105.

3.10  Stein, K.U.; Feldtkeller, E.: Wall streaming in ferromagnetic thin films. J. Appl. Phys. 38 (1967) 4401-4408.

3.11  Kayser, W.: Übersicht über Speicherverfahren für Speicher mit dünnen magnetischen Schichten. Elektron. Rechenanl. 4 (1962) 2, 60.

3.12  Billing, H.: Magnetische Stufenschichten als Speicherelemente. Elektron. Rechenanl. 5 (1963) 257-261.

3.13  Jutzi, W.: Das magnetische Feld einer unsymmetrischen Parallelbandleitung mit magnetischem Rückverschluß. Arch. elektr. Übertrag. 21 (1967) 4, 190-197.

3.14  Jutzi, W.: Das magnetische Impulsfeld einer unsymmetrischen Parallelbandleitung. Arch. elektr. Übertrag. 19 (1965) 119-125.

3.15 Seitzer, D.: Amplifier and driver circuits for thin film memories
     with 12 nsec read cycle time. IEEE Trans. EC 13 (1964) 6, 722-729.

3.16 Seitzer, D.: Eine Gabelschaltung für Nanosekundenimpulse zur Her-
     absetzung der Schreibstörung in einem Magnetschichtspeicher. Arch.
     elektr. Übertrag. 18 (1964) 10, 577-584.

3.17 Bland, G.F.: Directional coupling and its use for memory noise
     reduction. IBM J. Res. and Dev. 7 (1963) 3, 252-256.

3.18 Stein, K.U.: Grenzen der Geschwindigkeit und Kapazität bei Magnet-
     speichern. Elektron. Rechenanl. 11 (1969) 2, 65.

3.19 Hsu Chang: Coupling sets thin magnetic films on closed flux path.
     IEEE Trans. MAG 6 (1970) 4, 774.

3.20 Hsu Chang; Mazzeo, N.J.; Romankiw, L.T.: 0,25 x $10^6$ bit/$in^2$ NDRO
     coupled film memory elements. IEEE Trans. MAG 6 (1970) 4, 774.

3.21 Jutzi, W.: Very high-speed cross-sectional model for a 147-kbit
     thin magnetic film memory in the NDRO mode. IEEE Trans. MAG 3
     (1967) 4, 640.

3.22 Fedde, G.A.: Plated wire: a long shot that's paying off. Electro-
     nics 41 (1968) 11, 124.

3.23 Meier, D.A.: Rods look likes wires, act like cores. Electronics 41
     (1968) 11, 128.

3.24 Bobeck, A.H.: A new storage element suitable for large sized me-
     mory arrays - the Twistor. Bell Syst. Techn. J. 36 (1957) 1319-1340.

3.25 Aschmoneit, E.K.: Twistor-Speicher großer Kapazität. Elektronik 12
     (1963) 9, 257-262.

# 4. Speicherperipherie

Die bisherigen Betrachtungen beschränkten sich im wesentlichen auf
die Speicherelemente und deren Organisation in größerer Zahl zu einem Speicherblock oder einer Speichermatrix. Einen wesentlichen Anteil am baulichen Aufwand, Platzbedarf und Energieverbrauch haben
die Einrichtungen, welche in Form des Adressenregisters und der Ent-

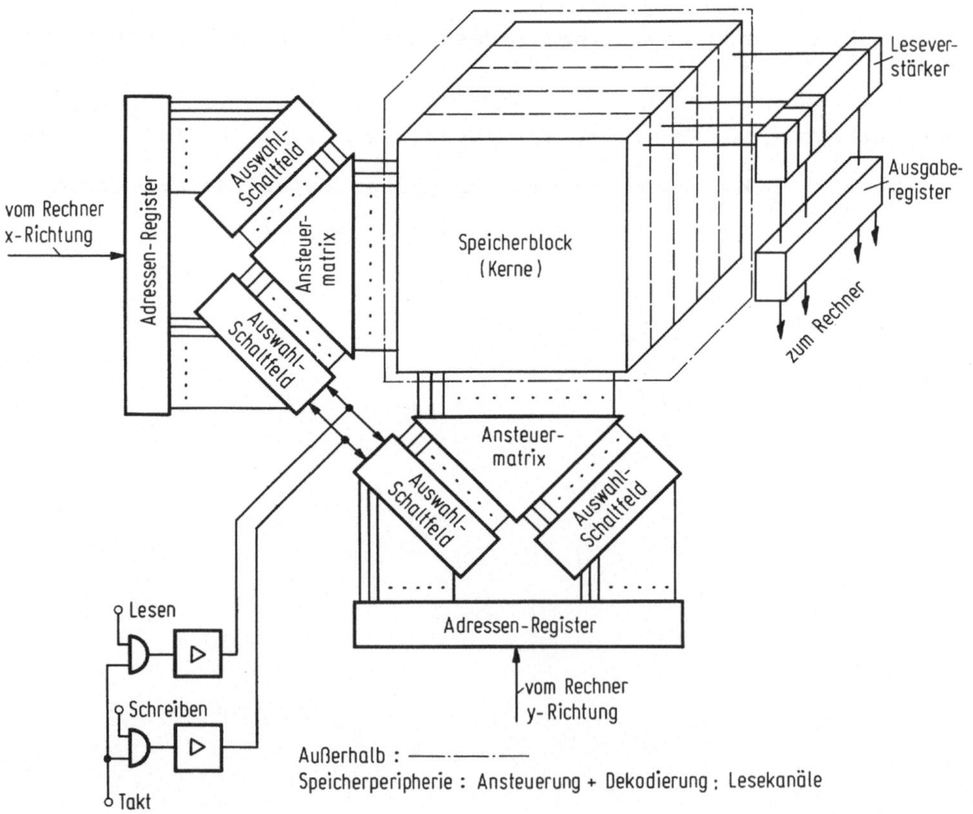


4.1. Gesamtaufbau eines Speichers einschließlich der Speicherperipherie

schlüsselung vor dem Speicherblock und in Form des Leseverstärkers und Ausgaberegisters hinter dem Speicherblock liegen. Diese Einrichtungen seien kurz mit "Speicherperipherie" bezeichnet. Sie dient der Anpassung des Rechners an den Speicher in Bezug auf Arbeitsweise, Organisation, Signalform und Signalpegel. Die Speicherperipherie befindet sich im Bild 4.1 außerhalb der strichpunktierten Linie, welche den Speicherblock umgibt.

## 4.1 Speisung der Ansteuerleitungen

Die folgenden Betrachtungen beziehen sich, falls nichts anderes erwähnt ist, auf einen Kernspeicher mit 3D-Organisation. Für Speicher mit anderer Organisation bzw. anderen Elementen (z.B. Magnetschichten) gelten grundsätzlich ähnliche Überlegungen, der Unterschied liegt hauptsächlich in den Zahlenwerten. Angaben über die Auslegung der Adressendecodierung für Magnetspeicher finden sich auch in [4.1 bis 4.7 und 2.9].

Die Aufgaben der Ansteuerschaltungen, welche zwischen Adressenregister und Speichermatrix liegen, bestehen in der Entschlüsselung (Decodierung) der Adresse und der Umwandlung der in den logischen Schaltungen gebräuchlichen Signalen in die für die Umschaltung des Speicherelementes benötigten Impulse nach Amplitude, Vorzeichen, Dauer und Anstiegszeit. Diese Aufgaben lassen sich kurz wie folgt zusammenfassen:

a) Die Adressen-Entschlüsselung, d.h. bei einer Adresse mit n Stellen mit je n/2 für die X-Richtung und n/2 für die Y-Richtung, die Auswahl von 2 Mal je 1 aus $2^{n/2}$.

b) Amplitude von etwa 500 mA, negativ für Lesen, positiv für Schreiben.

c) Toleranzen $\simeq \pm 10$ %, Innenwiderstand $R_i \rightarrow \infty$ (Stromquelle).

d) Dauer der Impulse größer als die Umschaltzeit plus Laufzeiten (zeitliche Überlappung an verschiedenen Stellen der Matrix). Bei Kernen etwa 1 µs, bei Filmen etwa 100 ns.

e) Anstiegszeit möglichst kleiner als die Schaltzeit, nach unten eingeschränkt durch die toleriebaren Störsignale der Flanken, so z.B. für Kerne 100 ns, für Filme ca. 5 ns.

f) Zeitlicher Ablauf entsprechend der Betriebsweise, z.B. automatisches
Wiedereinschreiben nach zerstörendem Auslesen. Die Fragen der Ablaufsteuerung sollen hier außer Betracht bleiben, näheres ist in [2.9] zu
finden.

Das Kernproblem der Ansteuerung ist die Frage der Reihenfolge von Entschlüsselung und Verstärkung. Dies sei am Beispiel eines 3D-Speichers
für 4096 Worte erläutert. Die Adresse hat eine Länge von n = 12 bit,
6 bit für die X-Richtung, 6 bit für die Y-Richtung. Nimmt man die Entschlüsselung auf logischem Signalpegel vor und verstärkt anschließend,
so benötigt man 2·64 = 128 Gatter mit je 6 Eingängen und 2·64 = 128
Verstärker (Bild 4.2). Verstärkt man zuerst und decodiert anschließend,
so genügen 2·6 = 12 Verstärker und 128 Gatter (Bild 4.3) Die Gatter
müssen nun jedoch die Entschlüsselung auf dem hohen Signalpegel von mehreren hundert Milliampère, der für die Ansteuerung der Kerne benötigt
wird, bewerkstelligen. Man wird also nicht die üblichen, aus der Digitaltechnik bekannten, elektronischen Bausteine verwenden können.

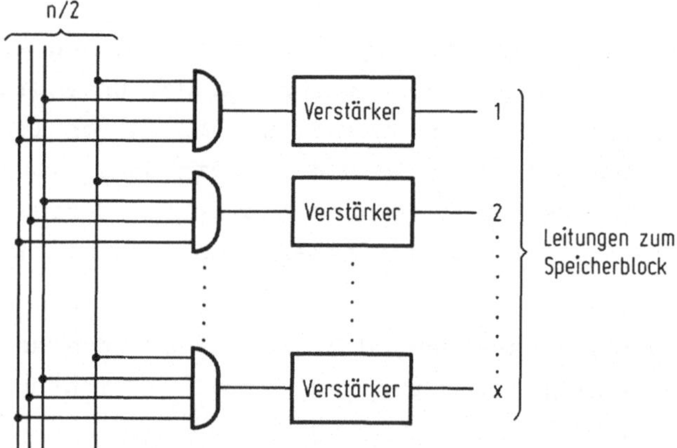


4.2. Entschlüsselung mit nachfolgender Verstärkung

Um die gestellte Aufgabe mit möglichst niedrigen Kosten zu verwirklichen, wird man Lösungen anstreben, welche zwischen den obigen Extrem-
fällen liegen. Um soweit als irgend möglich die gängigen logischen
Schaltungsfamilien, welche die integrierte Schaltungstechnologie ko-
stengünstig zur Verfügung stellt, verwenden zu können, geht die Ten-
denz in Richtung der Entschlüsselung auf den normalen logischen Signalpegel und anschließender Verstärkung. Um den Aufwand in den nicht
immer integrierbaren Verstärkern nicht zu groß werden zu lassen, erhebt sich die Anforderung an die Schaltelemente, mit möglichst niedrigen Treibströmen (100 mA und weniger) auszukommen. Zur Zeit der Ent-

wicklung der Kernspeicher standen noch keine integrierten Schaltungen zur Verfügung. Um den Verstärkeraufwand zu reduzieren, führte man die Entschlüsselung mit Hilfe magnetischer Logikbausteine auf hohem Signalniveau durch. Ihre Wirkungsweise sei deswegen kurz beschrieben.

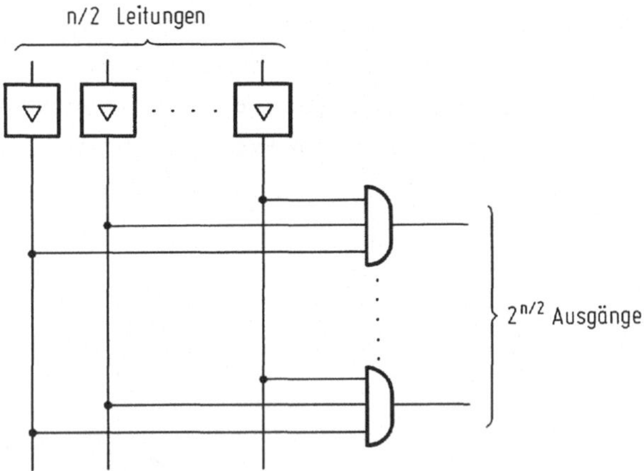


## 4.3. Verstärkung mit nachfolgender Entschlüsselung

Im Zusammenhang mit der Entschlüsselung auf hohem Signalpegel sind mehrere Varianten entwickelt worden. Alle benützen die Koinzidenz bzw. Überlagerung mehrerer Teilsignale. Bei den Matrizen erster Art ist es die Koinzidenz zweier Teildurchflutungen, bei den Matrizen zweiter Art die Koinzidenz mehrerer Teildurchflutungen innerhalb eines nichtlinearen, d.h. mit praktisch rechteckiger Hystereseschleife ausgestatteten, magnetischen Kreises oder wie bei den lastverteilenden Matrizen innerhalb eines linearen magnetischen Kreises. Im Sinn der bereits früher besprochenen Organisationsformen von Speichern handelt es sich hierbei um das Prinzip der "inneren" Auswahl, jetzt allerdings angewandt auf die Auswahl in der Entschlüsselungsmatrix und nicht auf die des Speichers. Im Gegensatz dazu steht auch hier die äußere oder direkte Auswahl, bei der nur die ausgewählte Leitung angesteuert wird und keine benachbarten Elemente halb oder teilangesteuert werden. Eine Mittelstellung nimmt die sogenannte Gruppenauswahl ein, bei der die auszuwählende Leitung als einzige zu zwei in direkter Auswahl gebildeten Gruppen von Leitungen gehört.

Eine Gruppe wäre z.B. die Spalte, die andere Gruppe die Zeile einer Matrix. Die Gruppenauswahl nimmt insofern allenfalls eine Sonderstellung ein, als üblicherweise sowohl der Anfang als auch das Ende einer ausgewählten Leitung zur Auswahl mitbenutzt werden. Ein Leitungsende,

das freibleibt von der Auswahl, hat unter Umständen den Vorteil, mit
dem Leitungswellenwiderstand oder einem anderen geeignet gewählten
Widerstand abgeschlossen werden zu können.

### 4.1.1 Wählerkerne

Als Grundlage der magnetischen Logik zur Entschlüsselung der Speicher-
adressen dienen die sogenannten Wählerkerne. Sie arbeiten im Sinn einer Schwellwertlogik, wobei die rechteckige Hystereseschleife als Nicht-
linearität benutzt wird. Die Wirkungsweise läßt sich anhand von Bild 4.4
verstehen. Ein Magnetkern wird von einer negativen Gleichdurchflutung

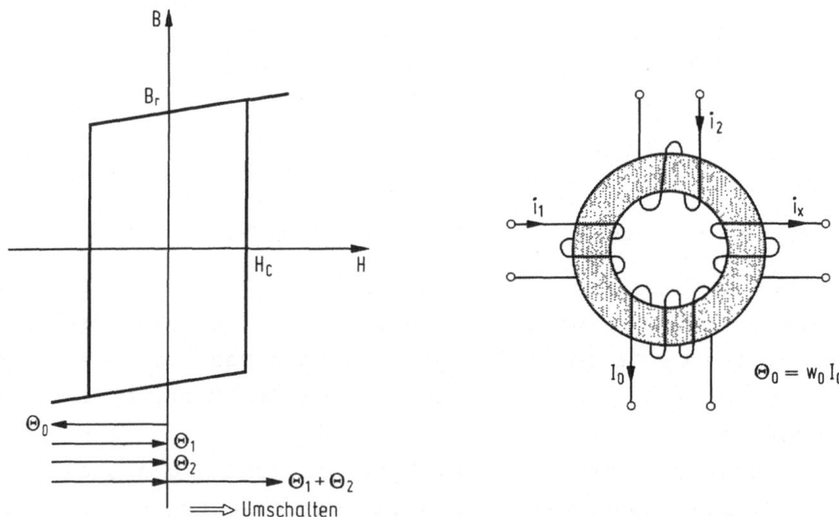

4.4. Ausnutzung der Hystereseschleife zur Entschlüsselung im Sinne einer
logischen Verknüpfung (Schwellwertlogik)

$\Theta = w_0 \cdot I_0$ durchsetzt. Durch Überlagerung der beiden positiven impuls-
förmigen Teildurchflutungen $\Theta_1 = w_1 \cdot i_1$ und $\Theta_2 = w_2 \cdot i_2$ wird die positive
Koerzitivfeldstärke $H_c$ überschritten und in der Ausgangswicklung ein Im-
puls erzeugt. Die Ausgangswicklung speist direkt den Strom $i_x$ in die
Speichermatrix ein. Die Anordnung liefert beim Zurückschalten in den
durch die Gleichdurchflutung gegebenen stationären Zustand automatisch
einen Impuls mit umgekehrter Polarität, wie man ihn nach dem Lesen zum
Wiedereinschreiben im Ferritkernspeicher benötigt. Die Erweiterung auf
mehr als zwei, z.B. i impulsförmige Teildurchflutungen ist möglich. Es
steigen dann allerdings die Anforderungen an die Genauigkeit der Teildurchflutungen, da (i-1) Teildurchflutungen noch sicher unterhalb der
Schwelle liegen müssen, und nur beim Hinzukommen der i-ten Durchflu-

tung $H_c$ überschritten werden soll. Ungünstig an dieser Aufteilung ist
ferner, daß der Treiber für die letzte Teildurchflutung die gesamte
Umschaltenergie aufzubringen hat. Da man von vornherein nicht weiß,
welcher das sein wird, müssen alle für diese Leistung ausgelegt sein.

Es erhebt sich die Frage, welcher Unterschied zwischen Speicher- und
Wählerkernen besteht. Eine Überlegung hierzu sei anhand von Bild 4.5
angestellt.

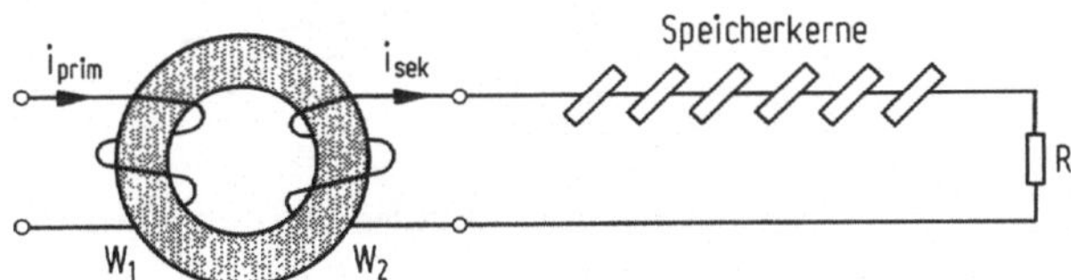


4.5. Zur Wirkungsweise eines Wählerkerns

Der Wählerkern wird von einer Primär-Durchflutung $w_1 \cdot i_{PRIM}$ durchsetzt,
welche bei idealerweise verschwindendem Magnetisierungsstrom durch die
Sekundär-Durchflutung $w_2 \cdot i_{SEK}$ wieder aufgehoben werden muß. Der Strom
$i_{SEK}$ durchfließt alle Speicherkerne einer Matrix bzw. die Ebenen eines
Speicherblocks und den Abschlußwiderstand R. Wählt man $w_1 = w_2$, so sind
die Amplituden von $i_{PRIM}$ und $i_{SEK}$ gleich groß. Nach dem Induktionsge-
setz gilt

$$i_{SEK} \; R = u_{SEK} = w_2 \, \frac{d\phi}{dt} \simeq w_2 \; F \; \frac{2 \, B_r}{T_i}$$

(mit $B_r$ als Remanenzinduktion des Kerns, $T_i$ als Impulsdauer, F als Quer-
schnittsfläche).

$i_{SEK} \; R = u_{SEK}$ muß wegen der Zahl der Speicherkerne, die geschaltet
werden, und eines notwendigen Mindestwertes von R zur Erhöhung des
Innenwiderstandes etwa 1000mal größer sein als die Spannung eines
geschalteten Speicherkerns. Da $B_r$ etwa gleich groß ist wie beim Spei-
cherkern und $T_i$ größer ist als die Schaltzeit eines Speicherkerns,
muß der Faktor 1000 durch $w_2 \cdot F$ erbracht werden. $w_2$ ist beschränkt
durch die für ein schnelles Abschalten notwendige geringe Streuin-
duktivität $L_s$ (Bild 4.6) so daß der Querschnitt eines Wählerkerns
wesentlich größer als der eines Speicherkerns sein muß. In Verbindung damit lassen sich auch Windungszahlen $w_1$, $w_2 > 1$ räumlich unterbringen.

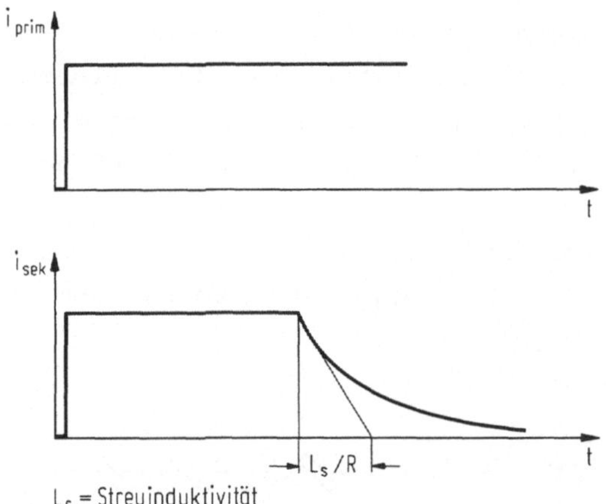



**4.6. Idealisierter Zeitverlauf der Ströme durch den Wählerkern**

### 4.1.2 Matrix erster Art

Die Koinzidenz zweier impulsförmiger Teildurchflutungen, welche die
Gleichdurchflutung in einem ausgewählten Wählerkern zunächst kompensieren und darüber hinaus ausreichen, um die Koerzitivfeldstärke $H_c$
zu überschreiten und den Wählerkern in der im Abschnitt 4.1.1 beschriebenen Weise umzuschalten, führt zur Matrix erster Art gemäß Bild 4.7.

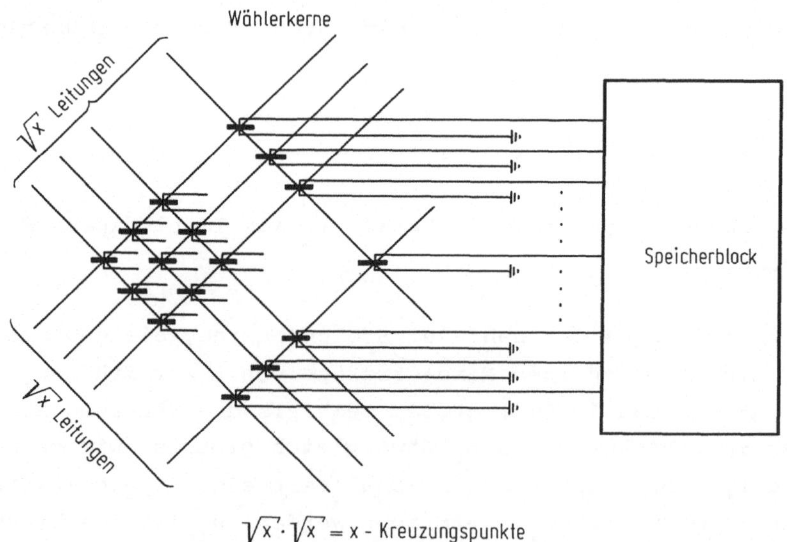



**4.7. Matrix erster Art (Zweifachkoinzidenz) zur Ansteuerung eines Speich
blocks**

Die Anzahl der in den Speicherblock führenden Leitungen X ist gleich
der Anzahl der notwendigen Kerne der Wählermatrix. (Der Draht für die

Gleichstromdurchflutung ist der Übersichtlichkeit wegen weggelassen.)
Bei quadratischer Anordnung hat die Matrix jeweils $\sqrt{X}$ Zeilen und $\sqrt{X}$
Spalten, die Zahl der Verstärker zur Ansteuerung für die X-Richtung beträgt somit $2\sqrt{X}$. Um beim Beispiel von $X \cdot Y = 4096$ Worten in einem Speicherblock mit 3D-Organisation zu bleiben: In diesem Fall ist $X = 64$,
$Y = 64$, die Zahl der Wählerkerne insgesamt 128 und die Zahl der Verstärker ist 32.


## 4.1.3 Matrix zweiter Art

Eine Matrix zweiter Art erhält man durch Koinzidenz von mehr als zwei,
insgesamt i-Teilströmen bzw. Teildurchflutungen. Ein Beispiel für $i = 3$
zeigt Bild 4.8. Zur Symbolik ist zu erklären, daß die horizontalen Stri-

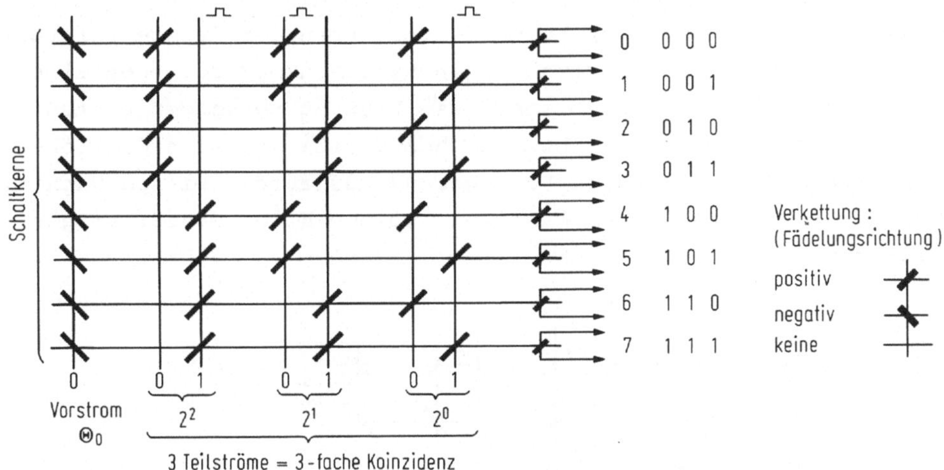

4.8. Matrix zweiter Art (Mehrfachkoinzidenz) zur Ansteuerung eines Speicherblocks

che den Wählerkern repräsentieren, die vertikalen Striche die Leitungen
und die kurzen Schrägstriche in den Kreuzungspunkten stellen je nach
Neigung eine positive oder negative Verkettung des Stroms mit dem Kern
dar. Der Vorstrom durchfließt alle Wählerkerne gleichsinnig; auch die
Ausgangsleitungen 0 bis 7, welche in den Speicherblock führen, sind in
gleicher Weise mit je einem Kern verkettet. Der ausgewählte Kern entspricht nun der binären Adresse. Für die gezeichneten 8 Ausgangsleitungen genügen 3 Binärstellen. Für jede Binärstelle gibt es ein Paar
von vertikalen Ansteuerleitungen, je eine für "0" und "1". Soll nun
z.B. die Leitung Nr. 5 mit einem Ausgangsstrom beschickt werden, so
werden entsprechend dem Binärcode 101 drei Impulse, im Bild positiv
gezeichnet, auf die den einzelnen Stellen des Code entsprechenden vertikalen Ansteuerleitungen geschickt. Bei den Leitungen Nr. 0, 1, 3, 4,

6 und 7 tritt eine Teilauswahl auf. Die Anzahl der benötigten Impulsverstärker beträgt 2 $^2$log X (durch eine Modifikation [1.1] ist es allerdings auch möglich, auf die Minimalzahl von $^2$log X zu kommen), von
denen gleichzeitig immer nur $^2$log X Verstärker einen Strom zu führen
haben. Für das obige Beispiel sind für X und Y Richtung ingesamt 34
Verstärker aufzuwenden. Erst bei noch größerer Zahl von Ansteuerleitungen bieten Matrizen zweiter Art erhebliche zahlenmäßige Vorteile
gegenüber derjenigen erster Art.

#### 4.1.4 Lastverteilende Matrizen [4.8, 1.1]

Die bisher beschriebenen Wähler mit nichtlinearer Aussteuerung haben
den Nachteil, daß unter ungünstigen Umständen, nämlich dann, wenn die
Verstärker ihre Ströme unterschiedlich schnell einschalten und alle
bis auf einen schon den vollen Strom führen, eben der letzte Verstärker die gesamte Lastenergie aufzubringen hat. Man muß deswegen alle im
allgemeinen so auslegen, als ob sie diese Last zu versorgen hätten, da
man von vornherein nicht weiß, bei welchem Verstärker sich die Toleranzen der Bauelemente zur größten Verzögerung auflaufen. Diesen Nachteil
vermeiden die lastverteilenden Matrizen, welche alle Verstärker gleichmäßig belasten.

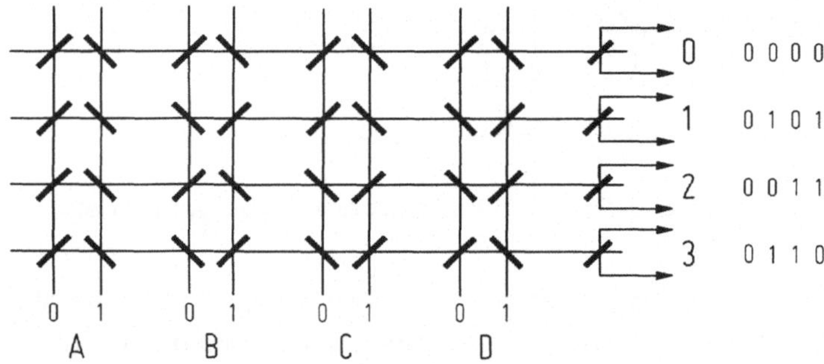

4.9. Beispiel einer lastverteilenden Matrix für 4 Ausgangsleitungen

Sie beruhen auf der Verwendung von Wählerkernen mit einer schlanken,
möglichst geschlossenen Hystereseschleife, welche im Linearbereich von
jedem Teilstrom mit dem Wert $\Delta H$ ausgesteuert wird, und einen Anteil $\Delta B$
der gesamten Umschaltinduktion liefert. In der ausgewählten, nach rechts
abgehenden Leitung überlagern sich alle Teildurchflutungen gleichsinnig,
während sich in allen anderen Leitungen die einzelnen Teildurchflutungen
exakt kompensieren, sieht man von Toleranzen der Ströme einmal ab. Dies
läßt sich am Beispiel von Bild 4.9 leicht nachprüfen. Allerdings bedarf es einer Umcodierung auf eine größere als die minimale Anzahl von

Stellen, da die Codierung, wie aus obigen Überlegungen hervorgeht, bestimmte Symmetriebedingungen zu erfüllen hat. Die theoretisch vollständige Kompensation der Teildurchflutungen bei den nicht ausgewählten Leitungen ist ein weiterer Vorteil dieser Anordnung.

### 4.1.5 Matrix erster Art mit einem Transistor pro Leitung

Eine Anordnung, bei der der Wählerkern durch einen Leistungstransistor ersetzt ist und die mit Koinzidenz zweier Teilansteuerungen arbeitet wie diejenige im Abschnitt 4.1.1, zeigt Bild 4.10. Der NPN-Transistor

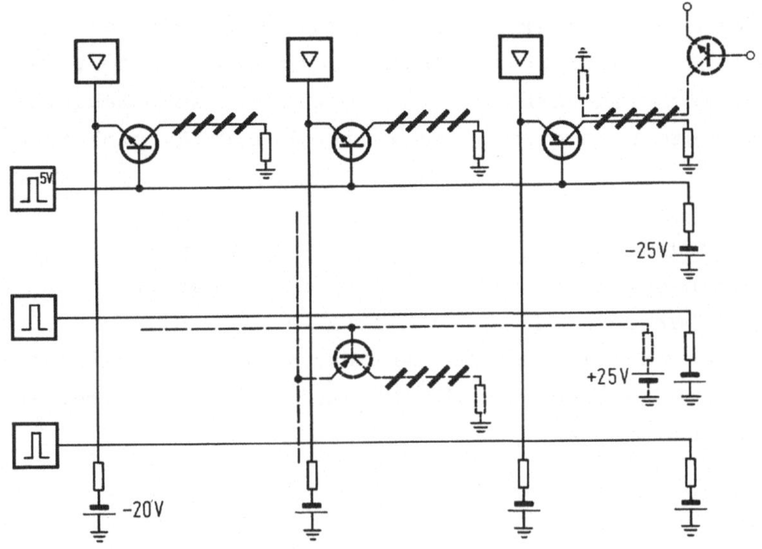

4.10. Matrix erster Art mit 1 Transistor pro Leitung

speist eine Leitung des Speicherblocks, auf der die Speicherkerne symbolisch angedeutet sind. Er ist im Ruhestand mit -5 V zwischen Emitter und Basis gesperrt, indem am Ende der Auswahlleitung über einen Widerstand eine Spannung von -20 V bzw. -25 V gegen Masse angelegt wird. Auf diese Weise erhält der Transistor eine genügend große Speisespannung zwischen Kollektor und Basis, da das Ende der Auswahlleitung über einen Widerstand an Masse gelegt ist. Soll ein Transistor angesteuert werden, so wird zuerst auf der ihm zugeordneten Zeilenleitung durch einen positiven Impuls von 5 V Amplitude die Vorspannung der Emitter-Basisstrecke aufgehoben, im Anschluß daran kann der entsprechende Spaltenverstärker einen Strom der benötigten Amplitude in den Emitter einspeisen. Der Transistor wirkt hierbei als Basisschaltung und stellt, falls er während des Stromflusses im aktiven Bereich seines Kennlinienfeldes bleibt, gleichzeitig die benötigte Stromquelle dar. Da der Tran-

sistor in Basisschaltung arbeitet und sowohl die Leitungen der Ansteu-
ermatrix als auch die des Speicherblocks mit den entsprechenden Wellen-
widerständen abgeschlossen werden können, kann diese Anordnung für Anstiegszeiten bis herab zu wenigen Nanosekunden ausgelegt werden. Spielen kurze Zeiten keine ausschlagende Rolle, so kann auf eine verlust-
leistungsgünstigere Dimensionierung übergegangen werden, d.h. die Ab-
schlußwiderstände am Ende der Auswahlleitungen können weggelassen werden.
Ein gravierender Nachteil ist, daß nur ein Strom in einer Richtung
fließen kann. Besteht, wie beim Ferritkernspeicher, die Anforderung
für bipolare Ströme, so muß entweder ein zweiter Draht durch den Kern
gezogen werden (rechte obere Ecke eingezeichnet) oder ein komplemen-
tärer Transistor zusätzlich am Eingang vorgesehen werden. In beiden
Fällen ergibt sich eine Erhöhung des Aufwandes. Beim Wählerkern mit
Gleichdurchflutung bekommt man die zweite Polarität praktisch ge-
schenkt.

#### 4.1.6 Gruppenauswahl mit Dioden an einem Leitungsende

Bei den bisher besprochenen Auswahlanordnungen war stets das Ende der
durch den Speicherblock führenden Leitung frei geblieben, konnte also
kurz geschlossen oder mit dem Wellenwiderstand abgeschlossen werden.
Die anzusteuernde Leitung wird direkt ausgewählt und nicht in den Aus-
wahlvorgang miteinbezogen.

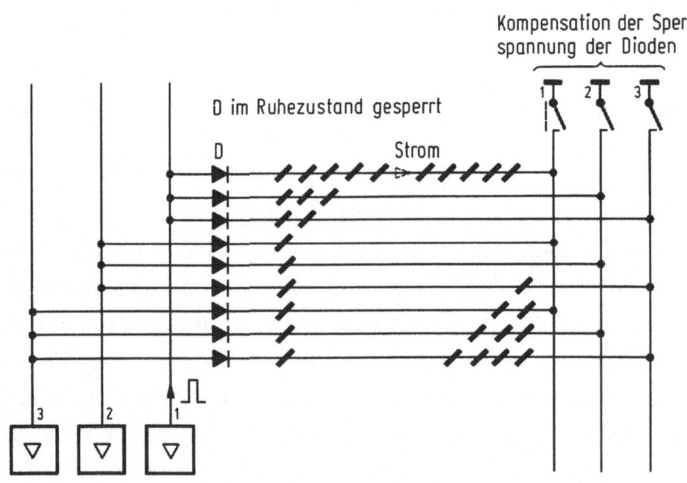


4.11. Prinzip der Gruppenauswahl

Zu einer einfachen Anordnung mit geringem Aufwand pro Leitung, nämlich
eine Diode, gelangt man durch Mitbenutzung des Leitungsendes wie in
Bild 4.11 gezeigt. Im Sinne einer Gruppenauswahl sind dabei die Eingänge

der in den Speicherblock (Speicherkerne durch Schrägstriche angedeutet)
führenden Leitungen über eine Diode gruppenweise zusammengefaßt an Verstärker geführt. Die Ausgänge werden nun so gruppiert, daß eine Leitung
gerade durch Aufruf eines Verstärkers am Eingang und Schließen eines
Schalters am Ausgang ausgewählt wird. Die Dioden sind im Ruhezustand
alle gesperrt. Der Schalter am Leitungsende dient für seine Gruppe von
Dioden der Aufhebung der negativen Vorspannung, so daß nun der betreffende Verstärker einen Strom einspeisen kann in die eine Leitung, die
in seiner Gruppe zu der entsprechenden Diode gehört.

Ein erheblicher Nachteil ist, daß über den Auswahlschalter am Leitungsende jeweils alle zu einer Gruppe gehörenden Leitungen um den Wert der
Diodensperrspannung umgeladen werden müssen, was insbesondere nach Beendigung des Auswahlvorganges zu erheblichen Störspannungen langer Abklingzeit führen kann. Auch sind bipolare Ströme nur durch einen zweiten Draht oder durch eine Anordnung mit 4 Dioden pro Leitung [2.9] zu
erzielen.

#### 4.1.7 Bipolare Ströme mit Hilfe von einem Übertrager

Als letztes Beispiel sei eine Anordnung erwähnt, welche bipolare Ströme mit einem NPN-Transistor als Schalter und einem Übertrager mit Mit-
telanzapfung zu erzeugen erlaubt (Bild 4.12).

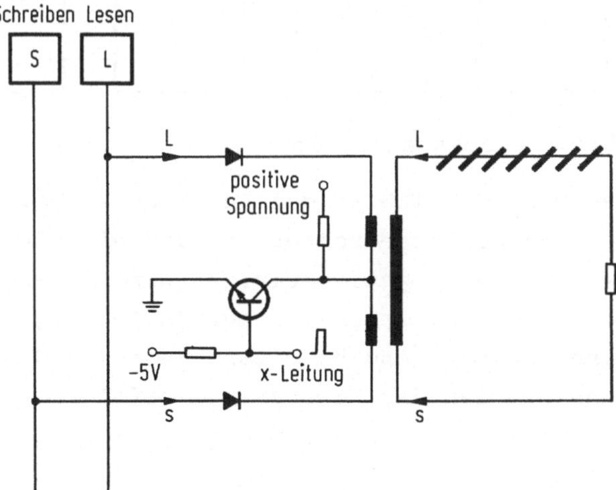


4.12. Erzeugung bipolarer Ströme mittels eines Übertragers

Mit Hilfe einer Anordnung gemäß Abschnitt 4.1.5 wird ein zu jeder Leitung, die in den Speicherblock führt, gehöriger Transistor ausgewählt,
welcher zunächst die Vorspannung der im Ruhezustand gesperrten Dioden

aufhebt. Beim Lesen fließt nun der Strom durch die obere Diode und innerhalb des Übertragers in der umgekehrten Richtung wie im Fall des Schreibens, wo der Strom durch die untere Diode fließt. Die Funktion von Transistor und Verstärker kann auch umgekehrt werden bezüglich ihrer Reihenfolge. Ein Vorteil ist die mögliche Impedanzwandlung (Stromübersetzung) durch den Übertrager. Der Nachteil liegt im Übertrager selbst, der nicht in integrierter Technik herstellbar ist.

## 4.2 Der Lesekanal

Die Ausgabe des Lesekanals im Rahmen der Speicherperipherie ist es, das Lesesignal soweit zu verstärken, daß der Signalpegel der Digitalschaltungen des Rechnersystems erreicht wird. Gleichzeitig sollen Störspannungen durch Halbselektion bzw. elektromagnetische Kopplungen auf die Leseleitungen keine fehlerhafte Auslese bewirken. Auf geeignete Maßnahmen wurde teilweise bereits im Abschnitt 2.3.2 eingegangen.

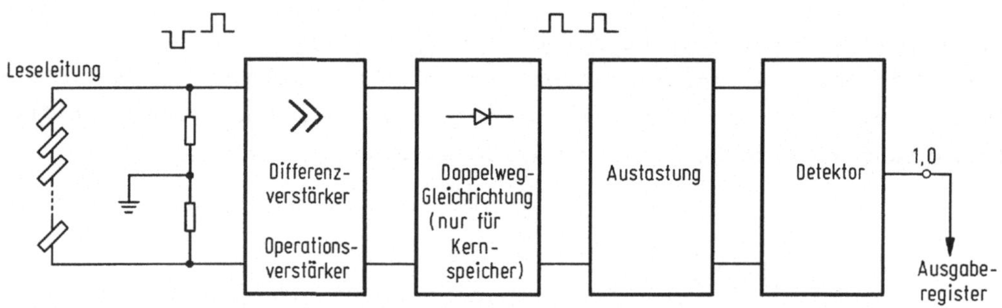


4.13. Blockschaltbild des Lesekanals

Bild 4.13 zeigt das Blockschaltbild des Lesekanals. Wegen der unterschiedlichen Verkettung des Lesedrahtes mit den einzelnen Kernen kann das "1"-Signal positiv oder negativ sein. Es wird deswegen einem Differenzverstärker zugeführt, der wegen der kurzen Anstiegszeiten der Impulse des Lesesignals eine entsprechend hohe Bandbreite (100 MHz und darüber) besitzen muß. Im Anschluß an die Verstärkung erfolgt die Doppelweggleichrichtung zur Erzeugung eines unipolaren Signals für die meist unipolare Ansteuerung des Detektors. Zur Verbesserung des Signal-Stör-Verhältnisses wird vor dem Detektor eine Austastschaltung angebracht, welche den Zeitraum ausblendet, in dem das Lesesignal seinen Höhepunkt erreicht. Maßnahmen zur Verbesserung des Signal-Stör-Verhältnisses können auch in den Verstärker verlegt werden, um eine Übersteuerung der Endstufen durch die Störsignale beim Schreiben zu vermeiden. Maßnahmen zur Störbegren-

zung werden mit den in der Halbleiterschaltungstechnik üblichen nichtlinearen Elementen wie z.B. Dioden durchgeführt. Man wird die wirksamste
Verbesserung des Signal-Stör-Verhältnisses an der Stelle im Lesekanal
erhalten, wo das Störsignal in seiner Amplitude groß genug ist (groß gegen die Temperaturspannung von 26 mV) um die Kennlinie einer Diode genügend nichtlinear auszusteuern, wobei das Lesesignal selbst jedoch noch
unterhalb der Begrenzung bleibt. Speziell bei Filmspeichern sind eine
Reihe solcher Maßnahmen entwickelt worden [3.15].

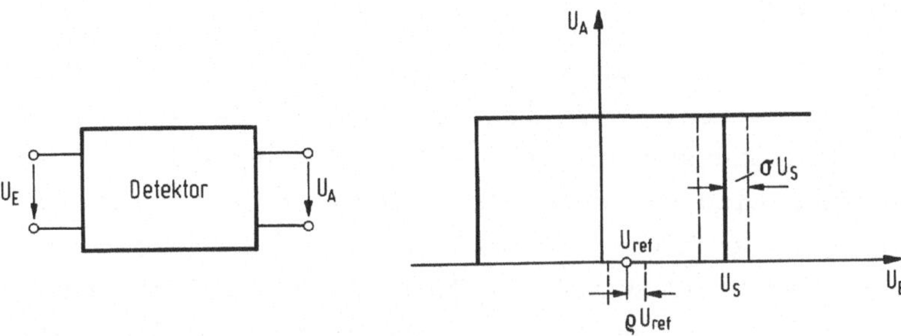


4.14. Detektorkennlinie mit Lage des Arbeitspunktes und dessen Toleranzen

Das Problem des Lesekanals ist, abgesehen von der Störspannung beim
Schreiben, mit den Toleranzen des Lesesignals, den verbleibenden Störspannungen während des Lesens, den Toleranzen der Verstärkung und der
Ansprechschwelle des Detektors noch eine sichere Unterscheidung zwischen "1" und "0" zu gewährleisten. Im ungünstigsten Fall muß man damit rechnen, daß sich alle Störungen und Toleranzen in einer Verkleinerung des "1"-Signals, aber in einer Vergrößerung des "0"-Signals auswirken. Folgende Ungleichungen sind hierbei zu erfüllen (Bild 4.14).

$$U_{E1} = (U_{1min} - U_N)\, V_o\, (1-\varepsilon) > U_S\, (1+\sigma) - U_{ref}\, (1-\varrho) \qquad (4.1)$$

$$U_{EO} = U_{omax}\, V_o\, (1+\varepsilon) < U_S\, (1-\sigma) - U_{ref}\, (1+\varrho) \qquad (4.2)$$

mit

$U_{1min}$    als    minimales Lese-Signal für "1"

$U_{omax}$    als    maximales Stör-Signal für "0"

$U_N$    als    Störspannung zur Zeit des Lesemaximums

$V_o$    als    Nominalwert der Verstärkung

$\varepsilon$    als    Toleranz der Verstärkung

$U_S$    als    Nominalwert der Detektorschwelle

$\sigma$    als    Toleranz der Detektorschwelle

$U_{ref}$    als    Nominalwert der Detektorvorspannung

$\varrho$    als    Toleranz der Detektorvorspannung

Dabei genügt es nicht, einfach die Verstärkung genügend groß zu machen,
da die Toleranz der Verstärkung von ihrem Wert abhängt. Der Wert der
Verstärkung liegt bei einem Lesesignal von der Größenordnung Millivolt
und einer Ansprechschwelle des Detektors in der Größenordnung von Volt
etwa bei einigen 100. Bei der erforderlichen Bandbreite sind Gegenkopp-
lungsmaßnahmen zur Stabilisierung nur begrenzt einsetzbar. Bezüglich der
Dimensionierung von Breitbandverstärkern sei im einzelnen auf die Literatur verwiesen [4.9 bis 4.11].

## 4.3 Zusammenfassung

Die Speicherperipherie in Form der Ansteuerschaltungen und des Lesekanals stellt einen wesentlichen Teil der Kosten und der Zugriffszeit
innerhalb eines Speichersystems dar [4.12]. Kleine Speicher von weniger als 1000 Worten sind deswegen wirtschaftlich nicht herstellbar.
Auch der Energieverbrauch wird wesentlich mitbestimmt von den benötigten Verstärkern. Der Einfluß auf die Zugriffszeit und die Zykluszeit
läßt sich darstellen in einer Art Signalfahrplan, der die wesentlichen
Größen der Signalpegel und der Laufzeiten miteinander in Beziehung
bringt (Bild 4.15). Als Beispiel diene der Magnetschichtspeicher, da

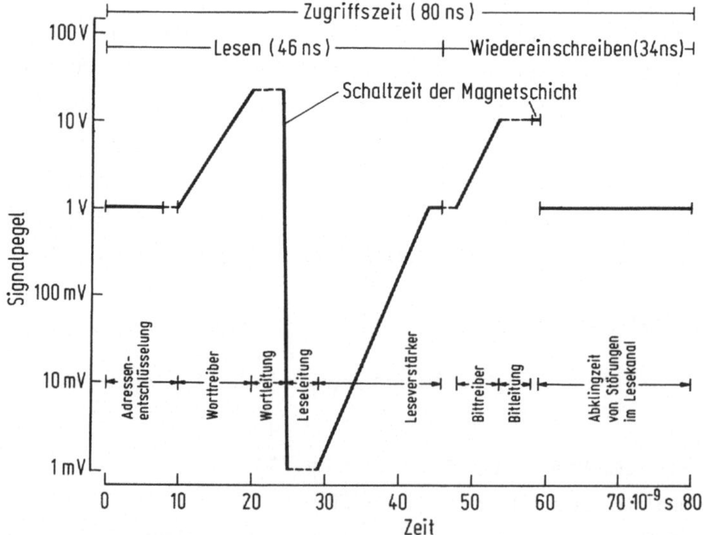


4.15. Signalpegeldiagramm und Laufzeiten im Magnetschichtspeicher zur
Ermittlung der Zugriffs- und Zykluszeit

bei ihm nicht die Schaltzeit des Elements die dominierende Rolle spielt,
sondern alle übrigen Effekte. Die Pegelunterschiede sind beim Kernspeicher nicht so groß, das Lesesignal um etwa 1 bis 1 1/2 Größenordnungen
höher als beim Schichtspeicher.

Als Ordinate in Bild 4.15 dient der Signalpegel, den das Signal beim
Durchlaufen verschiedener Punkte innerhalb des Speichers annimmt. Der
Lesevorgang beginnt mit der Adressenentschlüsselung. Nach der Auswahl
eines Worttreibers erfolgt die Verstärkung des Stromes auf einen Wert,
der das Feld zum anschließenden Umschalten der Magnetschicht erzeugt.
Über die Wortleitung wird dieser Strom der Magnetschicht zugeführt.
Nach dem Umschalten der Magnetschicht erhalten wir ein Lesesignal, das
um etwa 4 bis 5 Größenordnungen niedriger ist, nämlich eine Amplitude
von 1 mV. Über die Leseleitung gelangt dieses Signal in den Leseverstärker, der es auf die für die weitere Verarbeitung notwendige Größe
von ca. 1 V verstärkt. Infolge des Informationsverlustes beim Lesen
ist man zum Wiedereinschreiben gezwungen, d.h. zur Ansteuerung der Bittreiber und der Erzeugung eines Bitstromes in Verbindung mit einer neuerlichen Ansteuerung der Worttreiber.

Hierbei entfällt die Zeit für die Entschlüsselung, da das betreffende
Wort schon bekannt ist. Nach dem Umschalten der Magnetschicht zum Wiedereinschreiben der Information haben wir noch eine gewisse Abklingzeit
abzuwarten, um die Störungen im Lesekanal auf Werte abnehmen zu lassen,
die einen neuerlichen Lesevorgang gestatten.

Wir entnehmen dieser Darstellung zwei wichtige Tatsachen:

a) Der eigentliche Lesevorgang dauert nur 46 ns. Weitere 34 ns, also ein
Zuwachs von 75 %, müssen aufgewandt werden, um die Eigenschaft der Zerstörung der Information beim Lesen weiter wettzumachen.

b) Die unbedingt notwendigen Vorgänge der Adressenentschlüsselung und
des Umschaltens der Magnetschicht sowie der Laufzeiten auf den Leitungen nehmen nur 20 ns in Anspruch. Die übrige Zeit, nämlich 75 % der
Zeit, haben wir zu verwenden, um die Signalpegel in den einzelnen Teilen des Speichers aneinander anzupassen. Das geschieht einmal bei der
Verstärkung des Worttreibers, um den zum Umschalten notwendigen Strom
zu erzeugen, weiterhin in gleicher Weise im Bittreiber und außerdem,
um das Lesesignal von seinem kleinen Wert von 1 mV auf die zur Wei-
terverarbeitung notwendige Amplitude von 1 V zu verstärken. Das heißt,
die Grenzen für die Zugriffszeit kommen hauptsächlich durch das Zusammenwirken verschiedener Elemente, und nicht durch das Umschalten
der Magnetschicht, zustande. Es hat also keinen Sinn, das Element allein mit der Umschaltzeit optimieren zu wollen, weil man annimmt, daß
dieses letztlich die Zugriffszeit bestimmen werde.

## 4.4 Schrifttum zu Abschnitt 4


4.1 Feustel, O.: Aufwandsermittlung bei der Verwendung von Dioden-
    matrizen zur Adressenverschlüsselung. Arch. elektr. Übertrag.
    20 (1966) 1, 42.

4.2 Schmitt, R.: Auswahlschaltungen für Kernspeicher. Siemens-Bau-
    teile-Inform. 6 (1968) 4, 136-140.

4.3 Drechsler, H.: Adressencodierung für Matrixspeicher. Siemens-
    Bauteile-Inform. 6 (1968) 5, 161.

4.4 Beulich, H.: Wirtschaftlicher Kernspeicher mit Seriensteuerung.
    Siemens-Bauteile-Inform. 6 (1968) 5, 206-209.

4.5 Schmitt, R.: Dimensionierung von Impulsübertragern für Kernspei-
    cher. Siemens-Bauteile-Inform. 6 (1968) 1, 2-5.

4.6 Schmitt, R.: Stromimpulsgeneratoren für Kernspeicher. Siemens-
    Bauteile-Inform. 7 (1969) 3, 90-93.

4.7 Seitzer, D.: An experimental word decode and drive system for a
    magnetic film memory with 20-ns read-cycle time. IEEE Trans. EC
    16 (1967) 2, 172.

4.8 Constantine, Jr.G.: A load-sharing matrix switch. IBM J. Res. and
    Dev. 2 (1958) 205-211.

4.9 Cherry, E.M.; Hooper, D.E.: The design of wideband transistor
    feedback amplifiers. IEE Proc. 110 (1963) 2, 375-389.

4.10 Lüscher, R.; Seitzer, D.: Impulsverstärker mit gegengekoppelten
     Doppelstufen. Intern. Elektron. Rdsch. 21 (1967) 10, 245-248.

4.11 Tietze, U.; Schenk, Ch.: Halbleiter-Schaltungstechnik. Berlin,
     Heidelberg, New York: Springer 1971.

4.12 Hilberg, W.: Über Grenzen der Zugriffszeit und der Adressenfolge-
     frequenz bei Matrixspeichern. Elektron. Rechenanl. 13 (1971) 3,
     129-136.

# 5. Halbleiterspeicher

## 5.1 Einleitung

Speicher aus Halbleiterbauelementen haben in wenigen Jahren eine erhebliche Bedeutung erlangt. Noch kann kein Ende der stürmischen Entwicklung abgesehen werden [5.1]. Der Ferritkernspeicher, der seit 20 Jahren bis heute [5.2] seine Vorrangstellung halten konnte, ist auf dem Gebiet der Arbeitsspeicher in ernsthafte Gefahr geraten. Es erhebt sich die Frage, welche Gesichtspunkte für den weiteren Verlauf dieses technologischen Wettbewerbes maßgeblich sind.

Mit dem Halbleiterspeicher geht ein alter Traum des Systementwurfs in Erfüllung: Die Grundbauelemente von Rechen- und Speicherwerk in einem Datenverarbeitungssystem sind kompatibel. Das bedeutet von der Herstellung her erhebliche Vorteile, muß doch der Gerätehersteller nur noch eine Technologie, nämlich die der elektronischen Halbleiterbauelemente, auf höchstem Stand beherrschen. Außerdem hat man davon auch erhebliche technische Vorteile. Die Elemente im Rechnerkern und im Speicher arbeiten auf dem gleichen Signalpegel, die Speicherperipherie braucht kaum mehr Verstärkung aufzubringen. Die Umschaltzeiten und die Zugriffszeiten werden reduziert, Störsignale aufgrund großer Pegelunterschiede verschwinden. Wegen der vereinfachten Speicherperipherie werden auch kleine Speicher wirtschaftlich herstellbar, größere Speicher lassen sich modular aus kleineren zusammensetzen. Dadurch wird es möglich, ein ganzes Spektrum von Aufgaben, die innerhalb eines Rechners auftreten, vom Register über den Notizblock (scratch pad) und das cache-memory [5.3] bis zum Hauptspeicher abzudecken. Über den Einsatz eines Halbleiterspeichers in einem Großrechner der Firma IBM wurde erstmals im Jahr 1969 berichtet [5.4 bis 5.6]. Eine angenehme Beigabe ist die Möglichkeit des zerstörungsfreien Lesens, wodurch man die Zeit des Wiedereinschreibens spart und an Geschwindigkeit gewinnt.

Es erhebt sich die Frage, warum es bis heute gedauert hat, ehe die Halbleiterspeicher den Platz erobern konnten, der ihnen nach obigen

Ausführungen wohl gebührt. An erster Stelle zu nennen ist hier der
hohe Preis. Vor wenigen Jahren noch kostete ein Bit eines Halbleiterspeichers ein Mehrfaches von dem eines Ferritspeichers. Dieser Gesichtspunkt ist heute weggefallen, nachdem die Preise von Halbleiterspeichern
pro Jahr um bis zu 40 % gesunken sind, und heute bei wenigen Pfennig
pro Bit liegen.

Ein weiterer Gesichtspunkt ist die Speicherkapazität. Selbst zu Beginn
der unter der Bezeichnung LSI (large scale integration) bekanntgewor-
denem Verfahren der Großintegration konnten nur 128 Speicherzellen auf
einem "Chip", einem Stück Halbleiter von etwa 1,5 mm·1,5 mm untergebracht werden. Der Aufbau größerer Speicher von z.B. $10^6$ bit aus $10^4$
solcher Bausteine ist sehr umständlich, da die Verbindungstechniken
nicht mit der Entwicklung der Halbleitertechnik Schritt halten konnten
und so geht ein großer Teil der Platz- und Preisersparnis wieder verloren. Die Kosten für die individuelle Handhabung jedes einzelnen Chips,
für das Anbringen eines Gehäuses, das Testen machen einen großen Anteil
der Gesamtkosten aus. Dieser Schwierigkeit begegnet man in neuerer Zeit
hauptsächlich durch Steigerung der Dichte und der Wirtschaftlichkeit
der Herstellung auch größerer Chips von ca. 4 mm·4 mm. Dadurch lassen
sich die Kosten pro Bit erheblich senken (Bild 5.1). Mit der Chipgrö-

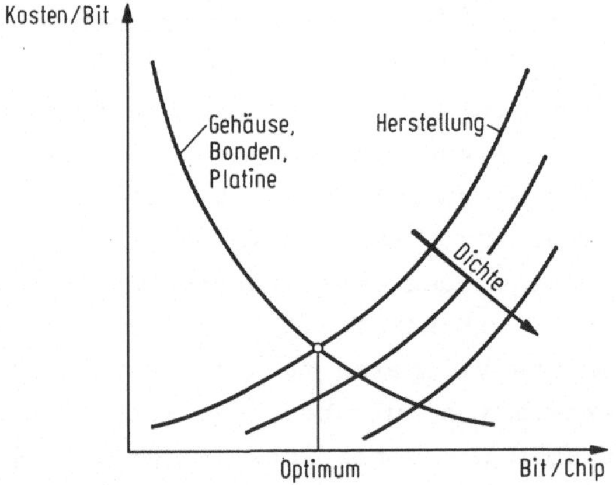


5.1. Kostenanteile der Bausteine von Halbleiterspeichern im Hinblick
auf die optimale Chipgröße

ße steigen aber dessen Herstellungskosten, da die Ausbeute fällt und
die Komplexität (z.B. mehr Anschlüsse) ansteigt. Für einen bestimmten
Stand ergibt sich nun ein Optimum, welches von der Zeit abhängt. Eine
wichtige Rolle spielt auch die Speicherdichte: Wenn die Verarbeitung

eines $mm^2$ Siliziumfläche einen bestimmten Betrag kostet, dann sinken
die Kosten pro Bit mit steigender Dichte. Man hat deswegen versucht,
die technologischen Methoden zur Erhöhung der Speicherdichte auf dem
Chip immer mehr zu verfeinern. Die örtliche Auflösung ist heute zum
Teil besser als 1 µm = $10^{-3}$ mm. Damit ist man bereits auf einer Anzahl
von bis zu 8192 = $2^{13}$ Speicherplätzen pro Chip angelangt.

Dabei hat sich eine weitere Schwierigkeit des Halbleiterspeichers bemerkbar gemacht: Die elektrische Verlustleistung pro Speicherzelle;
sie betrug in der Anfangszeit etwa 1 mW/Bit. Mit steigender Dichte ist
dabei eine Erhöhung der Betriebstemperatur unumgänglich. Um die Funk-
tionssicherheit und die Lebensdauer nicht zu beeinträchtigen, aber auch
um die Wärmeentwicklung eines Großspeichers insgesamt in erträglichen
Grenzen zu halten ($10^6$ Zellen zu 1 mW/Bit ergeben 1 kW!) mußte mit der
Steigerung der Speicherdichte eine erhebliche Absenkung der Verlustleistung einhergehen, eine Entwicklung, wie sie sich in ähnlicher Weise
auch bei den logischen Bausteinen abspielt. Heute sind Werte von Bruchteilen eines Mikrowatt pro Bit nicht mehr außergewöhnlich.

In Verbindung mit der Verlustleistung tritt ein weiterer Nachteil des
Halbleiterspeichers in Erscheinung: Sie brauchen dauernd Energiezufuhr zur Beibehaltung des Speicherzustandes, da sie keine Strukturspeicher wie die magnetischen Speicherverfahren darstellen. Das im
angelsächsischen Sprachgebrauch verwendete Stichwort heißt hier: volatility (Flüchtigkeit).

Es sind nun eine ganze Reihe von Wegen beschritten worden, um die obigen Nachteile zu vermeiden. Auf der Ebene der Speicherorganisation gibt
es Speicher mit wahlfreiem Zugriff (random access memory, RAM), Lesespeicher (read only memory, ROM), serielle Speicher (Schieberegister),
Assoziativ-Speicher (associative oder content-addressable memory, CAM).

Auf der Ebene der Speicherzellen gibt es statische und dynamische Schaltungen, auf der Ebene des Grundbauelementes gibt es verschiedene Möglichkeiten, wie z.B. die Verwendung entweder von bipolaren oder von Feld-
effektbauelementen und schließlich hat man auf der Ebene der Herstellung
durch die Auswahl von Materialien, durch die Geometrie, durch die Isolation, durch bestimmte Herstellungsverfahren versucht, für bestimmte Anwendungen optimale Strukturen und Lösungen zu verwirklichen. Noch gibt
es keine Lösung, welche nur Vorteile hat, sondern eine Vielfalt von
Vorschlägen und Verfahren, die in Entwicklung sind mit der Absicht, ei-

nen optimalen Kompromiß zwischen den Anforderungen der gegebenen Anwendung und den Herstellungsmöglichkeiten zu erzielen.

Die Aufteilung bei der Behandlung von ausgewählten Beispielen, welche typische Ausführungsformen darstellen, folgt der Aufteilung in den erwähnten 4 Ebenen des Systementwurfs (system design), des Schaltungsentwurfs (circuit design), des Bauelementeentwurfs (device design) und der technologischen Parameter der Herstellungsverfahren (device technology).

## 5.2 Speicher mit wahlfreiem Zugriff (random access memory, RAM)

### 5.2.1 Statische Speicherzellen

Die Grundlage für die Speicherung mit aktiven Bauelementen bildet die bistabile Kippstufe, das "Flip-Flop", welches aus zwei über Kreuz gekoppelten Invertern (Bild 5.2a) besteht. Die Übertragungskennlinie des rechten Transistors ist die gestrichelte Kurve in Bild 5.2b. Für kleine Werte der Spannung $U_1$ ist der Transistor gesperrt.

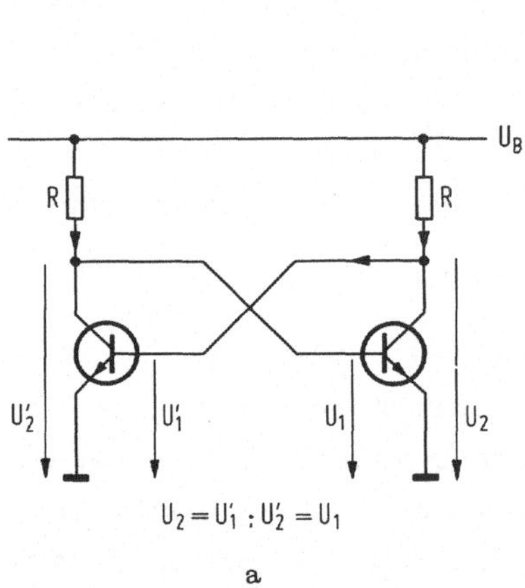



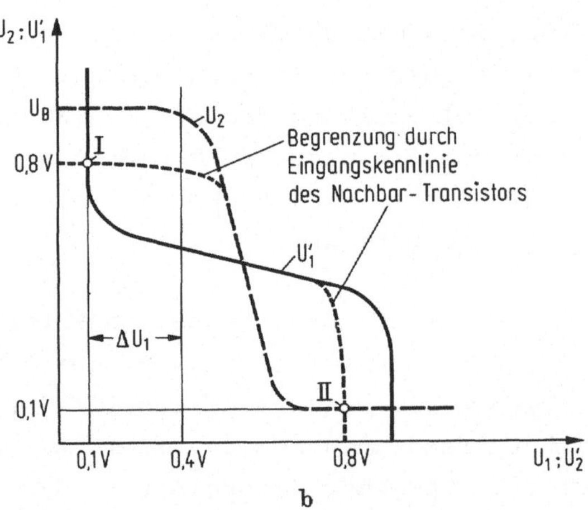



5.2. Die bistabile Kippstufe aus zwei gekoppelten Invertern als Grundlage für die statische Speicherzelle: a) Schaltung, b) Kennlinien und Arbeitspunkte

ne Werte der Spannung $U_1$ ist der Transistor gesperrt. Die Ausgangsspannung ist ohne Belastung gleich der Batteriespannung. In der Gegend von $U_1 > 0,4$ V beginnt ein Strom zu fließen, $U_2$ nimmt ab, wobei der Transistor seinen aktiven Kennlinienbereich durchläuft bis er mit weiter ansteigender Spannung $U_1$ in die Sättigung gelangt, so daß $U_2 = U_{CESat}$ wird.

Wird der Kollektor des Transistors mit dem Eingang des zweiten Inverters belastet, so wird $U_2$ begrenzt auf den Wert einer in Flußrichtung betriebenen, bis zur Sättigung des Transistors ausgesteuerten Emitter-Basisstrecke, also ca. O,8 V (punktierte Linien). Die Ausgangsspannung des rechten Transistors bildet nun die Eingangsspannung des linken Transistors, umgekehrt bildet die Ausgangsspannung des linken Transistors die Eingangsspannung des rechten, also gilt $U_2 = U_1'$ und $U_2' = U_1$. Bei Gleichheit der Transistoren erhält man die Kennlinie des linken Inverters durch Spiegelung an der Winkelhalbierenden des ersten Quadranten. Es ergeben sich die beiden stabilen Schnittpunkte I und II, welche zur Speicherung einer Dualzahl ausgenützt werden können. Der Schnittpunkt III ist labil, solange die Ringverstärkung des positiv rückgekoppelten Kreises größer als 1 ist und ebenfalls nur unter dieser Bedingung ergibt sich Bistabilität. Die Bedingung für die Bistabilität in Abhängigkeit von den Schaltungsparametern $\beta$ (Stromverstärkung des Transistors in Emitterschaltung), R (Kollektorwiderstand des Transistors) und $r_{BE}$ (Eingangswiderstand des Transistors in Emitterschaltung) lautet:

$$\frac{\beta}{1 + \dfrac{r_{BE}}{R}} > 1.$$

Die Kenntnis dieser Bedingung erweist sich als nützlich, wenn man die Schaltung im Hinblick auf kleinste Verlustleistung bei niedrigstem Spannungspegel und höchster Impedanz betreiben will. Die Verlustleistung der Zelle beträgt näherungsweise

$$N_V = \alpha \frac{U_B^2}{R} \quad \text{mit} \quad 1 < \alpha < 2.$$

Kleinste Verlustleistung und hohe Ringverstärkung verlangen gleichermaßen einen hohen Kollektorwiderstand R.


## 5.2.1.1 Die Multiemitter-Zelle

Eine der ersten Speicherzellen, die in einen im Betrieb befindlichen Großrechner Eingang gefunden hat, ist die sogenannte Mulitemitter-Zelle. Sie wird im Rechner ILLIAC IV der University of Illinois eingesetzt und von der Firma Fairchild geliefert. Sie stellt somit einen Markstein auf dem Weg der Entwicklung dar [5.7].


Um ein Flip-Flop zu einer Speicherzelle zu ergänzen, bedarf es zusätzlich zur Funktion der Speicherung diejenige des Schreibens und Lesens,

d.h. die Zelle muß von außen ansteuerbar und abzufragen sein. Zu diesem
Zweck wird das Grund-Flip-Flop mit seinen zusammengeführten Emittern an
eine Wortleitung des Speichers angeschlossen (Bild 5.3). Ein zweiter

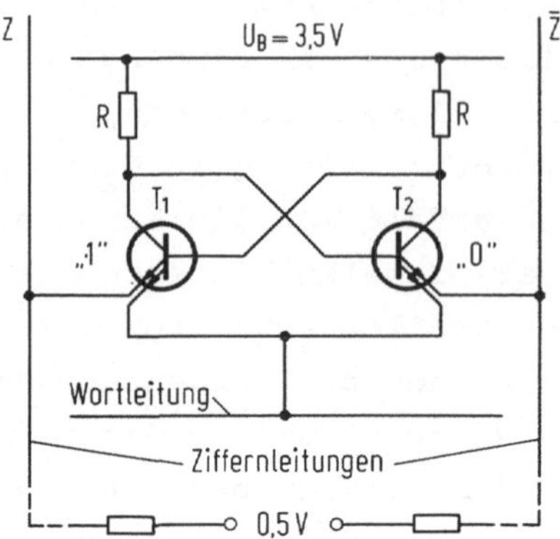


5.3. Schaltung der Multiemitter-Zelle

Emitter des Transistors T1 wird an die Ziffernleitung Z, der zweite des
Transistors T2 an die Ziffernleitung $\bar{Z}$ angeschlossen. Die Enden der Ziffernleitungen liegen über einen Widerstand auf einer Spannung von 0,5 V.
Der zweite Emitter läßt sich bei einem Transistor technologisch raumsparend verwirklichen und ergibt gleichzeitig die logische Verknüpfung
eines UND-Gatters mit zwei Eingängen, welches zur Ansteuerung der Zelle benötigt wird.

Im stationären Zustand ist entsprechend der bistabilen Funktion einer
der Transistoren T1 oder T2 leitend. Eine "1" sei gespeichert, wenn
T1 leitend ist und einen Strom $I_e \simeq 2\,U_B/R$ führt, der über die Wortleitung abfließt. Zum Auslesen der Zelle wird die Wortleitung auf die
Spannung von 3 V angehoben (Bild 5.4). Da die Ziffernleitung auf 0,5 V
liegt, wird der Zellenstrom I nun je nachdem, ob T1 oder T2 leitet, auf
die Ziffernleitung Z oder $\bar{Z}$ umgeschaltet. Der Strom, der im statischen
Speicherzustand in der Zelle fließt, ist also gleichzeitig das Lesesignal der Zelle. Eine kleine Verlustleistung und ein großes Lesesignal können nicht gleichzeitig verwirklicht werden. Wird die Spannung
der Wortleitung wieder auf 0,5 V abgesenkt, so wird der Zellenstrom
wieder zurück auf die Wortleitung umgeschaltet. Die Zelle wird also
zerstörungsfrei gelesen (NDRO).

Beim Schreiben wird wieder das Potential der Wortleitung angehoben
auf 3 V. Soll eine "1" eingeschrieben werden, d.h. T1 leitend werden,
so wird das Potential der Ziffernleitung $\bar{Z}$ angehoben und T2 gesperrt,

während die Leitung Z, die auf dem niedrigen Potential von 0,5 V verbleibt, den Transistor T1 einschaltet und den Zellenstrom übernimmt.
Ist die Zelle auf diese Weise eingestellt, so können die Spannungen
der Wortleitung und die der Ziffernleitung $\overline{Z}$ wieder abgesenkt werden.

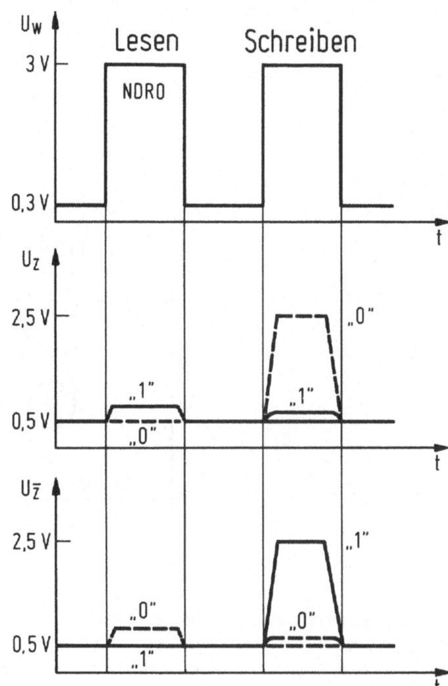


5.4. Grundsätzliche Signalverläufe
beim Schreiben und Lesen der Multiemitter-Zelle

Die Wortleitung übernimmt den Zellenstrom I, wodurch sich der statio-
näre Zustand einstellt. Mit einem dritten Emitter pro Transistor ist
auch eine Bit-Organisation möglich.

Typische Werte für die Kenndaten früher Multiemitter-Zellen sind
[5.8, 5.9]:

    Chip-Größe        :  1,5 mm·1,5 mm, 64 Zellen
    Zellenfläche      :  75 µm x 250 µm
    Dichte            :  ca. 50 Bit/mm$^2$
    Verlustleistung:  0,8 mW/Bit
    Lesesignal        :  0,15 mA
    Umschaltzeit    :  20 ns

## 5.2.1.2 Die Zelle mit Schottky-Dioden-Kopplung

Die in Bild 5.5 dargestellte Speicherzelle besteht aus einer statischen
bistabilen Kippstufe mit den Transistoren T1 und T2, deren Last- und
Koppelwiderstände von 20 kΩ bzw. 1,0 kΩ, und den zwei Schottky-Dioden

72

SD1 bzw. SD2, welche die Ankopplung an die Ziffernleitungen Z bzw. $\overline{Z}$
bewirken. Außerhalb der Speichermatrix sind die Ziffernleitungen über
einen Widerstand von 1,5 kΩ an eine Spannung von 1,6 V gelegt. Die angegebenen Widerstands- und Spannungswerte sind der Literatur [5.9]
entnommen. Die Emitter von T1 und T2 sind zusammen an die Wortleitung
angeschlossen.

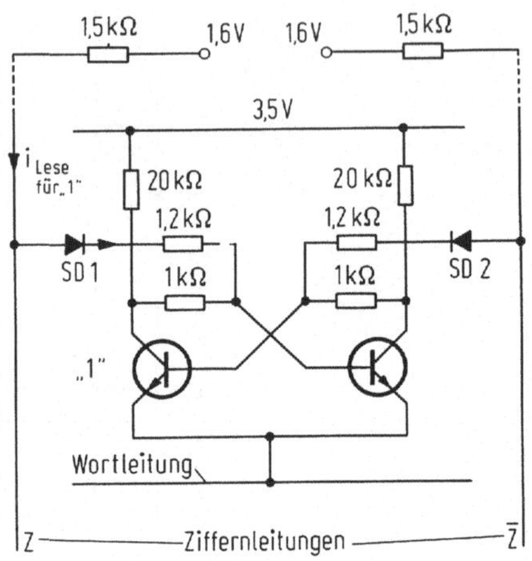


## 5.5. Speicherzelle mit Schottky-Dioden als Koppelelement für Schreiben und Lesen

Im statischen Speicherzustand fließt durch die Zelle nur ein sehr geringer Strom, da die Wortleitung auf einer Spannung von +2,5 V liegt.
Die Spannung an der Wortleitung wird möglichst hoch gewählt, damit
die Verlustleitung niedrig wird. Sie wird begrenzt durch die Bedingung, daß unter ungünstigsten Toleranzanforderungen noch die Bistabilität, d.h. eine Ringverstärkung > 1 (siehe Abschnitt 5.2.1) gewähr-
leistet ist. Die Schottky-Dioden sind gesperrt, da der Kollektor des
leitenden Transistors auf etwa +2,7 V liegt und derjenige des gesperrten Transistors je nach Basisstrom des leitenden Transistors zwischen
2,7 V und der Speisespannung von 3,5 V. Beim Lesen (Bild 5.6) wird das
Potential der Wortleitung auf 0,3 V abgesenkt. Der stromführende Transistor der Kippstufe bleibt an der Grenze der Sättigung, d.h. seine
Kollektorspannung $U_{CE}$ beträgt ca. 0,2 V, so daß sein Kollektorpoten-
tial auf ca. 0,5 V zu liegen kommt. Dadurch wird die auf seiner Seite befindliche Schottky-Diode leitend, es fließt ein Strom über die
Ziffernleitung, welcher als Lesestrom interpretiert werden kann. Er
beträgt bei der vorliegenden Dimensionierung etwa 0,3 mA. Die gegen-
überliegende Schottky-Diode hingegen bleibt praktisch gesperrt.

Hieraus geht hervor, daß der Lesestrom anders als bei der Multiemitter-
Zelle unabhängig vom statischen Dauerstrom ist. Man kann bei entsprechender Auslegung eine kleine Verlustleistung und ein großes Lesesignal erhalten. Nach dem Lesen wird die Wortleitung wieder abgesenkt in
ihrem Potential auf 0,3 V. Die Zelle verbleibt im ursprünglichen Zustand, d.h. das Auslesen erfolgt zerstörungsfrei.

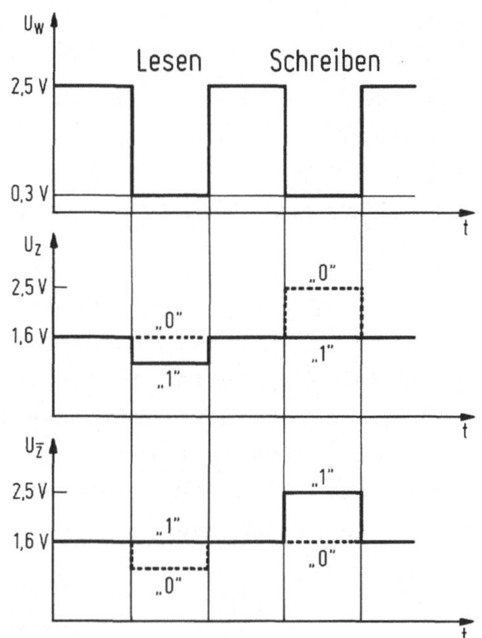


5.6. Grundsätzliche Signalverläufe
beim Schreiben und Lesen der Zelle
mit Schottky-Dioden

Beim Schreiben wird wiederum das Potential der Wortleitung auf 0,3 V
abgesenkt. Außerdem wird ein Strom über die Ziffernleitung Z geschickt,
wenn der Transistor T2 eingeschaltet werden soll (umgekehrt über $\bar{Z}$,
wenn T1 einzuschalten ist). Der Strom fließt über die Schottky-Diode
SD1 in die Basis des Transistors T2. Das Umschalten der Zelle wird bestimmt durch die Größe des eingespeisten Basisstromes, kann also sehr
schnell erfolgen. Auch hier besteht ein Unterschied zur Multiemitter-
Zelle, wo das Umschalten praktisch ausschließlich durch die Eigenschaften der Zelle selbst stimmt wird und nicht durch ein Signal von
außen beeinflußt werden kann.

Vom Flächenbedarf her ist die Schottky-Diodenzelle durchaus vergleich-
bar mit der Multiemitter-Zelle, da sich die Schottky-Dioden als Me-
tallhalbleiter-Dioden sehr raumsparend herstellen lassen. Es braucht
lediglich für den Kollektorkontakt ein geeignetes Metall, z.B. Aluminium oder Gold gewählt zu werden, welches mit dem n-Halbleiter zusammen eine Schottky-Diode ergibt.

Die Widerstände von 1,2 kΩ bzw. 1,0 kΩ sind keine absichtlich einge-
bauten Widerstände, sondern ergeben sich als Widerstände zwischen den
Anschlüssen der Elemente und dem eigentlichen aktiven Bereich des Bau-
elements, d.h. sie sind als unvermeidliche parasitäre Elemente anzu-
sehen.

Typische Kennwerte sind [5.9]:

| | |
|---|---|
| Fläche | : 75 µm·250 µm = 52 Zellen/mm$^2$ |
| Warte-Verlustleistung | : 75 µW |
| Schreib/Lese-Verlustleistung: | 0,4 mW |
| Lesestrom | : 0,3 mA |
| Schaltzeit | : 5 ns |

64 Zellen auf einem Chip von 1,2 mm·1,5 mm

### 5.2.1.3 Die statische MOS-Zelle

Einleitend seien einige Zusammenhänge in Erinnerung gerufen, welche
den MOS-Feldeffekt-Transistor betreffen. Im einzelnen sei auf die
einschlägige Literatur verwiesen [5.10]. Aus Gründen der technologisch einfacheren Herstellung verwenden die Mehrzahl der bekanntge-
wordenen statischen MOS-Speicher als Grundbauelement den selbstsperrenden P-Kanal FET oder, was das gleiche bedeutet, den P-Kanal FET

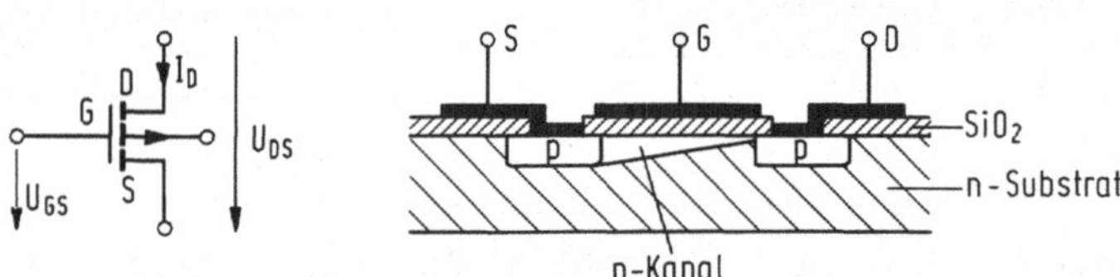


5.7. Schaltung und grundsätzlicher Aufbau des p-Kanal Feldeffekttran-
sistors vom Anreicherungstyp (selbstsperrend)

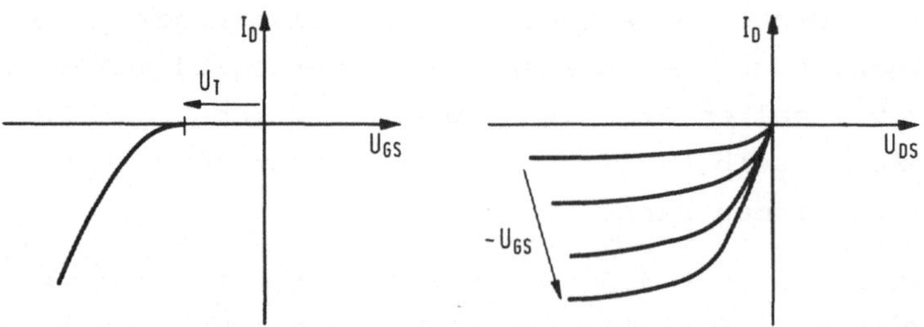


5.8. Kennlinien des selbstsperrenden p-Kanal FET

vom Anreicherungstyp. Sein Symbol und einen Querschnitt durch das Element zeigt Bild 5.7. Seine Betriebs- und Schwellenspannung sind negativ, wie aus den qualitativen Kennlinien von Bild 5.8 hervorgeht.

Wie bereits erwähnt, besteht eine bistabile Kippstufe aus zwei über Kreuz gekoppelten Invertern. Als Lastelement wird in MOS-Schaltung häufig ein in Drain-Schaltung ($U_{GS} = U_{DS}$) betriebener weiterer MOS-FET verwendet. Er läßt sich in integrierter Technik auf einer wesentlich kleineren Fläche als ein hochohmiger Ohmscher Widerstand herstellen. Bei einem integrierten Inverter ist zu beachten, daß das Substrat an Masse liegt bzw. mit der Source-Elektrode des in Source-Schaltung betriebenen Inverter-Transistors T1 lt. Bild 5.9 verbunden ist. In Bild 5.10 ist ersichtlich, wie man zunächst die Zweipol-Kennlinie $I_D = f$ ($U_{DS} = U_{GS}$) des in Drain-Grundschaltung betriebenen Lasttransistors aus den üblichen Kennlinien der Source-Grundschaltung gewinnen kann. Wie man sieht, beginnt der Strom $I_D$ erst bei Überschreitung der Schwellenspannung (im Beispiel $U_T = -2$ V) zu fließen. Die Lastkennlinie ergibt sich durch Spiegelung an der Speisespannung entsprechend der Gleichung für den Arbeitswiderstand $U_{DS1} = U_B - U_{DS2}$ ($I_D$). Bei Berücksichtigung der Substratvorspannung des Lasttransistors tritt eine entsprechende Modifikation der Lastkennlinie auf.

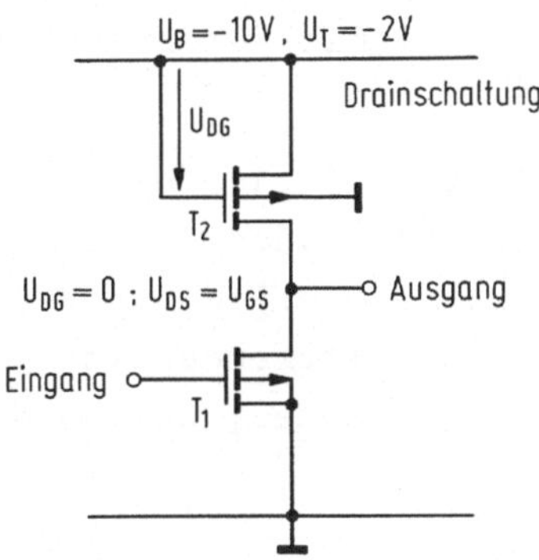



5.9. Schaltung des integrierten Inverters mit p-Kanal Feldeffekttransistoren

Das Bild zeigt die grundsätzlichen Zusammenhänge an einem Zahlenbeispiel. In Wirklichkeit hat der Lasttransistor T2 eine abweichende Geometrie von T1, d.h. das Verhältnis von Kanalweite W zu Kanallänge L ist bei beiden Elementen verschieden. Dies drückt sich in einer Maßstabsänderung für den Strom $I_D$ des Lastelementes in Richtung kleinerer Werte aus. Dadurch ist es möglich, Lastelemente mit sehr hohem Impedanzniveau zu verwirklichen und dies führt wieder zu der gewünschten niedrigen Verlustleistung bei gleichzeitig kleiner Fläche.

Allgemeine Vorteile der MOS-FET-Elemente gegenüber bipolaren Transistoren liegen in der einfacheren Geometrie, der geringeren Anzahl von

Masken und Prozeßschritten bei der Herstellung, dem Wegfall der Isolationszäune (Flächenbedarf) und dem Betrieb bei kleinen Strömen. Dem stehen als Nachteile das Problem der Einhaltung der Schwellenspannung und deren absoluter Wert, die höheren Betriebsspannungen und in Verbindung damit das insgesamt höhere Impedanzniveau, welches die Ansteuerung der Verbindungsleitungen zwischen den Chips mit ihrem niedrigen Wellenwiderstand erschwert, gegenüber.

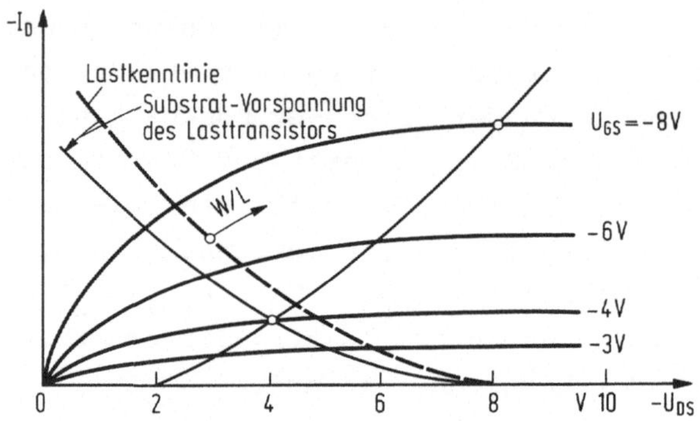


5.10. Konstruktion der Lastkennlinie (Drain-Schaltung) aus den Kenn-·linien der Source-Schaltung

Die bistabile Zelle lt. Bild 5.11 [5.11] besteht aus den 6 Transistoren T1 bis T6. T1, T3 und T2, T4 bilden je einen Inverter mit T3 bzw. T4 als Lastelementen. T5 bzw. T6 stellen die Verbindung zu den Ziffernleitungen Z bzw. $\overline{Z}$ her. Ihre Wirkungsweise wird verständlich, wenn man sie als ideale Schalter betrachtet, welche durch die Gate-Spannung

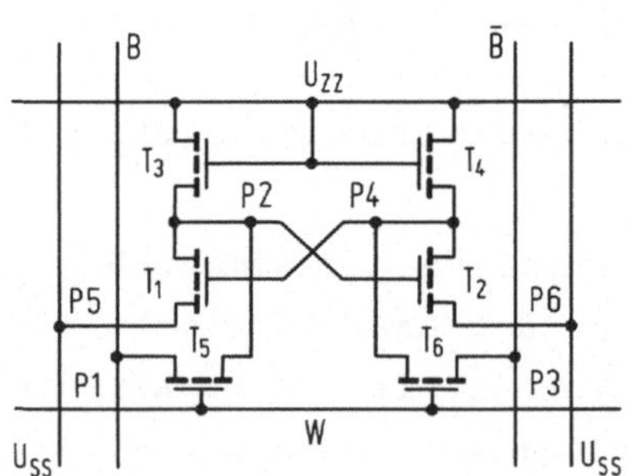


5.11. Schaltung der statischen MOS-Speicherzelle

gesteuert werden. Im Zustand der Speicherung sind die Schalter offen. Beim Lesen fragt man über die Schalter, welche zu diesem Zweck über die Wortleitungen geschlossen werden (Wortleitung an negative Spannung gelegt), den Zustand der Zelle, d.h. den Unterschied zwischen

den Drain-Spannungen der Transistoren T1 und T2 ab. Beim Schreiben
stellt man den gewünschten Zustand der Zellen von außen über die wiederum in geschlossenem Zustand befindlichen Schalter T5, T6 ein. Die
Speisung der Zelle erfolgt über die Leitungen mit den Spannungen $U_{zz}$
bzw. $U_{ss}$. Die Zelle benötigt insgesamt 5 Zuleitungen von außen. (Von
den beiden Leitungen mit der Spannung $U_{ss}$ wird nur eine gezählt, da
sie für die Nachbarzelle gemeinsam ist.)

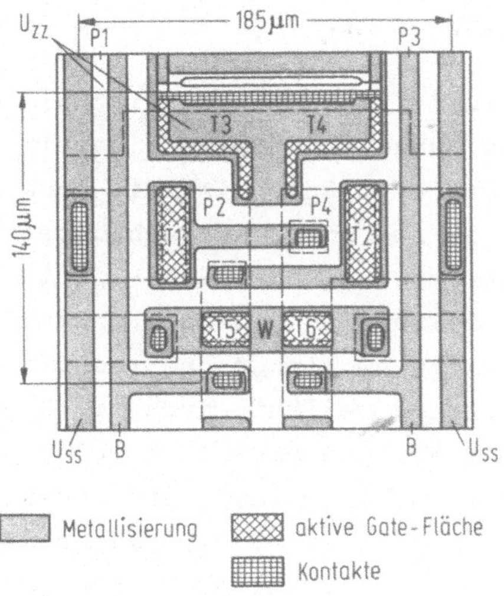


5.12. Beispiel für die topografische Auslegung (lay out) einer statischen MOS-Zelle

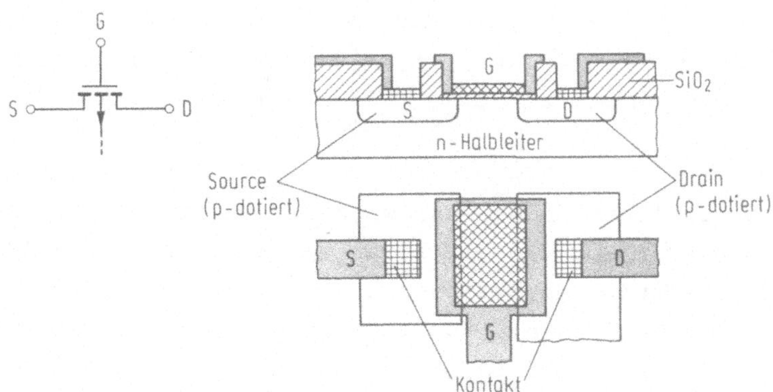


5.13. Schnitt und Aufsicht eines einzelnen MOS-FET zur Verdeutlichung
der Darstellung von Bild 5.12

Bild 5.12 zeigt die Topografie der Zelle (lay out) mit den wirkli-
chen Maßen. Zur Orientierung ist in Bild 5.13 noch einmal der Quer-

schnitt und die Aufsicht eines MOS-FET-Elementes gezeichnet. In Bild
5.11 und 5.12 sind die Stellen $P_1$ bis $P_6$ angegeben, welche einander
in der Schaltung und in der Topografie entsprechen. Die Grenzen der
diffundierten Bereiche für die Source- bzw. Drain-Gebiete sind ge-
strichelt gezeichnet. Die Beschriftung für die Transistoren sind jeweils an der Stelle der aktiven Gate-Metallisierung angebracht. Bei
den Transistoren T1 und T2 beträgt die Kanallänge L = 10 µm, die Kanalweite W = 50 µm, bei T5 und T6 sind L = 80 µm, W = 10 µm. Die kleinste Leiterbreite beträgt 10 µm.

Die horizontal verlaufende Wortleitung W ist als diffundierte Zone P1,
P3 unter den Ziffernleitungen und der Speiseleitung für die Spannung
$U_{ss}$ hindurchgeführt. An ihren Enden ist die Zone mit der Metallisierung kontaktiert, welche zu den Gate-Anschlüssen für T5 und T6 führt.
Zwei weitere diffundierte Zonen P5 und P6 verbinden die Source von T1
bzw. P2 mit den Speiseleitungen $U_{ss}$. Die Kontaktlöcher zu diesen Zonen
sind in der Höhe der Mitte am linken und rechten Rand des Feldes deutlich zu sehen. Entsprechend verläuft auch die Speiseleitung für $U_{zz}$
zwischen den Zellen als diffundierte Zone und innerhalb der Zelle als
metallischer Belag, der auch die langgestreckten Gate-Bereiche der
Transistoren T3 und T4 mit enthält. Die Fläche der Zelle beträgt
140 µm x 185 µm = 26000 $µm^2$, was einer Dichte von ca. 40 Zellen pro
$mm^2$ entspricht. Das entsprechende Chip enthält 256 solcher Zellen.

Auf verschiedene Möglichkeiten zur Verkleinerung der Abmessungen wird
im Abschnitt 5.1.4.2 eingegangen. Aus der Literatur sind in neuerer
Zeit weitere Zellen bekanntgeworden, die bis zu 1024 Zellen mit einer
Dichte von mehr als 100 Zellen pro $mm^2$ auf einem Chip unterbringen
[5.12]. Die Leistung beträgt etwa 0,25 mW pro Zelle, die Zugriffszeit
liegt bei 0,5 µs.

Die statischen Speicher haben zwei wichtige Nachteile, die sich mit
dem dynamischen Prinzip, wie wir sehen werden, verbessern lassen. Da
ist einmal die relativ hohe Verlustleistung, zum andern der große
Platzbedarf. Eine Möglichkeit zur Verkleinerung der Verlustleistung
besteht darin, das Gate der Lasttransistoren T3, T4 an eine getaktete
Leitung anzuschließen, d.h. an eine Leitung, welche die Lastelemente
im Speicherzustand durch Änderung der Spannung zwischen Gate und Source
auf einen höheren Widerstandswert bringt. Nur während des Lesevorgan-
ges werden die Lastelemente durch Herabsetzung des Gate-Potentials auf
einen kleineren Widerstandswert geschaltet. Verändert man die Spannung

am Gate soweit, daß T3 und T4 im stationären Zustand überhaupt gesperrt
bleiben, so kann man sie praktisch weglassen und kommt dadurch zur dynamischen Speicherung.

## 5.2.2 Dynamische Speicher

Dynamische Speicher sind solche, die ihren Zustand ohne äußere Energiezufuhr für einen gewissen Zeitraum aufrecht erhalten und im Anschluß daran zur Erhaltung des Zustandes wieder aufgefrischt werden. Als dynamische Speicherelemente kommen, wie in der analogen Rechentechnik, Kondensatoren in Frage. Sie sind in Form von parasitären Elementen ohnehin
in den Schaltungen vorhanden. Ihre Entladezeitkonstante bestimmt die
maximale Dauer der dynamischen Speicherphase. Da die Kondensatoren infolge der kleinen Abmessungen relativ kleine Werte haben (Größenordnung pF), müssen die Leckströme, die ihre Entladung bewirken, sehr
klein, d.h. die ihnen parallel liegenden Entladewiderstände sehr groß
sein, um geeignete Zeitkonstanten in der Größe von Millisekunden zu erhalten. Diese Eigenschaften sind nun gerade bei MOS-Kondensatoren gegeben. Aus diesem Grund verwendet man zur dynamischen Speicherung entweder die Gate-Source oder die Drain-Gate-Kapazität von MOS-Feldeffekt-
Transistoren.

Man spart dabei, wie wir sehen werden, sowohl an Fläche wie auch an
Verlustleistung. An Fläche deswegen, weil ein guter Teil der für die
statische Speicherung notwendigen Bauelemente entfallen kann, und an
Verlustleistung, weil, wie sich zeigen läßt, im ungünstigsten Fall für
jeden Speicherzyklus in jeder Zelle gerade einmal die auf dem Kondensator gespeicherte Blindenergie als Wirkleistung bei seiner Aufladung umgesetzt wird. Damit wird die Verlustleistung pro Zelle

$$N_v = \frac{1}{2}\, C U^2\, f_T$$

(C als Kapazität, U als Spannung an C, $f_T$ als Taktfrequenz).

Dem Vorteil der Einsparung von Fläche- und Verlustleistung steht der
grundsätzliche Nachteil gegenüber, daß beim Systementwurf der in gewissen Zeitabständen notwendigen Wiederauffrischung der Information
Rechnung getragen werden muß. Dadurch steigt der Aufwand für die Ablaufsteuerung.

## 5.2.2.1 Dynamische 3-Transistor-Zelle

Geht man von der statischen MOS-Zelle mit 6 Transistoren lt. Bild 5.11 aus, so kann man bei Wegfall der statischen Speichereigenschaft auf die Lasttransistoren T3 und T4 der bistabilen Kippstufe verzichten und gelangt dadurch zunächst zur 4-Transistorzelle [5.13]. Da nun T1 und T2 stets einen zueinander komplementären Zustand bezüglich der Informationsspeicherung einnehmen, kann man ohne Informationsverlust einen weiteren Transistor einsparen. Auf diese Weise erhält man die 3-Transistorzellen lt. Bild 5.14. In diesen Zellen ist S der Speichertransi-

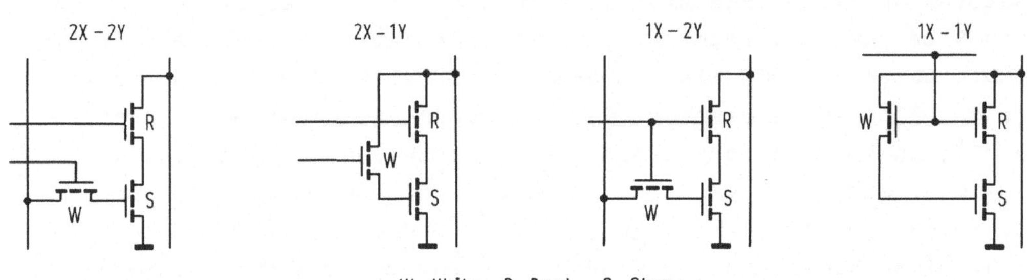



5.14. Mögliche Konfigurationen von dynamischen 3-Transistor-Zellen

stor, d.h. auf seiner Gate-Source-Kapazität findet die dynamische Speicherung statt, W der Transistor, der das Einschreiben der Ladung auf den Speicherkondensator besorgt und R der Transistor, welcher die Verbindung zur Leseleitung herstellt. Der Strom durch den während der Speicherphase in Sperrichtung betriebenen PN-Übergang des Schreibtransistors W bestimmt die Dauer der dynamischen Speicherphase. Die 4 dargestellten Zellen unterscheiden sich in der Art und Weise, wie sie zum Zweck des Schreibens und Lesens in eine Matrixstruktur eingebettet werden.


Bei der 2X-2Y-Konfiguration hat man 2 Leitungen in X- (horizontal) und 2 Leitungen in Y-Richtung (vertikal), die zu jeder Zelle führen. Ihre Funktion geht aus Bild 5.15 hervor. Beim Schreiben wird die mit "Schreiben-Freigabe) (write enable) bezeichnete Leitung angesteuert. Sie macht den Transistor T3 leitend, so daß über die vertikale Schreibleitung der Kondensator $C_{GS}$ auf den gewünschten Wert gebracht werden kann. Beim Lesen wird über die mit "Lesen-Freigabe" (read enable) bezeichnete Leitung der Transistor T2 leitend gemacht und dadurch eine Verbindung zur Leseleitung hergestellt. Die Leseleitung wird vorher auf eine definierte Spannung, z.B. auf ein stark negatives Potential bei P-Kanal-Technologie, gebracht. Ist nun die Gate-Source-Kapazität von T1 ebenfalls auf negativem Potential, so leitet T1 und die Leseleitung wird auf einen Wert in der Nähe von "O" V entladen, da sie im wesentlichen als eine aufgeladene Kapazität zu betrachten ist. Befindet sich umgekehrt $C_{GS}$ von T1 auf der Spannung O, so sperrt T1 und die Spannung auf der Leseleitung bleibt erhalten. Die Auslese erfolgt zerstörungsfrei.

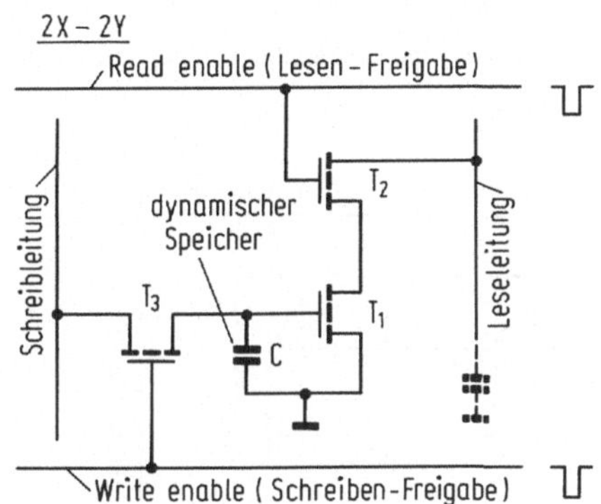


5.15. Schaltung der dynamischen 2X-2Y-Zelle mit 3 Transistoren

Die Daten, welche mit der 2X-2Y-Zelle (Intel 1103) verwirklicht wurden, sind [5.14, 5.15]:

```
1024 Zellen/Chip
Chip-Größe          :  3,25 mm·2,6 mm
Dichte              :  280 Zellen/mm²
Verlustleistung     :  Wartestellung: 5 µW/Zelle
Schreib/Lesebetrieb:   300 µW/Zelle
Lesezugriff/Zyklus :   300/480 ns    Schreiben: 580 ns
Auffrischen         :  nach 2 ms
```

Bei den übrigen Zellen macht man sich die Tatsache zunutze, daß das Schreiben und Lesen nie gleichzeitig erfolgt, dadurch kann ein Teil der Leitungen eingespart werden. Bei der 1X-2Y-Zelle z.B. faßt man die Leitungen für die Freigabe von Schreiben und Lesen zusammen. Um die zerstörungsfreie Auslese zu erhalten, arbeitet man für die Lesefreigabe mit einer Spannung (-3 bis -4 V), die betragsmäßig kleiner ist als die Schwellenspannung des Schreiben-Freigabe-Transistors, für dessen Durchschalten z.B. -20 V angelegt werden [5.16, 5.17]. Die Leitungen für Lesen und Schreiben bleiben getrennt und erlauben die Verwendung eines üblichen Leseverstärkers, der den Vorgang des Wiederauffrischens vereinfacht.

Bei der 1X-1Y-Zelle schließlich wird auch die Schreib- mit der Leseleitung zusammengefaßt, so daß man nur noch 2 Leitungen zur Zelle hat.
Eine solche Zelle, die in N-Kanal Technologie mit polykristallinem Si-
lizium-Gate hergestellt ist (siehe Abschnitt 5.1.4.2), ist noch einmal
in Bild 5.16 mit dem an der gemeinsamen Schreib/Leseleitung angeschlossenen Verstärker für das Lesen und Wiederauffrischen gezeigt [5.18].
Eine besondere Anordnung für den Leseverstärker ist erforderlich, weil
das kleine Lesesignal und das verstärkte Signal zum Wiedereinschreiben
an derselben Leitung auftreten.

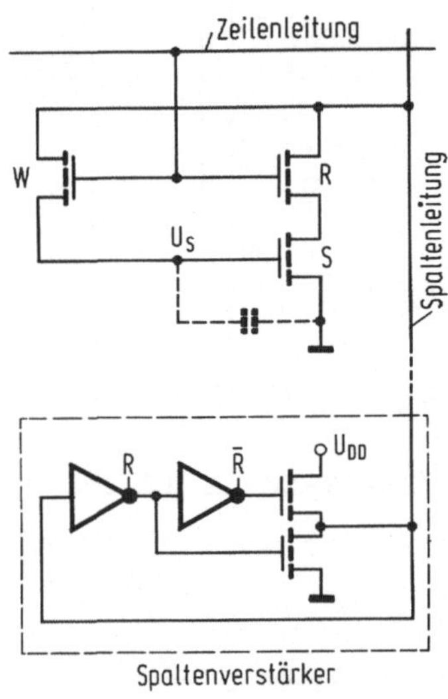


5.16. Schaltung der 1X-1Y-Zelle mit Leseverstärker am Ende der Spaltenleitung

Der Ablauf für das Lesen und Wiederauffrischen sei anhand der Signalverläufe im Bild 5.17 erklärt: Zunächst wird die Spaltenleitung auf eine Spannung von +5 V gebracht. Anschließend wird der Transistor R durch
eine Spannung von +3 V auf der Zeilenleitung leitend gemacht. Ist die
Spannung von $C_{GS}$ des Transistors S positiv, so leitet S und die Spaltenleitung entlädt sich relativ schnell bis unter die Schwelle von +2,5 V.
Ist die Spannung an $C_{GS}$ = 0, so sperrt der Transistor S und die Spaltenleitung entlädt sich langsam, nach Ablauf einer durch die Ablaufsteuerung vorgegebenen Zeit T befindet sie sich auf jeden Fall noch auf einem Wert, der größer ist als 2,5 V. Zu dieser Zeit wird die Rückkopplungsschleife des Spaltenverstärkers durch die Ablaufsteuerung geschlossen. Dadurch ergibt sich für den aus zwei Invertern mit anschließender Gegentaktausgangsstufe bestehenden Verstärker die Eigenschaft
einer bistabilen Kippstufe, welche bei der Spannung von 2,5 V ihren la-

bilen Punkt hat und je nachdem, ob die Lesespannung größer oder kleiner ist als dieser Wert, auf die stabile Endlage von +10 V oder O kippt. Da die Auffrischung auf den komplementären Wert erfolgt, wird von der Ablaufsteuerung ein Kontrollbit erzeugt, welches anzeigt, ob im jeweiligen Zyklus die Information oder deren Komplement in der Zelle gespeichert ist.

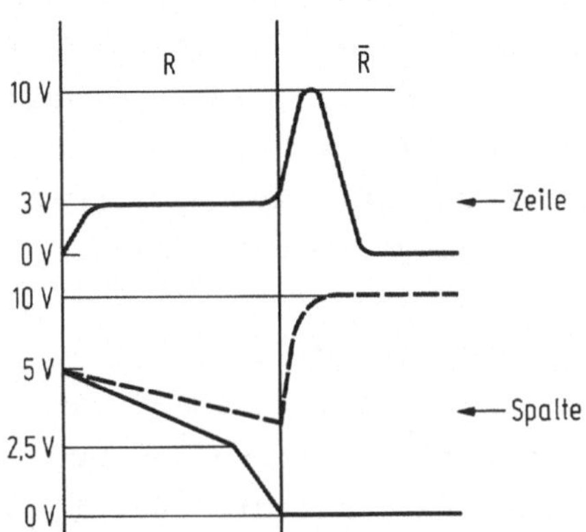


5.17. Signalverläufe beim Lesen und Auffrischen der 1X-1Y-Zelle


Den Vorteilen der Flächeneinsparung stehen an Nachteilen eine kompliziertere Peripherie zur Erzeugung der Steuersignale mit verschiedenen Amplituden, zur Wiederauffrischung des Lesesignals, zur Einhaltung bestimmter Zeiten und damit ingesamt die Einhaltung schärferer Toleranzanforderungen an die Bauelemente und deren Technologie gegenüber.


Der mit dieser 1X-1Y-Zelle aufgebaute Speicherbaustein hat folgende Daten [5.18]:

4096 Worte zu 1 Bit
Chip mit 3,5 mm·4,2 mm
N-Kanal-Si-Gate Technologie
TTL-kompatibel für Eingang/Ausgang

Zelle              :  1140 $\mu m^2 \triangleq$ 880 Zellen/$mm^2$
Verlustleistung :  Aktiv < 100 $\mu$W/Zelle
                        Wartestellung < 1 $\mu$W/Zelle
Zugriff            :  400 ns
Lesen/Auffrischen:  600 ns
Schreiben        :  800 ns
1 Takt-System, 20 Anschlüsse

Aus den Daten geht hervor, daß eine gegenüber der 2X-2Y-Zelle erheblich gesteigerte Dichte erreicht wird. Diese Steigerung ist nur zu einem geringen Teil der Einsparung der 2 Leitungen zu verdanken. Ein beträchtlicher Teil ist der sogenannten Silizium-Gate-Technologie zuzuschreiben, auf die in Kapitel 5.2.4.2 näher eingegangen wird. Sie erlaubt eine wesentliche Herabsetzung der Abmessungen der einzelnen Transistoren. Weitere Einsparungen sind dem fortgeschrittenen Stand der Technik zufolge (Fotolithografie) verwirklicht worden. Dem Einsatz innerhalb eines gesamten Systems kommt ferner zustatten, daß der Speicher nach außen mit den Signalpegeln der bipolaren TTL-Technik verträglich ist und daß die gesamte Erzeugung der Ansteuersignale auf dem Speicherbaustein selbst erfolgt, so daß nur 1 Takteingang notwendig ist.

### 5.2.2.2 Dynamische 1-Transistor-Zelle

Von der dynamischen 3-Transistor-Zelle gelangt man zur 1-Transistor-Zelle, wenn man die Funktion der zum Einschreiben bzw. Auslesen benutzten Transistoren W bzw. R zusammenfaßt und die Funktion des Speichertransistors S einer Kapazität überträgt. Damit läßt sich noch einmal an Fläche einsparen. Dabei geht allerdings die Eigenschaft des Speichertransistors einen steuerbaren Widerstand darzustellen, verloren.

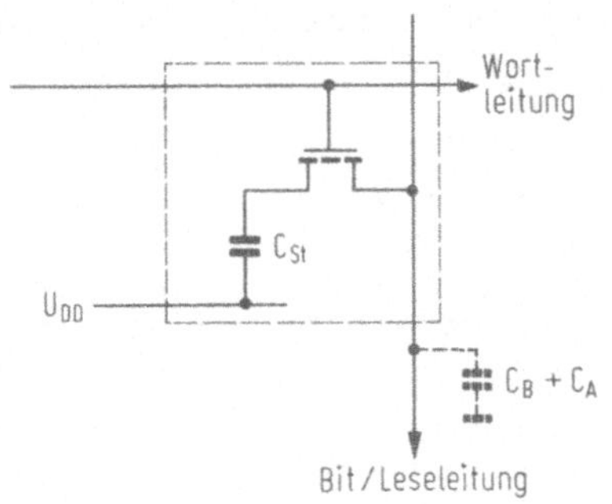


5.18. Schaltbild der dynamischen 1-Transistor-Zelle

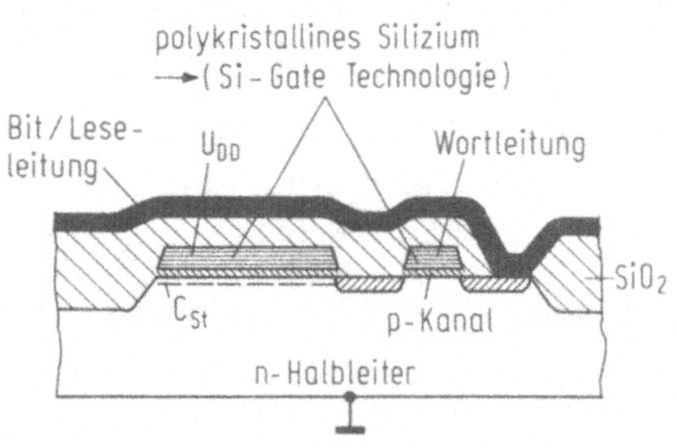


5.19. Schnittbild des Aufbaus der 1-Transistor-Zelle in Silizium-Gate-Technologie

Bild 5.18 zeigt das elektrische Schaltbild einer Zelle. Die Wortleitung steuert den Transistor, welcher die Verbindung zwischen der gemeinsamen Ziffern/Leseleitung und der Speicherkapazität $C_{St}$ herstellt. Bild 5.19 zeigt einen Schnitt durch die Speicherzelle [5.19]. In ein Substrat vom n-leitenden Typ sind zwei Inseln eindiffundiert. Die eine Insel ist mit der metallischen, über das Oxid verlaufenden Bit/Leseleitung verbunden, die andere Insel bildet den Kontakt zu der einen Elektrode des Speicherkondensators. Im Silizium-Dioxid "vergraben" liegen die polykristallinen, mit niedrigem Widerstand realisierbaren elektrischen Leitungen bzw. Elektroden aus Silizium. Sie bilden einerseits die Wortleitung, welche andererseits aufgrund des an dieser Stelle dünnen Oxids als Gate des Transistors wirkt. Eine zweite vergrabene Siliziumleitung bildet die Gegenelektrode des Speicherkondensators, welche außerhalb der Matrix an die Spannung $U_{DD}$ gelegt wird. Genau wie der P-Kanal des Transistors wird die untere Elektrode des Kondensators als invertierte Schicht gebildet.

Bild 5.20 zeigt die maßstäbliche Topografie der Speicherzelle von oben gesehen. Die Bit/Leseleitungen verlaufen vertikal und sind an den Kontaktstellen nach rechts ausgebuchtet. Ein Kontaktloch ist dabei für zwei benachbarte Zellen gemeinsam. An diesen Kontaktfleck schließen nach oben und unten die Kanalzonen der Transistoren an, über denen die Wortleitungen verlaufen. Ober- bzw. unterhalb der Wortleitungen erkennt man die Deckelektroden der Speicherkondensatoren aus polykristallinem Silizium. Da die Wortleitungen und die Deckelektroden innerhalb des

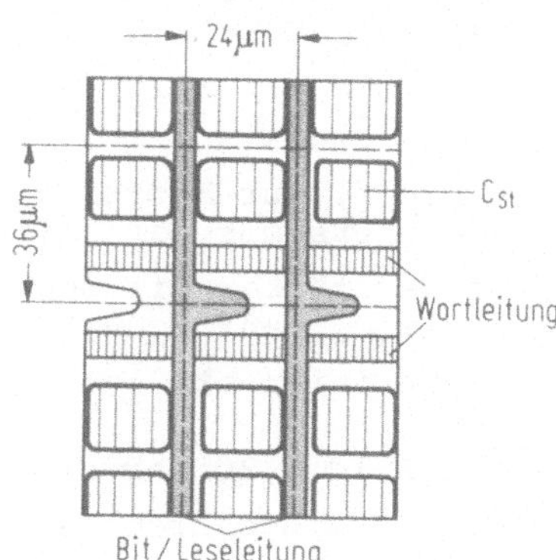


5.20. Maßstäbliche Topografie eines Ausschnitts der Speichermatrix aus 1-Transistor-Zellen entsprechend Bild 5.19

$SiO_2$ liegen, können sie die Wortleitungen kreuzen. Die kleinste Leiterbreite liegt bei 5 µm, die Fläche beträgt 864 $µm^2$, was eine außerordentlich hohe Dichte von 1160 Zellen/$mm^2$ erlaubt. Ein Speicherbaustein, der mit dieser dynamischen 1-Transistor-Zelle verwirklicht wurde, hat die folgenden Daten [5.19]:

    4096 Worte zu 1 Bit          Chip mit 4,5 mm·3 mm
    P-Kanal-Si-Gate Technologie   TTL-kompatibel
    Dichte:         :  1160 Zellen/$mm^2$
    Verlustleistung:  Aktiv < 40 µW/Zelle
                      Wartestellung < 0,6 µW/Zelle
    Zugriff         :  < 400 ns
    Zyklus          :  < 450 ns; Auffrischung: > 4 ms
    1 Takt; 18 Anschlüsse

Es sind Überlegungen über den optimalen Entwurf einer solchen Zelle angestellt worden [5.20]. Als Modifikation bietet sich an, die gemeinsame Bit/Leseleitung als diffundierte Zone und die Wortleitung als metallischen Streifen verlaufen zu lassen. Wie sich zeigt, ist damit ein günstigeres Verhältnis der Speicherkapazität $C_{St}$ zur Kapazität der Bit/Leseleitung erreichbar, was, wie wir noch sehen werden, von wesentlicher Bedeutung für die Grenze bezüglich der Anzahl der Zellen ist. Eine derartige Version ist auch realisiert worden [5.21], wobei auf einem Chip von 5 mm x 3,7 mm 8192 Zellen untergebracht sind. Im aktiven Betrieb ist der Leistungsverbrauch 3 µW/Zelle, in Wartestellung 0,3 µW/Zelle.

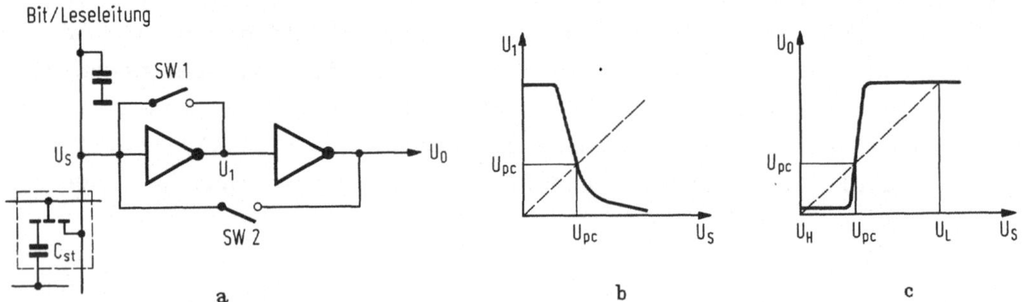


5.21a bis c. Zur Anordnung und Wirkungsweise des Leseverstärkers des Speichers mit der 1-Transistor-Zelle
a. Leseverstärker mit Schalter SW1 zur Voreinstellung auf den labilen Punkt $U_{pc}$ und Schalter SW2 zur Verbindung als Kippstufe
b,c. Kennlinien mit labilem Arbeitspunkt $U_{pc}$

Wie aus Bild 5.20 hervorgeht, ist die Fläche der dynamischen 1-Transistor-Zelle maßgeblich beeinflußt durch den Flächenbedarf des Speicherkondensators. Er kann nicht beliebig klein gemacht werden, vielmehr muß sein Wert abgestimmt werden auf denjenigen des kleinsten vom Leseverstärker noch für die Unterscheidung zwischen "0" und "1" benötigten Lesesignals $U_{Kr}$. Der Leseverstärker besteht wie bei der 1X-1Y-Zelle aus einem Flip-Flop, das durch eine entsprechende Vorspannung $U_{pc}$ auf den labilen Arbeitspunkt seiner Kennlinie gebracht wird (Bild 5.21b). In Bild 5.21a ist ein Ersatzschaltbild der Anordnung für das Lesen gezeichnet. Zur Zeit der Aufladung ist der Schalter SW1 geschlossen und der Schalter SW2 offen. Zum Lesen wird nun SW1 geöffnet und SW2 geschlossen (positive Rückkopplungsschleife geschlossen) und die Verbindung zwischen der Speicherkapazität und der Leseleitung hergestellt über den Transistor. Die Leseleitung wirkt als Kapazität; es findet ein Ladungsausgleich zwischen den beiden Kapazitäten statt. Da die Kapazität der Bitleitung $C_{BL} \gg C_{St}$ ist, ist die Veränderung der Spannung auf

der Leitung sehr klein. Sie muß ausreichen, um das Flip-Flop nach Maßgabe der gespeicherten Information definiert in die eine oder andere
Endlage kippen zu lassen [5.20]. Die Ladungsbilanz liefert die Bezie-
hungen

$$C_{St}\, U_{S1} + U_{pc}\, C_{BL} = U_{L1}\,(C_{St} + C_{BL}),$$

$$C_{St}\, U_{SO} + U_{pc}\, C_{BL} = U_{LO}\,(C_{St} + C_{BL}),$$

$$U_{L1} - U_{LO} > U_{Kr}\;;$$

dabei sind

$U_{pc}$     die Vorspannung auf der Bit/Leseleitung,
$U_{S1,O}$ die Spannungen für 1 bzw. O vor dem Lesen auf $C_{St}$,
$U_{L1,O}$ die Spannungen für 1 bzw. O auf der Leseleitung beim Lesen,
$U_{Kr}$    der Spannungswert für die "Grauzone" des Leseverstärkers.

Bei gegebener Größe von $C_{St}$ ist dadurch die Größe $C_{BL}$ begrenzt und damit die Länge der Leseleitung und die Anzahl der Worte auf einem Chip.
Mit einem Verhältnis $C_{BL}/C_{St} \simeq 15$ und $U_{Kr} = 0,5$ bis 1 V kommt man zu
einer Anzahl von 200 Worten und mehr.

### 5.2.3 Speicherorganisation

Wie wir gesehen haben, sind Speicherbausteine in der Größe von 1024
Zellen und darüber durchaus realisierbar. Es fragt sich, wie die Organisation der einzelnen Speicherzellen zu einem größeren Speicher-
system erfolgen soll. Man geht dabei vor wie bei der 3D-Organisation
des Ferritkernspeichers, d.h. 1 Chip stellt eine Ebene dar und enthält gerade 1 Bit pro Wort; die Zahl der Worte ist ebenso groß wie die
Zahl der Speicherzellen auf dem Chip. Für ein Wort mit z Stellen ordnet man bildlich gesprochen z Speicherbausteine räumlich hintereinander an.

Bild 5.22 zeigt das Blockschaltbild für einen Speicherbaustein mit
1024 Zellen. Wie man sieht, muß die eigentliche Speichermatrix S ergänzt werden durch eine entsprechende Peripherie. Dazu gehören die
Decodierung für Zeilen und Spalten mit den entsprechenden Vorverstär-
kern, sowie die dem Informationseingang bzw. -ausgang zugeordneten
Schreib- bzw. Leseverstärker und deren Steuerung über einen Umschalt-
anschluß für Schreiben und Lesen. Die Verstärker dienen wiederum der

88

Anpassung der Signalpegel an diejenigen des übrigen Rechners, z.B.
der TTL-Schaltungsfamilie. Ein Sperreingang (Chipselekt) schafft Er-
weiterungsmöglichkeiten für die Organisation in Verbindung mit weiteren Bausteinen. Weitere Anschlüsse sind für die Betriebsspannungen
vorgesehen. Bei komplizierteren Systemen, z.B. mit solchen mit dynamischen Zellen, ist u.U. auch die gesamte Ablaufsteuerung, die von einem
einzigen Takteingang abgeleitet wird, auf dem Chip integriert.

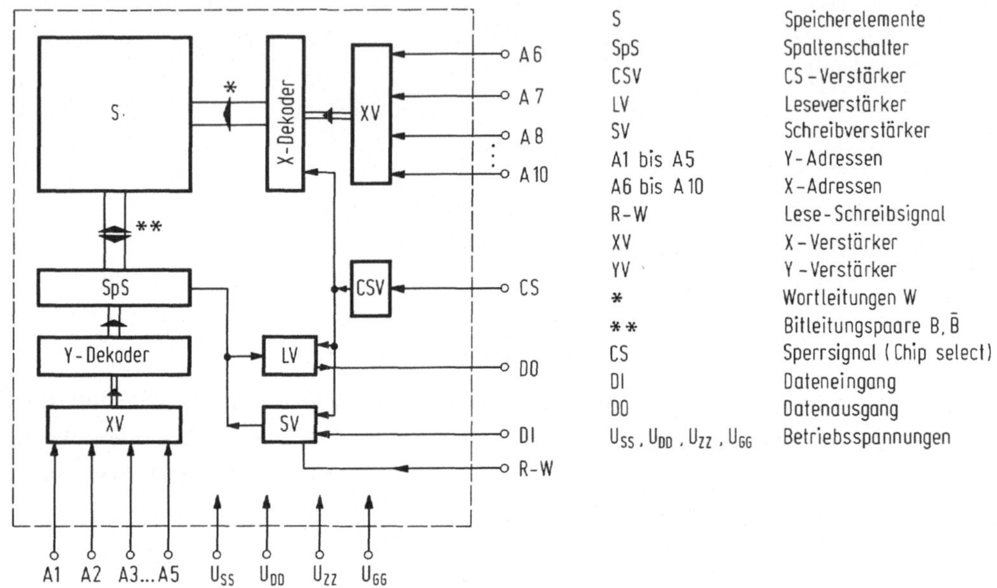


5.22. Blockschaltbild für ein Speicherchip von 1024 Zellen mit Ansteuerschaltungen

Eine Organisation mit Einschluß der Decodierung auf dem Chip ist von
großer Bedeutung für die Ausnutzung des hohen Integrationsgrades. Sie
ermöglicht es nämlich, mit einer geringen Anzahl von Anschlüssen eine
große Anzahl von Schaltungen anzusprechen. Gerade die Zahl der Anschlüsse, deren Größe und Anordnung aus mechanischen Gründen mehr oder weniger festliegt, stellt ein schwerwiegendes Hindernis bezüglich der Er-
reichung hoher Packungsdichten bei der Verbindung der Bausteine untereinander dar. Man ist deswegen bemüht, die Zahl der Anschlüsse möglichst
niedrig zu halten. Aus diesem Grund wählt man auch die obige Organisa-
tionsform und nicht eine 2D-Organisation auf dem Chip. Würde man z.B.
einen Baustein mit 1024 Zellen in 32 Worte zu je 32 bit gliedern, so
müßte man zur Erzielung kürzester Zugriffszeit alle 32 Leseverstärker
auf dem Chip vorsehen und deren Ausgänge über Anschlüsse herausführen
oder, bei nur einem Anschluß, eine Parallel/Serienwandlung vornehmen
und eine entsprechende Verlängerung der Zugriffszeit in Kauf nehmen.

Gerade bei hochintegrierten Schaltungen stellen die Anschlüsse ein all-
gemeines Problem dar. In Bild 5.23 ist die Zahl der Schaltkreise als
Funktion der Zahl der Anschlüsse für verschiedene digitale Schaltungs-
arten dargestellt. Logische Funktionen, die aus einzelnen Grundgattern

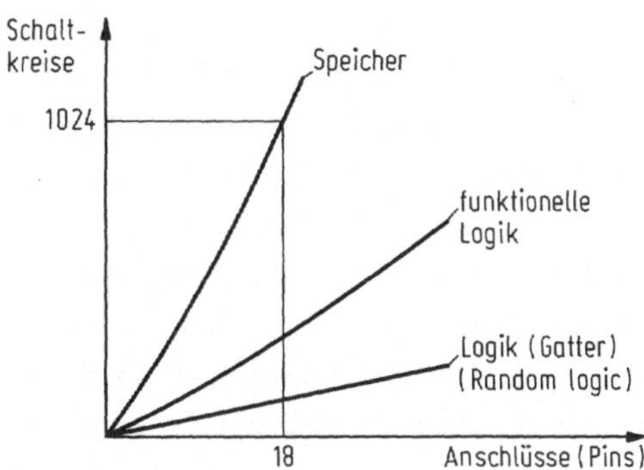


5.23. Zahl der Schaltkreise auf einem Chip als Funktion der Zahl der
Anschlüsse (pins) für verschiedene Digitalschaltungen

aufgebaut werden (random logic), sind sehr flexibel bezüglich ihrer
Funktion, bedürfen jedoch einer großen Anzahl von Anschlüssen. Die
Zahl der Gatter pro Anschluß ist gering. Faßt man mehrere Gatter zu
speziellen Funktionen wie Registern, Zählern, Addierern zusammen, so
büßt man zwar an Flexibilität der Verknüpfung ein, gewinnt jedoch erheblich bezüglich der Zahl der Schaltkreise pro Anschluß. Die höchste
Anzahl von Schaltkreisen pro Anschluß erreicht der Speicher. Er ist
deswegen zum bevorzugten Anwendungsfeld der hochintegrierten Schaltungstechnik geworden und übt auch aus diesem Grund einen Einfluß auf
den Systementwurf insgesamt aus. Es kann wirtschaftlich sein, gewisse
im System benötigte Funktionen mit Speichern anstelle von Rechenwerken zu verwirklichen. Eine Multiplikation läßt sich z.B. statt mit einem Multiplizierer mit einer Tafel aller vorkommenden Faktoren und deren Produkten speichern. Auch der Ablauf häufig wiederkehrender Steuer-
vorgänge läßt sich in Tabellenform speichern (Mikroprogrammierung).

## 5.2.4 Weiterentwicklungen
Auf dem Gebiet der Halbleiterspeicher ist die Entwicklung noch in vollem
Gang. Jedes Jahr werden neue Fortschritte bekannt, welche entweder von
neuen Grundelementen ausgehen oder die Möglichkeiten einer bestimmten
Technik weiter ausschöpfen. Es würde den Rahmen dieser Darstellung bei
weitem sprengen, wenn man die vielen Beiträge auf diesem Gebiet einigermaßen vollständig würdigen wollte. Es sei in diesem Zusammenhang auf die

Fachliteratur hingewiesen, speziell auf den jährlich zu der im Februar
stattfindenden Internationalen Solid State Circuits Conference (ISSCC)
erscheinenden, vom IEEE herausgegebenen Digest und auf das seit einigen
Jahren regelmäßig im Oktober erscheinende Heft des IEEE Journal of Solid
State Circuits über Speicher und Logikschaltungen.

Die folgenden Beispiele mögen einen Eindruck von der Fülle der Möglichkeiten auf dem Gebiet von Schaltungs- und Bauelementeentwurf und der
Technologie vermitteln.

### 5.2.4.1 Statische Bipolarzelle mit "Injektionskopplung"

Wie wir in den Abschnitten über statische und dynamische Speicher gesehen haben, sind Speicherbausteine mit hoher Dichte hauptsächlich im
Rahmen der MOS-Technik realisiert worden. Die Bipolartechnik mit den
bei ihr notwendigen Maßnahmen zur Isolation der einzelnen Elemente und
mit mehreren Diffusionsschritten pro Transistor scheint für hohe Dichten zunächst grundsätzlich weniger geeignet. Auch vom Standpunkt der
Verlustleistung sind die niedrigen Widerstandswerte dieser Technik sehr
ungünstig. Wie sich bei gründlicher Überlegung jedoch zeigt, lassen
sich durch geeignete Zusammenfassung von Bauelementen bei voller Aus-
schöpfung der von der Technologie gebotenen Möglichkeiten auch in bipolarer Technik Speicherzellen höchster Dichte und kleiner Verlustleistung erzielen. Als Beispiel in dieser Richtung sei eine statische Speicherzelle nach dem sogenannten Verfahren der "Injektionskopplung" besprochen [5.22].

Bild 5.24a zeigt einen Schnitt durch die Zelle, Bild 5.24b ein elektrisches "Ersatzschaltbild" der Zelle. Das Schaltbild kann tatsächlich nur
noch als Ersatzschaltbild angesprochen werden, anhand dessen man sich
die elektrische Wirkungsweise des Querschnittbildes vergegenwärtigen
kann, da man vergeblich versuchen wird, die einzelnen Elemente des Er-
satzschaltbildes in getrennter Form zu lokalisieren. Es ist hier angebracht zu sagen, daß die "Funktion", nämlich die Speicherzelle, integriert wurde und nicht die Schaltung.

Gehen wir aus vom Ersatzschaltbild. Die Transistoren T1(NPN), T3(PNP)
und T4(PNP) bilden eine statische bistabile Kippstufe, wobei T3 und T4
die Lastelemente in Form von Stromquellen repräsentieren. Die PNP-Transistoren T5 und T6 stellen die Verbindung zu den gemeinsamen Ziffern/
Leseleitungen her. Im Querschnitt Bild 5.24a sind die einzelnen Diffu-
sionsgebiete, welche die Transistoren bilden, für die NPN- und PNP-Tran-

sistoren weitgehend zusammengefaßt. Die Bezeichnungen P1 bis P5 bzw. N1 bis N3 im Querschnitt und im Schaltbild entsprechen einander. Die Energiezufuhr erfolgt in Form einer Trägerinjektion über den PN-Übergang

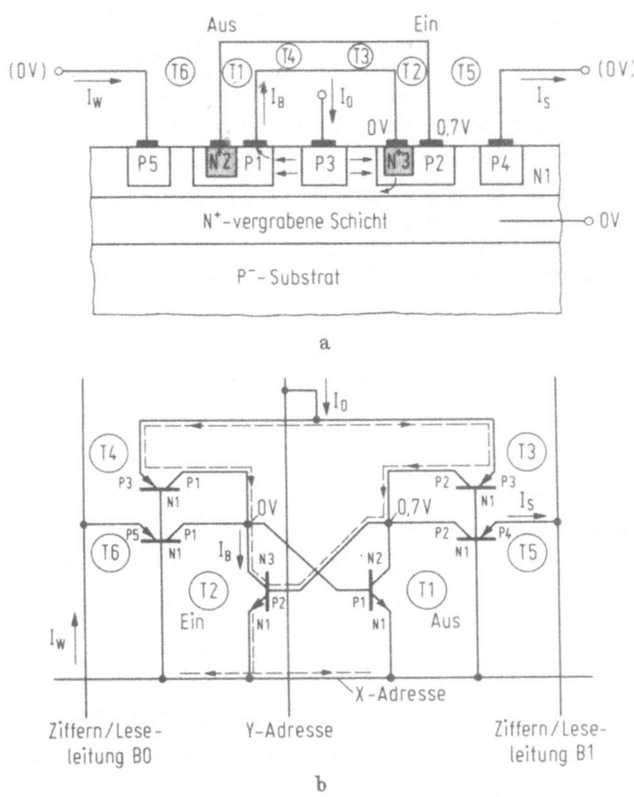


5.24a,b. Statische Bipolarzelle mit Injektionskopplung
a. Schnitt durch den Aufbau der Zelle lt. Bild 5.24b
b. Ersatzschaltbild

P3N1. P3N1P2 und P3N1P1 bilden als laterale PNP-Transistoren die Lastelemente T3 und T4. N1 ist als gemeinsame Schicht gleichzeitig die Basis der PNP-Transistoren und der Emitter der NPN-Tansistoren. Die NPN-Transistoren T1 und T2 werden invers betrieben, da gegenüber der üblichen Geometrie Kollektor und Emitter vertauscht sind. T1 besteht aus der Schichtfolge N1P1N2; T2 aus N1P2N3. In den Bildern ist angenommen, daß T2 leitet und T1 sperrt. Dann fließt der injizierte Strom $I_0$ zum einen Teil über P3N1P2 (ist Transistor T3) nach N1, zum anderen Teil über P3N1P1 (ist Transistor T4) und als Strom $I_B$ über die äußere Drahtverbindung von P1 nach N3, den Kollektor T2. T1 bleibt gesperrt, da der in P1 fließende Strom nicht als Basisstrom dieses Transistors, sondern als Kollektorstrom des Transistors T4 zu betrachten ist.

Beim Lesen kommen die PNP-Transistoren T5 (P2N1P4) und T6 (P1N1P5) ins
Spiel: Wenn T2 eingeschaltet ist, gelangt auch ein Teil der in seiner
Basis fließenden Ladungsträger von P2 über N1 nach P4 und damit in die
Bit/Leseleitung BO, während T6 stromlos bleibt. Wenn T1 Strom führt, ge-
langt der Lesestrom über P1N1P5, d.h. T6 in die Leitung B1.

Beim Schreiben wollen wir annehmen, daß der oben im Auszustand befindliche Transistor T1 eingeschaltet werden soll. Während des Schreibvor-
gangs wird $I_O$ abgeschaltet. Über die Ziffernleitung B1 wird nun ein
Strom $I_W$ geschickt, der über den Transistor T6, d.h. P5N1P1 in die Basis von T1, d.h. P1, gelangt und nun über seinen Kollektor N2+ und die
äußere Leitung aus P2 Ladungsträger entnimmt. Nach Abschalten von $I_W$
bleibt der Zustand aufgrund der Ladungsspeicherung der Minoritätsträger in der Basis von T1, d.h. P1, aufrecht erhalten, bis $I_O$ eingeschaltet wird und damit der statische Zustand beginnt.

Einer großen Dichte kommt entgegen, daß die N1-Schicht für alle Zellen
in einer Zeile gemeinsam ist und nur eine Isolation in vertikaler Richtung vorgesehen werden muß, wie aus Bild 5.25 hervorgeht. Die vertikalen Leitungen $Y_i$ für den Speisestrom $I_O$ sowie die Ziffern/Leseleitungen
BO und B1 sind für zwei benachbarte Zellen gemeinsam, so daß insgesamt
nur 3/2 Leitungen pro Zelle benötigt werden. Beim Aufruf ist die Unter-
scheidbarkeit zwischen den benachbarten Zellen dadurch sichergestellt,
daß zwei in Zeilenrichtung benachbarte Zellen nur entweder die Y- oder
die Ziffern/Leseleitung gemeinsam haben.

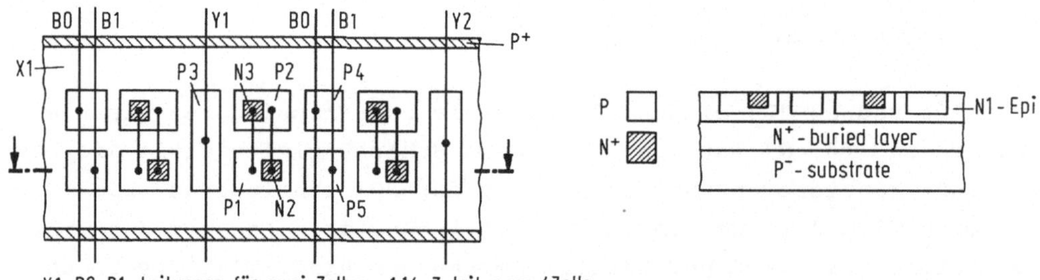


5.25. Anordnung mehrerer Zellen lt. Bild 5.24 in einer gemeinsamen
Isolationswanne und teilweise gemeinsamen Ziffern/Leseleitungen

Beim Lesen wird (Bild 5.26) die X-Leitung (N1 Schicht) auf -0,3 V gebracht und der Speisestrom von 1 µA auf 1 mA erhöht. Dabei entstehen
Leseströme $I_S$ bzw. $I_S'$ aus den Zellen 21 und 11, jedoch in verschie-

denen Leseleitungen. $I_S'$ wird ignoriert, $I_S$ ist das gewünschte Lesesignal der Zelle 21.

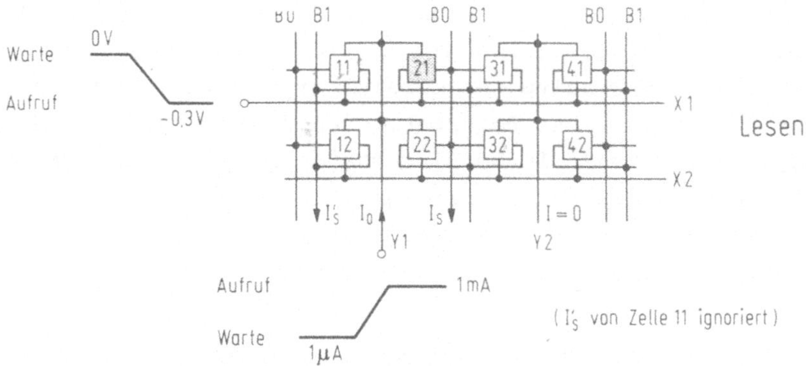



5.26. Leseoperation für die Zelle 21

Beim Schreiben geht wiederum die X-Leitung auf die Spannung -0,3 V.
Der Strom $I_0$ wird abgeschaltet in der Zelle 21 und erhöht in der Zelle 31 (über Y2). Da der Strom $I_W$ von 0,5 mA kleiner ist als der Strom
in der Leitung Y2, bleibt der Zustand der Zelle 31 erhalten, während
in der Zelle 21 eingeschrieben wird. Der Zustand der übrigen, an die
Leitung Y1 angeschlossenen Zellen, bleibt in dieser Zeit wie bei den
dynamischen Speicherzellen aufgrund der gespeicherten Ladung ebenfalls
erhalten.

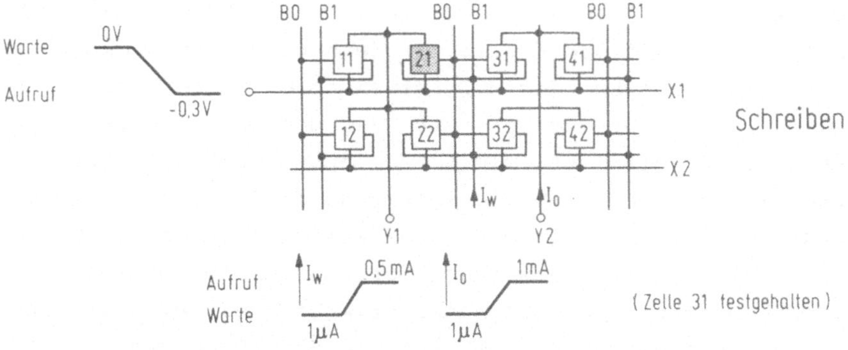



5.27. Schreiboperation für die Zelle 21

Die Zelle kann mit sehr kleinen Strömen und Spannungen betrieben werden. Der Strom in Wartestellung beträgt weniger als 1 µA, die notwendige Verlustleistung zur Speicherung kann bis auf 0,1 µW abgesenkt
werden. Zum Lesen und Schreiben wird der Strom nach Maßgabe der gewünschten Geschwindigkeit erhöht, bei $I_0$ = 0,5 mA beläuft sich die Zugriffszeit auf etwa 50 ns.

94

Die Dichte beträgt bei Anwendung der Standardbipolartechnik 520 Zellen/mm$^2$, wie aus den Abmessungen der Topografie in Bild 5.28 hervorgeht. Bei entsprechender Verfeinerung der technologischen Verfahren, welche an anderer Stelle bereits eingesetzt werden, hält der Verfasser eine Dichte von 1500 Zellen pro mm$^2$ für realisierbar. Damit wären die Werte bester MOS-Schaltungen erreichbar, wenn nicht sogar übertroffen, wobei die Tatsache der statischen Speicherung und der hohen Geschwindigkeit als zusätzliche Pluspunkte eingehen. Das Konzept ist auch bei logischen Schaltungen erfolgreich erprobt worden und ist dort u.a. unter den Namen merged transistor logic (MTL) [5.23] bzw. integrated injection logic [5.24] bekanntgeworden.

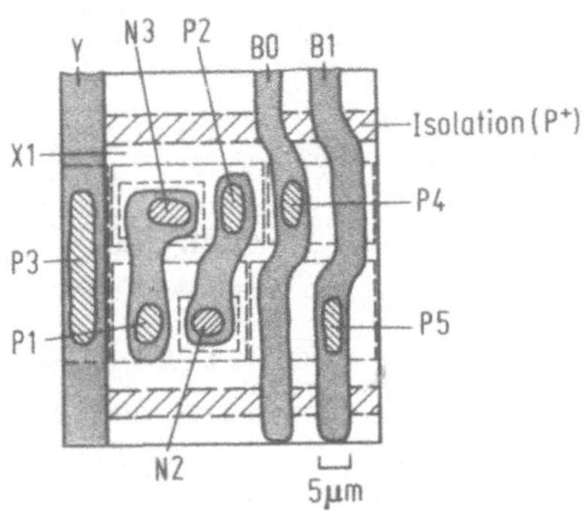


**5.28. Topografie der Zelle lt. Bild 5.24**

### 5.2.4.2 Varianten der MOS-Technik

In diesem Abschnitt sollen einige Verfahren der MOS-Technik besprochen werden, welche auf dem Gebiet der Technologie entwickelt worden sind, um die Eigenschaften der MOS-Transistoren zu verbessern. Sie kommen damit direkt oder indirekt auch der Speichertechnik zugute. Die Verfahren sind teilweise, wie an den entsprechenden Stellen erwähnt, bereits eingesetzt, um die in Abschnitt 5.2.2 beschriebenen Speicherbausteine zu realisieren. Dabei werden die Verbesserungen im Stand der Fotolithografie, etwa der Übergang von 10 µm Leiterbreite auf 5 µm Leiterbreite nicht besonders erwähnt, weil es offenkundig ist, wie sich diese Verbesserungen auf die Speicherdichte auswirken. Daß dazu enorme technische und grundsätzliche Anstrenungen notwendig sind, soll auf keinen Fall verkannt werden. Es wird vorausgesetzt, daß der Leser wenigstens oberflächlich mit den Verfahren der integrierten Schaltungstechnik vertraut ist wie etwa dem Planarverfahren bzw. den Verfahren der Fotolithografie, Oxidation, Diffusion, Aufdampftechnik, zu denen es eine umfangreiche Literatur gibt [5.25 bis 5.27].

## Das Standard-MOS-Verfahren

Zur Einleitung und Erinnerung anhand von Bild 5.29 sei auf die einzelnen Schritte des normalen Verfahrens zur Herstellung integrierter P-Kanal-MOS-Transistoren eingegangen. In einem ersten Schritt wird das etwa 1 µm dicke sogenannte Feldoxid aufgebracht. Anschließend werden in einem fotolithografischen Verfahrensschritt (Aufbringen eines lichtempfindlichen Films auf das Oxid, Belichten über eine Maske, Entwickeln, Ätzen, Entfernung des restlichen Lacks) die Diffusionsfenster geöffnet. Dann erfolgt die Eindiffusion der hoch P-leitend dotierten Gebiete für Source und Drain ($P^+$-Zonen). Während der Diffusion und anschließend wird wieder oxidiert. Anschließend wird das Fenster für die Gate-Elektrode freigelegt und das etwa 0,1 µm dicke Gate-Oxid erzeugt. Nach dem Öffnen der Kontaktfenster zu Drain und Source erfolgt das Aufbringen der Metallisierung durch Aufdampfen und die fotolithografische Festlegung des Leitungsmusters.

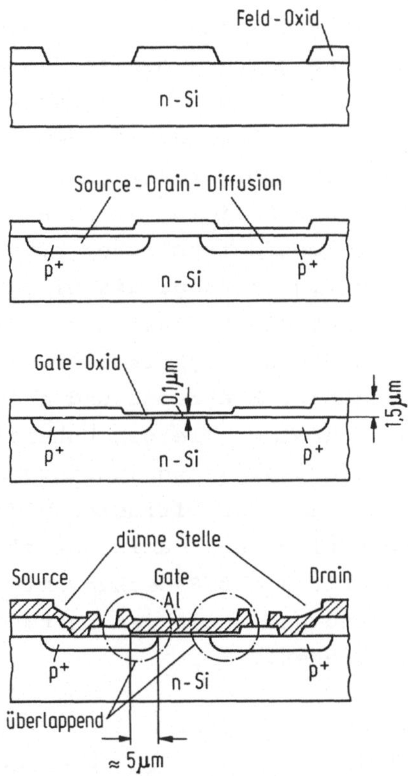


5.29. Herstellungsschritte beim MOS-Standardverfahren

Wesentlich dabei ist, daß die Gate-Elektrode mit Sicherheit die Kanalzone zwischen Drain und Source überdeckt, um beim Anlegen einer

Spannung in diesem ganzen Gebiet eine Inversion zu erzeugen. Um die
bei den kleinen Abmessungen, den vielen aufeinanderfolgenden Schrit-
ten sowie der Vielzahl der Elemente auf einem Substrat unvermeidlichen Toleranzen zu berücksichtigen, läßt man die Gate-Elektrode auf
beiden Seiten etwa 5 µm mit der Source- bzw. Drain-Zone überlappen.
Dies ergibt erhebliche Kapazitäten zwischen Gate und Source ($C_{GS}$),
zwischen Drain und Source ($C_{DG}$) und bringt eine Vergrößerung der Min-
destfläche des Bauelementes mit sich. Durch die mehrmalige Oxidation
entstehen im Bereich der Kontaktlöcher Stufen im Oxid, bei deren Überwindung die Querschnitte der metallischen Leitungen außerordentlich
dünn werden können, so daß das Material bei Stromfluß nicht ausreicht
und Unterbrechungen durch sogenannte Elektromigration (Materialwande-
rung) eintreten. Diese Nachteile werden nun bei den in der Folge zu
beschreibenden Verfahren teilweise gemildert bzw. ganz behoben.

### Das Silizium-Gate-Verfahren

Beim sogenannten Silizium-Gate-Verfahren (Si-Gate-Technology) umfaßt
die erste Fensteröffnung das gesamte Gebiet des späteren Bauelementes
(Bild 5.30). In diese Öffnung bringt man zunächst das dünne etwa 0,1
µm dicke Gate-Oxid und scheidet darauf auf dem noch vorhandenen dik-
ken Feldoxid eine Schicht von polykristallinem Silizium ab. Wegen der
Unterlage aus $SiO_2$ wächst das Silizium nicht als Einkristall, sondern
polykristallin auf. Der folgende fotolithografische Schritt mit Ätzen
läßt die Gate-Elektrode übrig und legt die Diffusionsfenster für Gate
und Source frei. Jetzt kommt die Diffusion für Gate und Source. Dabei dienen das Feldoxid und das polykristalline Silizium als Maske,
d.h. eine Überlappung von Gate-Elektrode und niederohmigen Drain/Sour-
ce-Zonen wird, wenn man von einer kleinen Unterdiffusion absieht, vermieden. Man nennt diesen Vorgang selbstjustierend oder selbstregi-
strierend (self-aligning). Bei der Diffusion wird auch das polykristalline Silizium stark dotiert und damit gut als Elektrode leitfähig
gemacht. Die weiteren Schritte der Bedeckung mit $SiO_2$, Öffnen der Kontaktfenster, Metallisierung und Ätzen der Leitungsstruktur lassen das
vollständige Element entstehen.

Wie erwähnt, vermeidet dieses Verfahren die Überlappung und ergibt
kleine Werte der Kapazitäten $C_{GS}$ und $C_{DG}$. Auch der Flächenbedarf wird
durch die nunmehr nicht mehr notwendige Überlappungsreserve verrin-
gert. Das polykristalline Silizium steht außerdem als 2. Verdrahtungsebene zur Verfügung. Aufgrund der kleineren Austrittsarbeit erniedrigt
sich auch die Schwellenspannung in der Kennlinie der Elemente. Gegen-

über dem Standardverfahren ist jedoch ein zusätzlicher technologisch
neuer Arbeitsgang notwendig, nämlich die Möglichkeit zum Abscheiden von
Silizium aus der Gasphase.

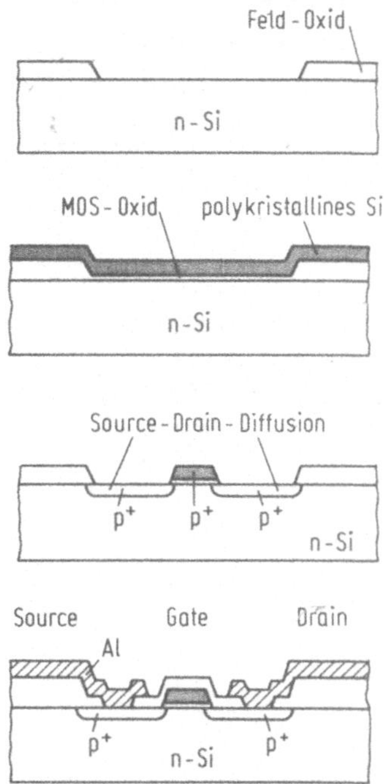


5.30. Herstellungsschritte beim Silizium-Gate-Verfahren als Variante
der MOS-Technologie


## Die Ionenimplantation

Beim Dotieren mit Hilfe der Ionenimplantation verlaufen die ersten
Schritte bis einschließlich der Oxidation für das dünne Gate-Oxid wie
beim Standardverfahren. Auf dem Gate-Oxid wird, mit einem kleinen seit-
lichen Abstand von den $P^+$-Zonen für Gate und Source, die Gate-Elektrode
erzeugt. Anschließend erfolgt die sogenannte Implantation (Bild 5.31).
Dabei werden in einer Vakuumapparatur Ionen des Dotierungsstoffes (z.B.
BOR für P-Diffusion, Phosphor für N-Diffusion) mit hoher Spannung (ca.
100 kV und darüber) in Richtung senkrecht zum Substrat beschleunigt.
Sie prallen mit einer Energie auf, welche ausreicht, um das dünne Gate-
Oxid zu durchdringen und im Halbleiter an der Oberfläche ein Stück P-
dotiertes Gebiet zu erzeugen. Da die Energie zur Durchdringung des Gate-
Metalls zu klein ist, wird die Gate-Elektrode im Halbleiter "abgebildet",
d.h. es entsteht eine Kanalzone, welche ohne Überlappung genau unter der
Gate-Elektrode liegt. Auch dieses Verfahren ist selbstjustierend und lie-

fert die geringsten Kapazitäten zwischen dem Gate einerseits und den
Drain- bzw. Source-Gebieten andererseits. Die Geschwindigkeit der Elemente, die mit dieser Technik hergestellt wird, ist etwa 2 bis 3 mal
größer als diejenige der Elemente des Standardverfahrens. Die weitere
Bearbeitung entspricht dem Standardverfahren.

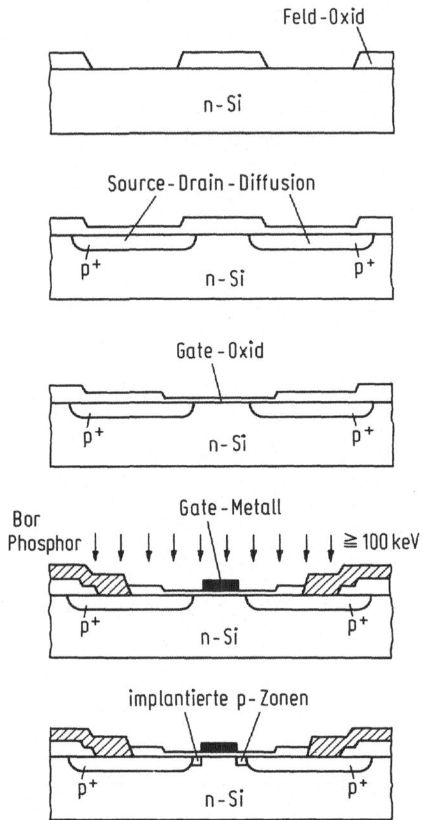


5.31. Herstellungsschritte beim Verfahren der Ionenimplantation als
Variante der MOS-Technologie

Da die Ionenimplantation als Dotierungsverfahren auch weitere vorteilhaf
te Eigenschaften hat, hat sie sich trotz der erheblichen Gerätekosten
sehr schnell einen Platz in der Halbleitertechnologie erobert. Durch die
mit Hilfe der Beschleunigungsspannung einstellbare, scharf begrenzte
Tiefe der Dotierzone lassen sich auch sehr hochohmige selbstleitende
P-Kanaltransistoren, die als Lastelemente geeignet sind, herstellen.
Durch Einpflanzen bestimmter Ladungen in das Oxid ist auch die Schwellspannung veränderbar. Ein weiterer Vorteil ist u.U., daß die Ionenimplantation kein Hochtemperaturverfahren ist; andererseits verursacht

der Beschuß mit Ionen gewisse Verletzungen des Substratgitters, deren Auswirkung man durch nachfolgende Temperschritte zu mildern bestrebt ist.

## Verfahren mit ebener Oberfläche

Das Standardverfahren liefert, wie bereits erwähnt, starke Stufen auf der Oberfläche, die einerseits die Gefahr von Unterbrechungen der Metallisierung mit sich bringen, andererseits aber auch einen Beitrag zum Flächenbedarf leisten, da die Steigung der Wände in den Kontaktlöchern ebenso wie auch die der übrigen durch Ätzung entstehenden Stufen endlich ist. Aus diesem Grunde hat man sich an verschiedenen Stellen um Verfahren bemüht, welche eine besser geebnete Oberfläche mit sich bringen. Davon soll hier das PLANOX-Verfahren (plane oxidation) besprochen werden. Die beiden unter dem Namen LOCOS (local oxidation of silicon) bzw. SATO (self aligned thick oxide) bekannte Verfahren sind ihm sehr ähnlich.

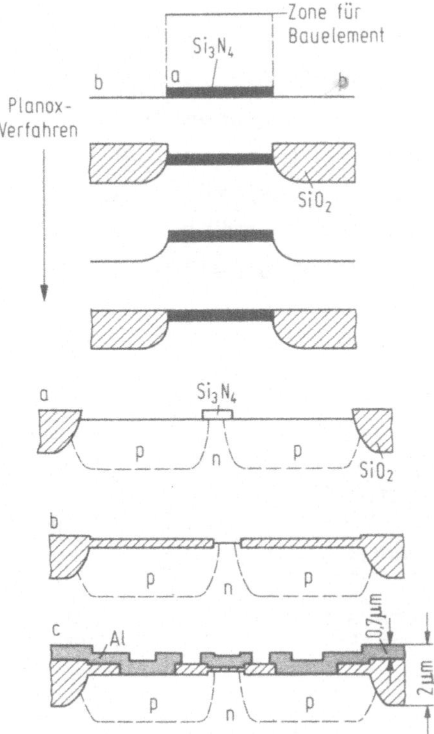


5.32. Herstellungsschritte beim PLANOX-Verfahren als Variante der MOS-Technologie mit ebener Oberfläche

Die Beschreibung erfolgt anhand von Bild 5.32. Zunächst wird auf die noch ebene Oberfläche in einem begrenzten Bereich eine Schicht von

Silizium-Nitrid $Si_3N_4$ aufgebracht. Bei der anschließenden Oxidation
der freigebliebenen Oberfläche des Silizium wirkt das thermisch äußerst
widerstandsfähige $Si_3N_4$ als Maske. Bei der Oxidation wird Silizium verbraucht, d.h. die Grenze zwischen Silizium und $SiO_2$ dringt ins Innere
des Materials vor. Im Anschluß daran wird das $SiO_2$ wieder vollständig
entfernt, wobei eine mesaartige Struktur entsteht. Dann wird wiederum
oxidiert, bis das Oxid mit dem Nitrid eine ebene Oberfläche bildet. Anschließend wird das $Si_3N_4$ teilweise entfernt und an den freigelegten
Stellen die Diffusion für Drain und Source vorgenommen, wobei auch eine Oxidation an der Oberfläche stattfindet. Nun wird das restliche
$Si_3N_4$ entfernt und an der geöffneten Stelle das Silizium zum Gate-Oxid
oxidiert. Nach dem Öffnen der Kontaktlöcher erfolgt das Metallisieren
und Ätzen der Leitungsstruktur. Wie man sieht, ist auch dieser Prozeß
selbstjustierend. Außerdem liefert er eine Oberfläche mit geringerer
Stufenhöhe (ca. 0,5 µm statt 1,5 µm). Allerdings ist das Silizium-Nitrid als äußerst widerstandsfähiges Material sehr unbequem zum Verarbeiten.

## Die Komplementär-MOS-Technik (CMOS bzw. COS/MOS)

Die MOS-Schaltungstechnik mit komplementären Transistoren ist hauptsächlich interessant für sehr kleine Verlustleistungen, wie sie ursprünglich in der Weltraumfahrt gefordert wurden und heute auch in
elektronischen Armbanduhren sehr erwünscht sind. In Bild 5.33 ist ein
Querschnitt durch einen Inverter gezeigt, in Bild 5.34 die zugehörige
Schaltung.

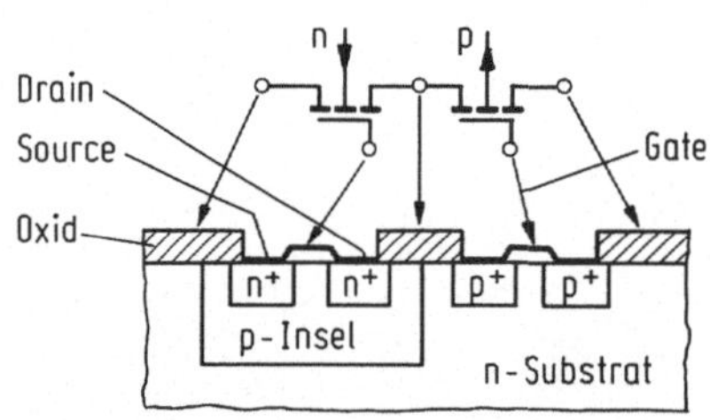


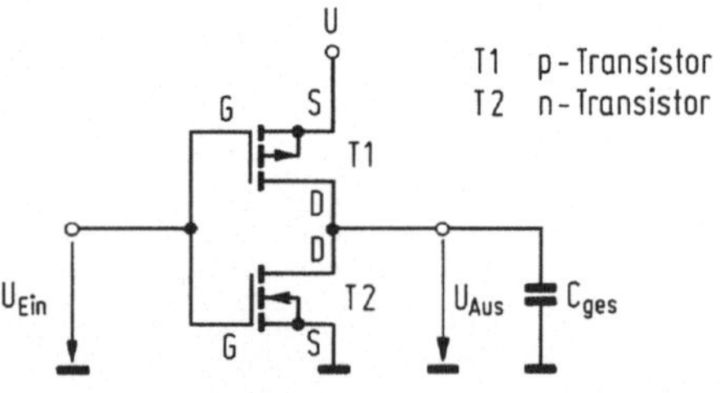


5.33. Aufbau eines Inverters nach
der Komplementär-MOS-Technik
(CMOS bzw. COS/MOS)

5.34. Schaltung eines Inverters
im Komplementär-MOS-Technik

Innerhalb eines N-Substrats wird zunächst wie üblich ein P-Kanal-Transistor erzeugt. In einer P-dotierten Insel baut man dann einen komplementären N-Kanaltransistor mit $N^+$-Inseln als Source- und Drain-Anschlüs-
se ein. Beide Elemente sind selbstsperrend. Wie aus Bild 5.35 mit den
Kennlinien der beiden Elemente hervorgeht, ist bei positiver Eingangs-

spannung, d.h. bei Ausgangsspannung "O" der N-Kanal-Transistor leitend und der P-Kanal-Transistor gesperrt. Bei Eingangsspannung "O" kehrt sich die Situation um. Es ist also stets einer der beiden Transistoren gesperrt. Da der Leckstrom sehr niedrig gehalten werden kann, ist die statische Verlustleitung sehr niedrig, in der Gegend von 10 nW pro In-

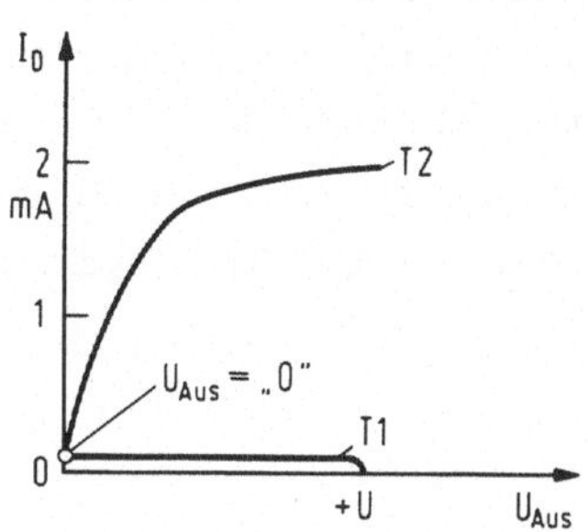


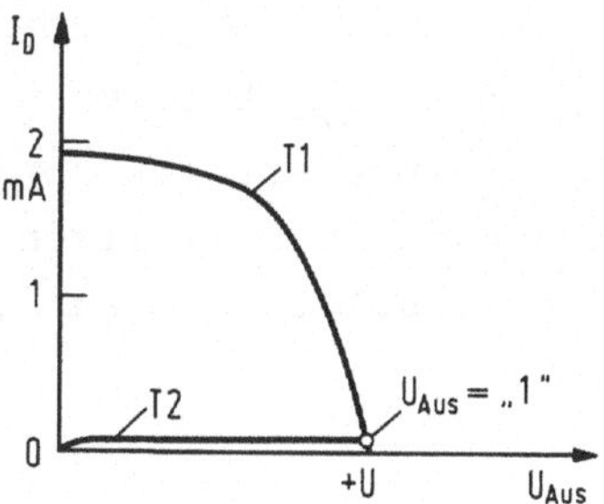


5.35. Schaltzustände des Inverters lt. Bild 5.34, wie sie sich aus den Kennlinien der Einzeltransistoren ergeben

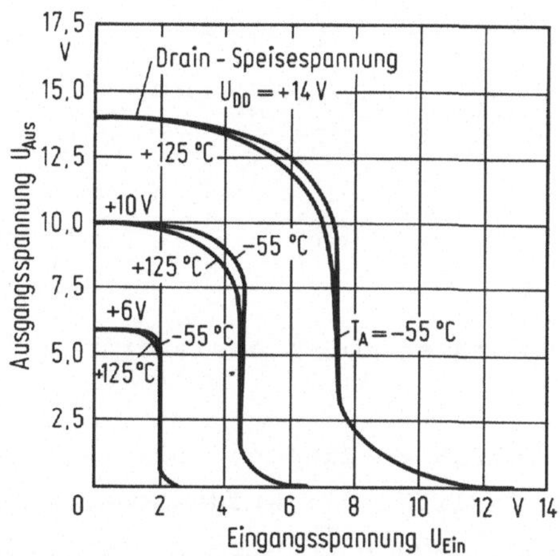


5.36. Übertragungskennlinien eines Inverters lt. Bild 5.31 für verschiedene Speisespannungen

verter. Wie ferner aus den Übertragungskennlinien (Bild 5.36) hervorgeht, arbeitet die Schaltung in einem sehr weiten Temperatur- und Speisespannungsbereich mit hohem Störabstand. Dagegen ist der Flächenbedarf nicht extrem klein und die Herstellung symmetrischer Bauelemente nicht ganz einfach.

102

## Elemente mit Isolatorsubstrat

Die bisher beschriebenen Elemente verwenden als Substratmaterial relativ
hochohmiges Silizium. Dabei ergeben sich stets parasitäre Elemente in
Form der Sperrschichtkapazität der PN-Übergänge zwischen Kanal und Substrat bzw. zwischen Drain bzw. Source-Inseln und dem Substrat. Die parasitäre Kapazität zum Substrat stört hauptsächlich bei Schaltungen, welche mit hoher Geschwindigkeit arbeiten sollen. Eine wesentliche Verbesserung in dieser Richtung bringen die Verfahren, welche als Substrat
einen Isolator verwenden, z.B. Spinell oder Saphir. Solche Verfahren
sind unter den Namen SOS (silicon on saphire) und ESFION (epitaxial
silicon film on insulator) bekanntgeworden.

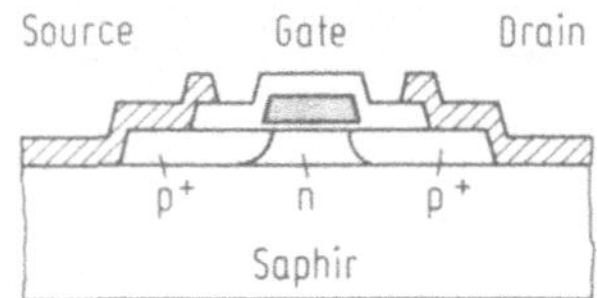


5.37. Aufbau eines MOS-FET mit Saphir als Isolatorsubstrat (SOS-Technik)

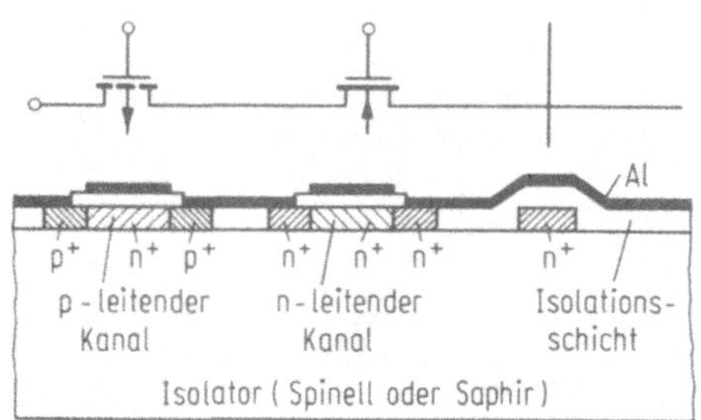


5.38. Aufbau von komplementären MOS-Transistoren auf einem Isolatorsubstrat (ESFION-Technik)

Das Problem ist, ein Substrat zu finden, auf das das Silizium als Einkristall mit genügender Qualität der aufgewachsenen Schicht (hauptsächlich Beweglichkeit) niedergeschlagen werden kann. Dies gelingt am ehe-
sten, wenn die Gitterstruktur des Substrats mit demjenigen des Silizi-
ums weitgehend übereinstimmt. Bild 5.37 zeigt einen Querschnitt durch
ein SOS-Element, Bild 5.38 einen Schnitt durch ein ESFION-Element. Ein
Vorteil ist, daß es relativ leicht ist, komplementäre Elemente zu erzeugen, sobald man z.B. mit dem Epitaxie-Verfahren als Ausgangsmaterial
örtlich oder kontinuierlich eine Schicht aus Silizium erzeugt hat. Mit
diesen Elementen aufgebaute Schaltungen erlauben Schaltzeiten von unter
1 ns. Für Speicher in ESFI-Technik werden 2048 Bit auf einem Chip von

8 mm$^2$ mit einer Dichte der Speicherzellen von 250 Bit/mm$^2$ für realistisch gehalten. Die Zugriffszeit auf dem Chip beträgt 100 ns, die Verlustleitung in Wartestellung 10 nW/Bit, in Betrieb 15 µW/Bit. Bezüglich der Einzelheiten sei auf die Literatur verwiesen [5.3o, 5.31].

<u>Speicherzelle mit Schottky-Feldeffekt-Transistoren</u>
Der Schottky-Feldeffekt-Transistor (Bild 5.39) besteht aus 3 Streifen auf einem Halbleitersubstrat, wobei die beiden äußeren Streifen einen Ohmschen Kontakt für Source und Drain bilden und der mittlere Streifen einen Metallhalbleiterkontakt mit einer Charakteristik ähnlich derjenigen eines PN-Übergangs darstellt. Es handelt sich also um einen Sperrschichtfeldeffekt-Transistor (metal semiconductor FET, MESFET). Seine einfache Geometrie erlaubt die Herstellung mit außerordentlich kleinen Abmessungen [5.32]. Die Steuerung über den Schottky-Kontakt erfolgt prak-

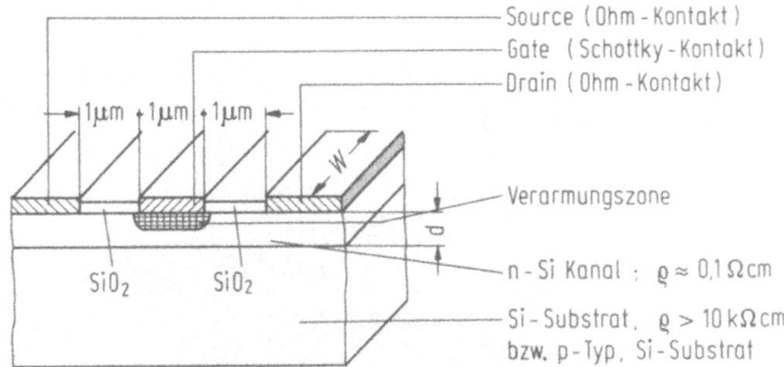


5.39. Aufbau eines Sperrschichtfeldeffekttransistors mit Schottky-Kontakt als Steuerelektrode (MES-FET)

tisch trägheitslos. Wie aus Bild 5.39 mit dem Querschnitt durch das Bauelement hervorgeht, befindet sich auf einem Substrat hohen Widerstandes eine dünne epitaktische Schicht hoher Leitfähigkeit. Die bei der Spannung O V am Schottky-Kontakt bereits vorhandene Verarmungszone sperrt den normalerweise selbstleitenden Transistor mehr oder weniger vollständig.

Die Speicherzelle in Bild 5.4o ist eine statische Speicherzelle. Die Transistoren haben eine Gatebreite von 1 µm und einen Abstand zwischen Drain und Source ebenfalls von 1 µm. Die Isolation erfolgt durch Schottky-Kontaktstreifen mit der Spannung O V, welche die Halbleiterschicht darunter voll sperren. Die topografische Auslegung der Zelle zeigt Bild 5.41. Der Kontakt in der Mitte ist die Massenverbindung für die Source-Anschlüsse der beiden Flip-Flop-Transistoren. Die Wort-

leitung ist als Schottky-Kontakt ausgeführt und dient gleichzeitig zur
Isolation. Die Leitungen für die Speisespannung, für die Masse und die
Bit-Leseleitungen sind in einer 2. Verdrahtungsebene über das Chip ge-
führt.

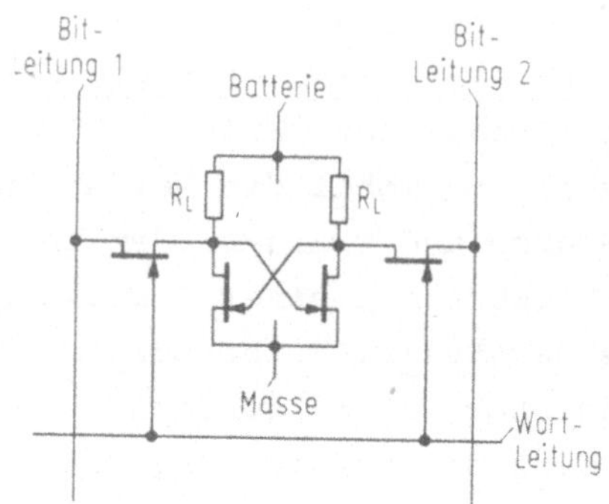


5.40. Schaltung der statischen MES-FET-Zelle

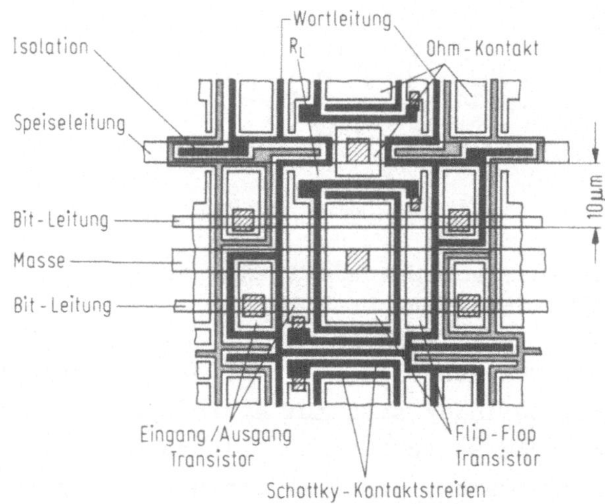


5.41. Topografie der statischen MES-FET-Zelle mit Steuerelektroden von
1 µm Breite

Die Fläche der Zelle beträgt ungefähr 1700 $\mu m^2$, so daß eine Dichte von
600 Zellen/$mm^2$ erreicht wird. Die Messungen an einer Matrix von 3·3
Elementen ergaben eine Verlustleistung von 5 µW pro Zelle und eine
Schaltzeit von 4 ns. Auch ein Chip mit 256 Zellen, 60 µW/Bit aktiver
Verlustleistung und 150 ns Zugriffszeit, ist in dieser Technik reali-
siert worden [5.33].

# 5.3 Serielle Speicher

In Durchführung der in der Einleitung zu den Halbleiterspeichern aufgestellten Einteilung, nach der vier verschiedene Ebenen des Entwurfs bestehen, nämlich die des Systementwurfs, des Schaltungsentwurfs, die des Bauelementes und die der Technologie der Herstellung, soll nun auf der Ebene des Systementwurfs von Speichern mit seriellem Zugriff die Rede sein.

Serielle Speicher sind insbesondere als Hintergrundspeicher bzw. Massenspeicher in Form von Magnetbändern, Magnetplatten und Magnettrommeln seit langer Zeit in Gebrauch. Ihr Vorteil ist eine sehr wirtschaftliche Peripherie, da eine Schreib/Leseeinheit von einer Vielzahl von Speicherzellen gemeinsam benutzt wird, so daß die pro Bit entstehenden Peripheriekosten sehr niedrig sind. Die im Rahmen unseres Interesses hauptsächlich zu besprechenden Halbleiterspeicher profitieren ebenfalls von dieser Gegebenheit, da es bei seriellen Speichern nur 1 Eingang und 1 Ausgang gibt und nicht jede Zelle einzeln angesprochen werden muß. Die Struktur vereinfacht sich dadurch erheblich und ergibt eine Steigerung der effektiven Dichte und damit eine Kostensenkung. Andererseits wird die Zugriffszeit für verschiedene Zellen unterschiedlich groß, im Mittel ist sie gleich der halben Laufzeit zwischen Ein- und Ausgang.

Serielle Speicher aus Halbleitern haben bei anhaltender Senkung der Kosten die Aussicht, einen Teil der magnetischen Speicher auf lange Sicht ersetzen zu können, wobei bei Kostengleichheit eine wesentliche Verkürzung der Zugriffszeit gegenüber mechanischen Speichern zu erwarten ist. Wegen der Flüchtigkeit der Information bei Halbleiterspeichern wird man auf Strukturspeicher jedoch nie ganz verzichten können.

## 5.3.1 Laufzeitspeicher

Bevor die seriellen Halbleiterspeicher besprochen werden, sollen den analogen Laufzeitspeichern, die schon seit langem immer wieder zu Speicherzwecken in Rechenanlagen eingesetzt werden, einige Betrachtungen gewidmet werden.

Jede homogene elektrische Leitung und jeder mit Energiespeichern aufgebaute Kettenleiter hat infolge des zeitlichen Unterschiedes zwischen Ursache und Wirkung (Kausalitätsprinzip) eine endliche Verzögerung eines Signals zwischen seinem Eingang und Ausgang zur Folge. Das Signal wird

hierbei als kontinuierliche Größe, z.B. als Spannung oder Strom, übertragen und für eine gewisse Zeit, nämlich die Verzögerungszeit, gespeichert. Es muß also ähnlich wie bei einem dynamischen Speicher mit Wiederauffrischung Vorsorge getroffen werden, daß das am Ende der Leitung
erscheinende Signal von neuem gespeichert wird. Dies geschieht am einfachsten dadurch, daß man den Ausgang mit dem Eingang verbindet und,
falls notwendig, eine Verstärkerstufe mit Entzerrung und Wiederherstel-
lung der ursprünglichen Signalform dazwischen schaltet. Das Ganze stellt
dann einen Umlaufspeicher dar. Der Unterschied zu Platte und Trommel ist,
daß bei einer Verzögerungsleitung das Medium feststeht und die Information umläuft. Ergänzt man dieses Gebilde noch durch ein Gatter, welches
mittels eines Taktes für eine zeitliche Diskretisierung sorgt, und
durch ein weiteres UND-Gatter für das Löschen sowie ein ODER-Gatter für
das Schreiben, erhält man die in Bild 5.42 gezeichnete Anordnung.

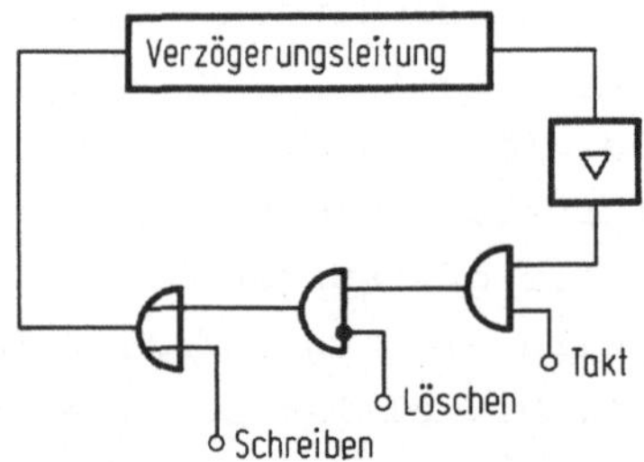


5.42. Grundsätzliche Anordnung eines Laufzeitspeichers

Die Frage nach der Kapazität des Speichers ergibt sich aus der Verzö-
gerungsdauer T, indem man die Gesamtverzögerungszeit teilt durch die
Taktperiode $t_i$. Die Kapazität ist also

$$C = \frac{T}{t_i} \; .$$

Sie wird also umso größer, je kleiner die Taktperiode $t_i$ ist. $t_i$ kann
nun nicht beliebig klein gemacht werden, da die Energiespeicher, welche die Verzögerung bedingen, auch eine gewisse Einschwingzeit benötigen. Rechnet man etwa gleiche Anteile für die Anstiegszeit, das
Impulsdach und die Abfallzeit des übertragenen Impulses (Bild 5.43),
so wird

$$t_i = 3\, t_A .$$

Die Anstiegszeit ist nun verknüpft mit der Bandbreite $f_g$ des als Tief-
paß angenommenen Systems, wobei bei angenähert Gaußschem Frequenzgang

der Übertragungsfunktion gilt

$$t_A = \frac{1}{3\,f_g} \ .$$

Damit wird die Kapazität

$$C = T\,f_g .$$

Im allgemeinen sind die Verzögerungszeit T und die Grenzfrequenz $f_g$ voneinander abhängig. Man denke z.B. an ein Hochfrequenzkabel, bei dem die 3 dB-Grenzfrequenz umso niedriger ist, je länger die Laufzeit T wird; sie ist für ein bestimmtes Medium nahezu eine Konstante. Sie liegt für das besagte Hochfrequenzkabel in der Gegend von 100. Man kann die Kapazität C direkt als Güteziffer betrachten.

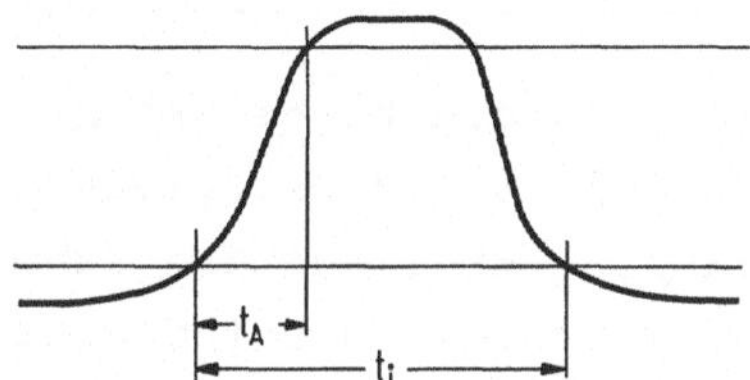

5.43. Angenäherter Verlauf eines Impulses auf der Verzögerungsleitung

Wie bereits erwähnt, erfolgt die Speicherung in kontinuierlicher Form. Die Amplitude ist im Rahmen der Linearität frei wählbar, d.h. es können z.B. amplitudenmodulierte Abtastwerte eines Signals ohne Analog/Digital-Wandlung direkt gespeichert werden. Die Speicherkapazität wird dadurch erhöht auf

$$C = T\,f_g{}^2 \log A,$$

wobei A die Zahl der unterscheidbaren Amplitudenstufen angibt.

Von erheblicher Bedeutung bei Speichern größerer Kapazität sind die räumlichen Abmessungen des Speichermediums. Die Länge als geeignetes Maß ist

$$L = v\,T,$$

d.h. L hängt also direkt mit der Signalgeschwindigkeit zusammen. Offensichtlich ist es ungünstig, eine elektrische Signalspeicherung vorzu-

nehmen, da in diesem Fall v gleich der Lichtgeschwindigkeit ist oder
bei $\varepsilon > 1$ um $\sqrt{\varepsilon}$ darunter liegt ($\varepsilon$ als relative Dielektrizitätskonstan-
te). Aus diesem Grund geht man häufig zu Schallwellen über. Tabelle 5.1
zeigt die Zusammenstellung der Eigenschaften einiger Materialien, welche als akustische Verzögerungsleitungen Verwendung finden.

Tabelle 5.1. Kennwerte von Materialien für Laufzeitspeicher

| Material | v | L | f | C | Wandler |
|---|---|---|---|---|---|
| Quecksilber | $1500 \frac{m}{s}$ | 1,5 m | 1 MHz | 1000 | Piezo-Quarze |
| Nickeldraht | $5000 \frac{m}{s}$ | 10 m | 500 kHz | $\approx$ 500 | magnetostriktive Torsionsschwinger |
| Glas | $3000 \frac{m}{s}$ | f (Form) | 3 bis 50 MHz | $\approx$ 5000 | piezoelektrisch |

In den elektro-akustischen Wandlern treten recht beträchtliche Verlu-
ste von 6 bis 40 dB auf, welche durch entsprechende Verstärkung wieder ausgeglichen werden müssen. Eine weitere Schwierigkeit besteht im
Temperatur-Koeffizienten der Schallgeschwindigkeit, welche eine tempe-
raturabhängige Speicherkapazität zur Folge hat. Zur Einhaltung einer
festen Speicherkapazität sind deswegen u.U. Thermostaten erforderlich
[5.34, 5.35].

## 5.3.2 Statische Schieberegister

Schieberegister sind vielseitige Bausteine. Sie eignen sich nicht nur
zur Speicherung von digitaler Information, sondern auch zur Format-
wandlung wie etwa zur Serien-Parallelumwandlung. Da der Takt beim Einschreiben und Auslesen verschieden sein kann, ist auch eine Zeit- bzw.
Geschwindigkeitstransformation möglich.

Statische Schieberegister bestehen aus einer Kette von Speichern, welche so zusammengeschaltet sind, daß die gespeicherte Information mit
jedem Takt um eine Stufe weiterbewegt wird. Zur Speicherung einer Binärstelle sind 2 Flip-Flop erforderlich. Dies hängt damit zusammen,
daß ein Flip-Flop nicht gleichzeitig die bisher gespeicherte Information übergeben und die neue Information übernehmen kann. So trennt man
diese Funktion und ordnet sie getrennten bistabilen Kippstufen zu. Die
Taktperiode wird in 2 Phasen eingeteilt. Während der ersten Phase speichert das Ausgangs-Flip-Flop der Stufe $F_i$ den bisherigen Wert, während

er vom Eingangs-Flip-Flop der Stufe $F_{i+1}$ übernommen wird. Während der
2. Phase übernimmt das Ausgangs-Flip-Flop jeder Stufe den Wert des Ein-
gangs-Flip-Flop(master-slave Prinzip).

Schieberegister lassen sich sehr einfach aus J-K-Flip-Flop aufbauen.
Ein J-K-Flip-Flop enthält die beiden benötigten Grund-Flip-Flop zur
Speicherung. Bild 5.44a zeigt ein Schieberegister aus J-K-Flip-Flop,
Bild 5.44b zeigt die Wahrheitstabelle des J-K-Flip-Flop. Sein Ausgangs-
zustand zum Zeitpunkt n + 1 ist gleich dem Wert von J zum Zeitpunkt n,
wenn $K = \bar{J}$ ist. Dem trägt die Schaltung Rechnung. Bild 5.44c zeigt, wie
die Information, die zum Taktzeitpunkt T1 am Ausgang $Q_1$ der ersten Stufe steht, bei jedem Takt um eine Stufe nach rechts geschoben wird.

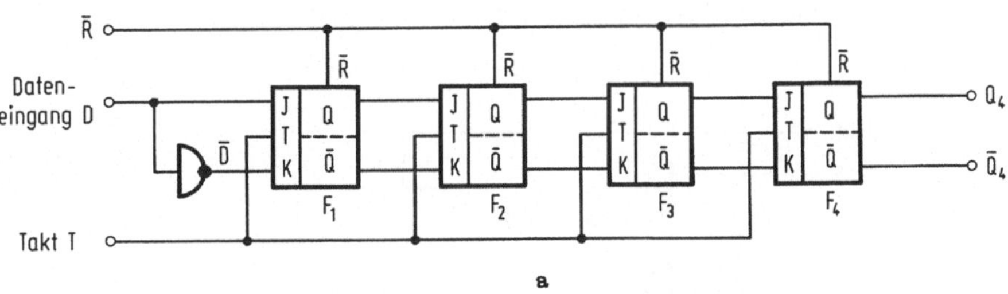

| J | K | $Q_n$ | $Q_{n-1}$ | |
|---|---|---|---|---|
| 0 | 0 | 0 | 0 | keine Änderung |
| 0 | 0 | 1 | 1 | |
| 0 | 1 | 0 | 0 | Ausgangs- |
| 0 | 1 | 1 | 0 | zustand |
| 1 | 0 | 0 | 1 | gleich J, |
| 1 | 0 | 1 | 1 | wenn $K = \bar{J}$ |
| 1 | 1 | 0 | 1 | Änderung bei |
| 1 | 1 | 1 | 0 | jedem Takt |

b

| T | $Q_1$ | $Q_2$ | $Q_3$ | $Q_4$ |
|---|---|---|---|---|
| $T_1$ | $D_1$ | – | – | – |
| $T_2$ | $D_2$ | $D_1$ | – | – |
| $T_3$ | $D_3$ | $D_2$ | $D_1$ | – |
| $T_4$ | $D_4$ | $D_3$ | $D_2$ | $D_1$ |
| $T_5$ | $D_5$ | $D_4$ | $D_3$ | $D_2$ |
| $T_6$ | $D_6$ | $D_5$ | $D_4$ | $D_3$ |
| $T_7$ | $D_7$ | $D_6$ | $D_5$ | $D_4$ |

c

5.44a bis c. Zur Wirkungsweise des statischen Schieberegisters
a. Schaltbild
b. Wahrheitstabelle des J-K-Flip-Flop
c. Verschiebung der Speicherinformation durch die Schiebetakte $T_1, T_2, \ldots$

Ein Schieberegister, das als Umlaufspeicher geschaltet ist, zeigt
Bild 5.45. Es wird geschrieben, wenn U = "1" wird, dann wird D = D',
während des Umlaufes ist U = "O" und damit $D = Q_n$.

110

Die Zugriffszeit beträgt im Mittel die Hälfte der Durchlaufzeit

$$T_z = \frac{1}{2} \, n \, \frac{1}{f_T}$$

(n für Stufenzahl, $f_T$ für Taktfrequenz).

Die Peripherie ist äußerst einfach. Es gibt keine Decodierung, da es
nur einen Eingang und einen Ausgang gibt. Auch die Ablaufsteuerung
ist sehr einfach, da nur 1 Takt erforderlich ist. Aus diesem Grund
eignen sich Schieberegister sehr gut für die Großintegration. Die ef-
fektive Speicherdichte ist praktisch gleich dem Reziprokwert der Fläche einer einzelnen Zelle, die Zahl der Anschlüsse pro Schaltkreis
wird minimal und damit die Kosten pro Bit ebenfalls.

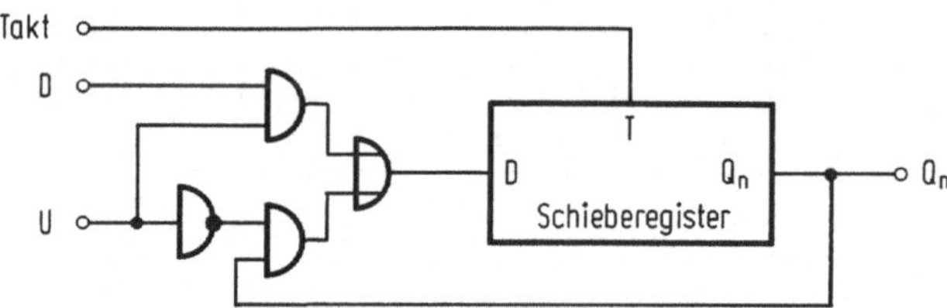


5.45. Schaltung eines Schieberegisters als Umlaufspeicher

Für die Realisierung lassen sich sowohl bipolare als auch MOS-Schal-
tungsfamilien verwenden. Unterschiede ergeben sich in der maximal möglichen Taktfrequenz. Bipolare Schaltungen mit ungesättigten Transistoren (emitter-gekoppelte Logik, ECL) erreichen Schiebefrequenzen bis
300 MHz. Mit Tunneldioden sind Schiebefrequenzen im Gigahertzbereich
erreicht worden. MOS-Schaltungen sind langsamer und erreichen je nach
Ausführung Werte um 10 MHz.

### 5.3.3 Dynamische Schieberegister

Das Prinzip der dynamischen Speicherung, das wir im Abschnitt 5.2.2
kennengelernt haben, läßt sich auch auf Schieberegister anwenden. Als
Beispiel sollen das dynamische 4-Phasen-Schieberegister und das dynamische 2-Phasen-Schieberegister besprochen werden. Die Taktperiode
ist wählbar bis hinauf zu der maximalen für das Auffrischen benötigten Zeit, welche in der Gegend von einigen Millisekunden liegt.

## 5.3.3.1 Das dynamische Vierphasen-Schieberegister

Bild 5.46a zeigt die Schaltung eines dynamischen Vierphasen-Schieberegisters mit MOS-Feldeffekttransistoren vom p-Typ. Die Kapazitäten $C_1$, $C_4$, $C_7$ usw. sind nicht zusätzlich eingebaut, sondern als Gate-Source-Kapazitäten der Transistoren ohnehin in der Schaltung vorhanden. In ihnen findet die dynamische Speicherung statt. Bild 5.46b zeigt die zeitliche Folge der Impulse auf den Leitungen für die 4 Phasen.

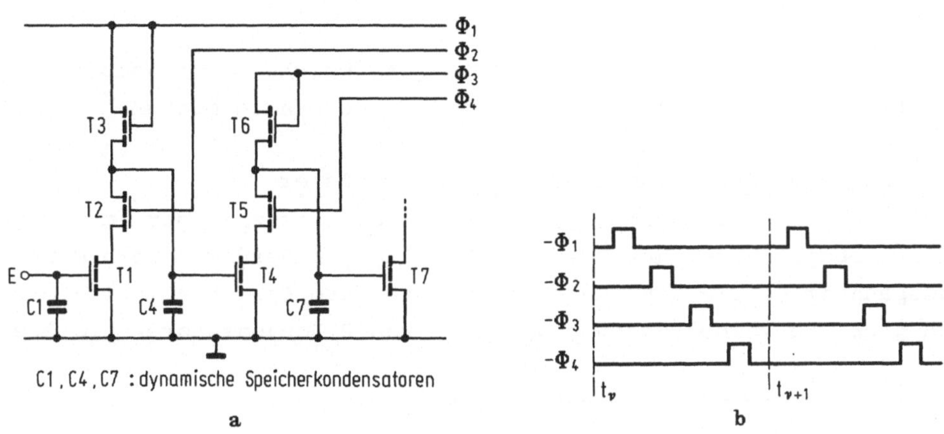


5.46. Dynamisches Vierphasen-Schieberegister
a. Schaltbild, b. Verlauf der 4 Phasenspannungen

Der Zyklus beginnt mit der Phase $\emptyset_1$. Der Impuls macht den Transistor T3 leitend. Dadurch lädt sich $C_4$ auf einen bestimmten Anfangswert auf. Nach Beendigung des Impulses sperrt T3 wieder. Während der Phase $\emptyset_2$ wird T2 leitend. Ist der Kondensator $C_1$ entladen auf O V (entspricht Information "O"), so sperrt T1 und $C_4$ bleibt auf negativer Spannung ($\triangleq$ Information "1", komplementär zu der von $C_1$). Ist $C_1$ auf negative Spannung aufgeladen, so leitet T1 und $C_4$ wird auf eine Spannung nahe O V entladen. Gleichzeitig wird die Information von $C_7$ auf $C_{10}$ übertragen. Man braucht also auch hier zwei Speicherelemente pro bit, nämlich $C_1$ und $C_4$, von denen immer nur eines Information enthält.

Während der Phasen $\emptyset_3$ und $\emptyset_4$ findet nun ganz entsprechend die Übertragung von $C_4$ auf $C_7$ statt. Dabei erfolgt wieder eine Inversion, so daß nach einer kompletten 4-Phasenfolge die Information von $C_1$ auf $C_7$ übertragen ist. Pro Speicherbit sind also 6 Transistoren nötig.

Die Anordnung ist von der Verlustleistung her sehr günstig, da zu keiner Zeit eine direkte Verbindung zwischen einer Phase und Masse be-

112

steht. Es wird nur die Verlustleistung verbraucht, welche zur Umladung der Kondensatoren notwendig ist. Bei jeder Umladung eines Kondensators wird gerade einmal in dem in Reihe zur Kapazität liegenden Transistor die Leitung $1/2\ CU^2_{\varnothing}$ umgesetzt. Pro Bit werden in jeder Taktperiode gerade 2 Kondensatorumladungen nötig, so daß damit die gesamte Verlustleistung des Schieberegisters für n Stellen wird:

$$N_V = C_i\ U^2_{\varnothing}\ f_T\ n.$$

Nachteilig hingegen sind die 4 Zuleitungen, welche Leitungsüberkreu-
zungen bzw. Mehrlagenverdrahtungstechniken notwendig machen.

### 5.3.3.2 Das dynamische Zweiphasen-Schieberegister

Bild 5.47 zeigt eine Anordnung, welche im Gegensatz zu der im vorigen
Abschnitt besprochenen nur 2 Phasen benötigt, außerdem jedoch eine
Speisespannung U. Die Zahl der Transistoren pro Speicherbit ist mit 6
gleich groß wie vorher, ebenso die Zahl von 2 Kondensatoren pro Spei-

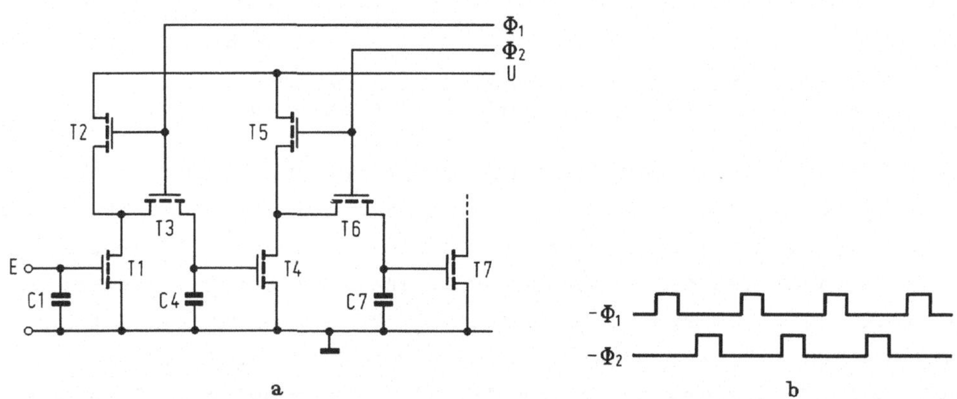


5.47. Schaltung und Phasenspannungen des dynamischen Zweiphasen-
Schieberegisters

cherbit. Der hauptsächliche Unterschied besteht in der Informations-
übertragung. Während der Phasen $\varnothing_1$ sind T2 und T3 leitend. T1 und T2
bilden einen Inverter. Ist $C_1$ auf O entladen, so ist T1 gesperrt und
$C_4$ wird über T2 und T3 auf die negative Spannung U (angenähert) aufgeladen. Ist $C_1$ auf negativer Spannung, so leitet T1 und $C_4$ wird auf
O entladen, da T1 eine wesentlich niedrigere Impedanz hat als T2.
Beim Übergang von $C_1$ auf $C_4$ wird die Information also invertiert.
In der folgenden Phase $\varnothing_2$ wird in gleicher Weise die Übertragung von
$C_4$ auf $C_7$ vorgenommen, so daß nach zweimaliger Inversion und Ablauf

einer Taktperiode auf $C_7$ die Information wieder in der ursprünglich
auf $C_1$ gespeicherten Form anliegt. Der Transistor T3 wird benötigt,
um T1 während der Übertragung der Information von $C_4$ nach $C_7$ von $C_4$
abzutrennen, da in dieser Zeit auch auf $C_1$ die Information geändert
wird.

Die Verlustleistung kann nicht so niedrig sein wie in der Vierphasen-
schaltung, da in jedem Fall entweder über T1 und T2 oder T4 und T5
für kurze Zeit eine direkte Verbindung zwischen der Spannung U und
Masse besteht. Dies kommt jedoch der Geschwindigkeit zugute, da dann
der betreffende Kondensator über eine niedrige Impedanz umgeladen
wird.

### 5.3.4 Die Eimerkette (bucket-brigade)

Die Eimerkette gehört zu den dynamischen Zweiphasen-Schieberegistern.
Ihr Name wird aus der Besprechung der Wirkungsweise verständlich werden und bezieht sich auf die Analogie zwischen der in einer Eimerkette zu Feuerlöschzwecken transportierten Wassermenge und dem Ladungstransport bei der elektrischen Signalverschiebung. Voraussetzung ist,
daß das Signal in zeitlich diskreter Form, z.B. in Form amplitudenmo-
dulierter Abtastwerte, vorliegt. Es sind also sowohl analoge wie auch
binäre Amplitudenwerte erlaubt.

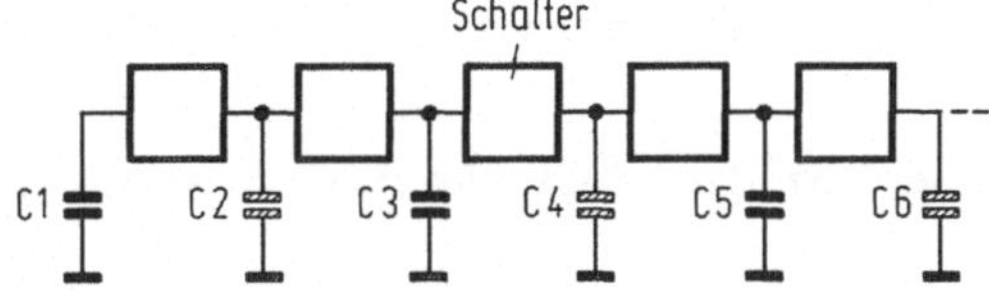


5.48. Prinzipschaltung eines analogen, dynamischen Schieberegisters

Das Prinzip ist einfach (Bild 5.48). Das zu speichernde Signal wird
auf den Kondensatoren $C_1$, $C_3$, $C_5$ usw. bzw. $C_2$, $C_4$, $C_6$ usw. dynamisch
gespeichert und durch gesteuerte Schalter S im Takt der Abtastfre-
quenz von einem Kondensator auf den rechts davon liegenden nächsten
übertragen. Wieder sind also 2 Kondensatoren pro Signalprobe erforderlich. Der Nachteil dieser einfachen Anordnung liegt in den hohen
Anforderungen an die Schalter, d.h. an deren Sperr- und Übertragungseigenschaften.

Die von Sangster [5.36, 5.37] zur Überwindung dieser Schwierigkeit ver-
wirklichte Idee ist, eine Ladung in Gegenrichtung zur Signalübertragung
zu befördern. An dieser Stelle läßt sich die Analogie zur Eimerkette

114

erklären: Hat man einen teilweise gefüllten Eimer (links) und einen vollen Eimer (rechts) und füllt mit dem vollen Eimer den teilweise gefülten Eimer auf (beide Eimer sind gleich groß), so ist der Inhalt des nachher teilweise gefüllten (rechten) Eimers genau gleich groß wie der des ursprünglich teilweise gefüllten (linken) Eimers, der nunmehr voll gefüllt ist. Der Leeranteil des teilweise gefüllten Eimers entspricht dem Signal. Er ist von links nach rechts gewandert, während das Wasser (entspricht der elektrischen Ladung) von rechts nach links wandert. Es wird also als Signal das Ladungsdefizit, d.h. die Differenz zu einem festen Wert, übertragen.

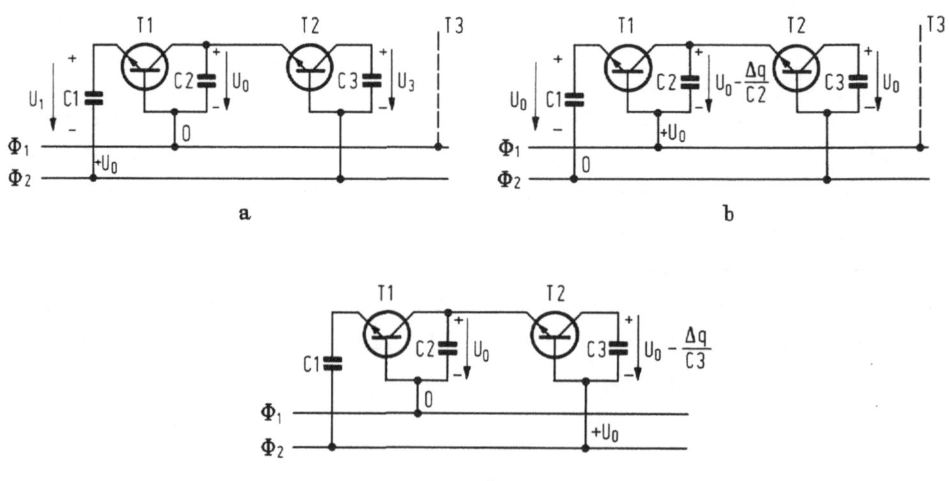

5.49. Signalverschiebung bei der Eimerkette in Abhängigkeit der Phasenspannungen $\emptyset_1$ und $\emptyset_2$

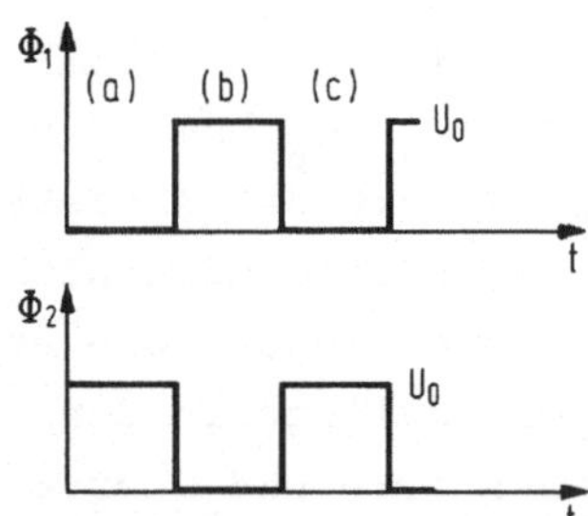

5.50. Zeitlicher Verlauf der Phasenspannungen $\emptyset_1$ und $\emptyset_2$

Elektrisch stellt sich das im Bild 5.49 wie folgt dar: Angenommen, $C_1$ sei auf einer Spannung $U_1$, welche einem Abtastwert des Signals entspricht, wobei $U_1 < U_0$ ($U_0$ ist der Maximalwert des Signalbereiches von $U_1$). Die Basis von T1 befinde sich auf der Spannung 0, dann sperrt T1,

da seine Emitter-Basisstrecke in Sperrichtung vorgespannt ist. $C_2$ sei
auf den Maximalwert $U_0$ aufgeladen, $C_3$ speichert einen anderen Signalwert. Die 2 Phasen $\emptyset_1$ und $\emptyset_2$ haben die in Bild 5.50 im Intervall a
angegebenen Spannungswerte. Nun beginne das Intervall b mit der Umschaltung der Spannungen $\emptyset_1$ und $\emptyset_2$. Die Basis von T1 (ebenso die von
T3, T5 usw.) wird auf $+U_0$ angehoben. Die Emitter-Basisstrecke wird leitend und lädt den Kondensator $C_1$ auf $+U_0$ auf (Kniespannung der Dioden-
strecke vernachlässigt). Da $C_2$ während der Umschaltens der Phasenspannungen $\emptyset_1$ und $\emptyset_2$ seine Spannung beibehält, hat der Transistor eine genügend große Kollektor-Basisspannung. Er wirkt als Basisschaltung, d.h.
unter der Annahme $\beta \rightarrow \infty$ ist $i_c = i_e$ und die Ladung, welche auf $C_1$ fehlt
bis zur Aufladung auf $U_0$, wird $C_2$ entnommen. Da $C_2$ von der Spannung $U_0$
ausgeht, liegt nach dem Einschwingvorgang an $C_2$ die Spannung, die vorher an $C_1$ gelegen hat $(C_1 = C_2)$.

Quantitativ spielt sich der Vorgang wie folgt ab: Die Ladungsänderung
von $C_1$ beträgt

$$\Delta q = C_1 \, (U_0 - U_1),$$

damit wird die Ladung von $C_2$

$$U_0 - \frac{\Delta q}{C_2} = U_0 - \frac{C_1}{C_2} \, (U_0 - U_1) = U_1 \text{ für } C_1 = C_2.$$

Wie sich zeigen läßt, spielt die Knickspannung der Emitter-Basisstrecke
keine Rolle, denn sie fällt bei der Differenzbildung heraus. (Wenn der
rechte Eimer nur bis zu 90 % voll ist, dann fehlen nach dem Umfüllen
eben am linken Eimer auch wieder 10 %.) Nun befindet sich also das Signal auf $C_2$, $C_4$ usw.. $C_3$ ist wie $C_1$ auf $U_0$ aufgeladen und bereit, bei
der Umschaltung auf das Intervall c in entsprechender Weise durch Aufladung von $C_2$ auf $U_0$ den Signalwert auf $C_3$ zu übertragen, gleichzeitig mit $C_3$ wird $C_1$ auf den nachfolgenden Signalwert aufgeladen, womit
sich die Betrachtung schließt, da dies den ursprünglichen Annahmen entspricht.

Die notwendige Anzahl von Speicherkondensatoren errechnet sich wie
folgt: Für ein Signal der Bandbreite B sind nach dem Abtasttheorem 2 B
Abtastwerte pro Sekunde erforderlich. Möchte man ein Signal der Dauer
T speichern, wobei für jeden Wert 2 Kondensatoren nötig sind, so ist
die Gesamtzahl der benötigten Kondensatoren N:

N = 4 B T.

Von großem Vorteil ist nun, daß die Eimerkette in einfacher Weise integriert werden kann. Bild 5.51 zeigt den Schnitt durch ein halbes Speicherelement, das im wesentlichen einen bipolaren Transistor darstellt,
dessen Kollektor-Basiskapazität $C_{cb}$ zur Erhöhung des Störabstandes
vergrößert wurde. Mit dieser Anordnung gelang es auf Anhieb, eine Taktfrequenz von 30 MHz zu erreichen [5.37]. Weitere Werte sind: minimale
Taktfrequenz 1 kHz, Stufenzahl 70, $C_{cb}$ = 5 pF, Signaldämpfung = 10 dB.

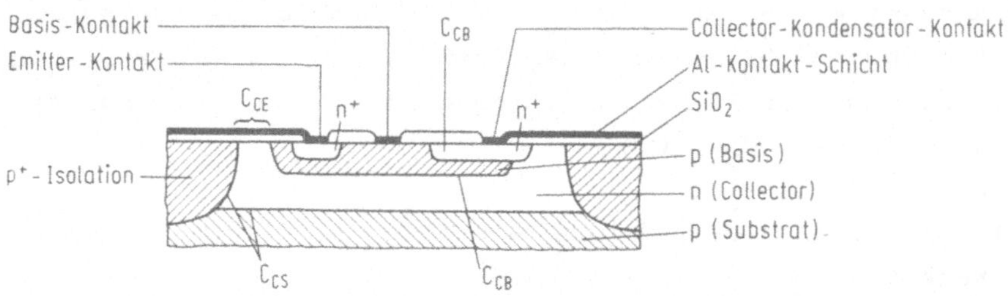


5.51. Aufbau eines Elementes einer integrierten bipolaren Eimerkette

Als direkte Anwendung kommt die Verzögerung einer Fernsehzeile beim
Farbfernsehen in Frage. Dazu reicht die Geschwindigkeit, die erfor-
derliche Länge für eine Zeile beträgt beim 625-Zeilen-Fernsehen 520
Abtastwerte. Bei dieser Länge kommen, wie auch schon bei der ersten
Ausführung mit 70 Stufen, die Mängel bei der Übertragung mit ins Spiel.
Die Ursachen für die unvollständige Übertragung sind:

a) Die Stromverstärkung des Transistors in Emitterschaltung $\beta < \infty$,
damit ist $i_c < i_e$;

b) die Kollektor-Emitter-Kapazität $C_{CE}$, sie bewirkt ein "Nebenspre-
chen", d.h. einen Zusammenhang zwischen benachbarten Signalwerten;

c) endlicher Innenwiderstand $R_i$ des Transistors in Basisschaltung.
Er wirkt ähnlich wie die endliche Stromverstärkung in Richtung einer
Signaldämpfung.

d) Die Ladungsübertragung dauert eine endliche Zeit. Bei hohen Taktfrequenzen sinkt das Ladungsdefizit. Die Signalspannung tendiert gegen $U_0$.

Alle diese Effekte sind untersucht worden und in der Literatur beschrieben [5.38, 5.39]. Beim bipolaren Transistor ist die endliche
Stromverstärkung der erheblichste Fehler. Für eine große Zahl von Ver-

schiebungen n geht die Signalamplitude auf den Wert 1/e vom Anfangswert, da

$$\lim \left(1 - \frac{1}{\beta}\right)^n = \frac{1}{e}$$

für $n \to \infty$ und $\beta \to \infty$.

Eine Dämpfung um einen konstanten Faktor nach einer bestimmten Anzahl
von Stufen läßt sich mit einem nach dem gleichen Prinzip wie die Ladungsübertragung arbeitenden Verstärker wieder aufheben, wie bereits
von Sangster angegeben. Man vergrößert im Prinzip an einer Stelle die
übertragene Ladung durch Vergrößerung des auf eine konstante Spannung
aufgeladenen Kondensators. Dies geschieht in der Schaltung nach Bild
5.52. Der Transistor T wirkt als Emitterfolger und lädt $C_x$ auf den

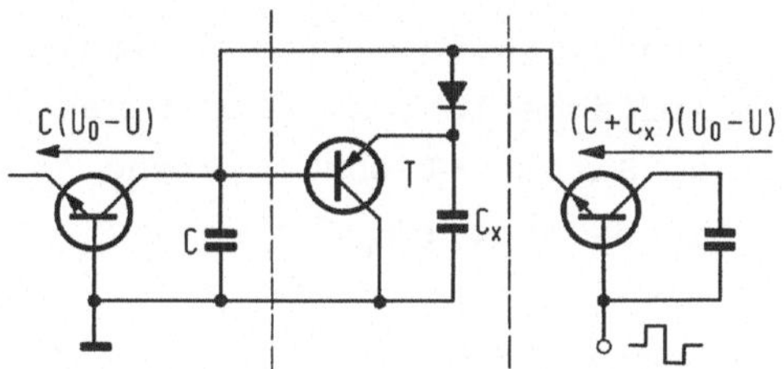


5.52. Ladungsverstärkerschaltung

gleichen Wert auf wie C. Wird nun in der nächsten Phase $(C + C_x)$ auf
die maximale Spannung aufgeladen so wird

$$\Delta q' = (C + C_x)\,(U_0 - U_1) = C\left(1 + \frac{C_x}{C}\right)(U_0 - U_1)$$

$$\Delta q' = \Delta q\left(1 + \frac{C_x}{C}\right) \quad \text{mit}$$

$$\Delta q = C\,(U_0 - U_1).$$

Der Faktor $(1 + C_x/C)$ entspricht einer Verstärkung. Die Diode dient
der Kompensation der endlichen Knickspannung der Emitter-Basisstrecke
des Transistors.

Auch mit MOS-Feldeffekt-Transistoren lassen sich in eleganter Weise
und noch einfacher als mit bipolaren Transistoren integrierte Eimer-
kettenschaltungen aufbauen. Eine solche integrierte Anordnung zeigt

Bild 5.53b, das zugehörige Schaltbild 5.53a. Die Speicherkapazität
ist die Drain-Gate-Kapazität des Transistors. Um sie auf einen günstigen Wert zu bringen, überlappen sich die Gate-Elektrode und die $P^+$-
Zone für den Drainanschluß des Transistors auf einem erheblichen Stück.

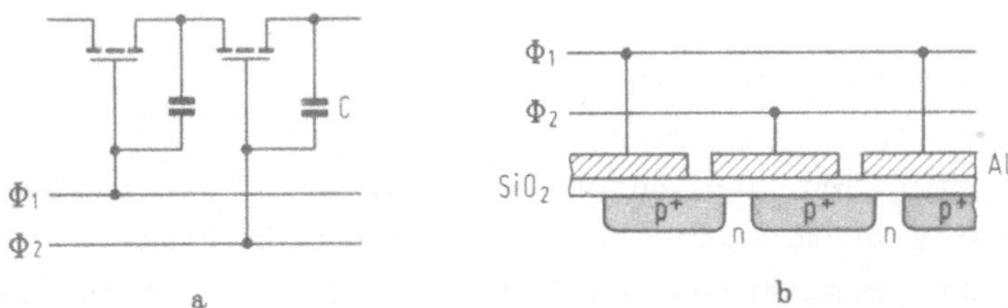

5.53. Eimerkette in MOS-Technik: a. Schaltung, b. Aufbau

Die Anordnung wird deswegen so einfach, weil die Drain-Zone des einen
Transistors sich direkt fortsetzt in die Source-Insel des nächsten
Transistors. Kontaktlöcher sind keine mehr vonnöten. Die zwei Leitun-
gen zur Zuführung der Steuersignale $\emptyset_1$ und $\emptyset_2$ lassen sich ohne Mehr-
lagentechnik auf der Oberfläche führen. Wendet man zur Flächenerspar-
nis die selbstjustierende Si-Gate-Technik (siehe Abschnitt 5.2.5.2)
an, so erreicht man folgende Werte:

| | | |
|---|---|---|
| Fläche | : | $18\ \mu m \cdot 32\ \mu m$ |
| Dichte | : | $1600\ Bit/mm^2$ |
| Größe | : | $10^4\ Bit$ auf $6\ mm^2$ |
| Zugriff | : | 2 ms |
| Takt | : | maximal 5 MHz |
| Verlustleistung | : | 5 µW/bit bei 5 MHz |
| Länge | : | bis 300 Werte ohne Verstärkung |
| Dynamik | : | 60 dB |

Die elektrische Wirkungsweise ist grundsätzlich gleich wie bei der bipolaren Eimerkette. Vorteilhaft ist, daß kein Gate-Strom fließt und damit kein Signalverlust durch diesen Effekt auftritt. Die Schwellenspannung des Transistors, welche die Aufladung der Kondensatoren nicht bis
auf den Maximalwert der Phasenspannung zuläßt, fällt bei der Differenzbildung heraus. Störend hingegen ist die von der Taktfrequenz abhängige
Ladungsübertragung. Sie bewirkt bei einem einzelnen Impuls nachfolgende
"Echo"-Impulse, bei einem sprungförmig ansteigenden Signal eine Ver-
schleifung der Anstiegsflanke. Bild 5.54 zeigt die zurückbleibende Ladung $\Delta q_z$ als Funktion der Taktfrequenz. Man sieht, daß bis zu einem gewissen Wert der Folgefrequenz die zurückbleibende Ladung nahezu unab-

hängig ist vom Wert der zu übertragenden Ladung $Q_O$. Man kann daher die
Auswirkung auf das Signal reduzieren, indem man von vornherein zum Signal einen konstanten Wert addiert und diesen nach der Übertragung wieder abzieht. Der dann verbleibende Signalverlust wird, wie eine kurze
Rechnung zeigt, erheblich herabgesetzt.

Infolge ihrer Kettenstruktur eignet sich die Eimerkette auch als digi-
tales Filter [5.40].

Da die dem Signal entsprechende Ladung auf dem Kondensator auch durch
den Fotoeffekt im Halbleiter erzeugt werden kann, ist ein weiteres
interessantes Anwendungsfeld in Form von optoelektronischen Wandlern
vorhanden. Hier denkt man an den Ersatz von Aufnahmeröhren der Fernseh-
technik (Vidicon etc.) durch Festkörperbauelemente. An allen Aufgaben
wird intensiv gearbeitet [5.41].

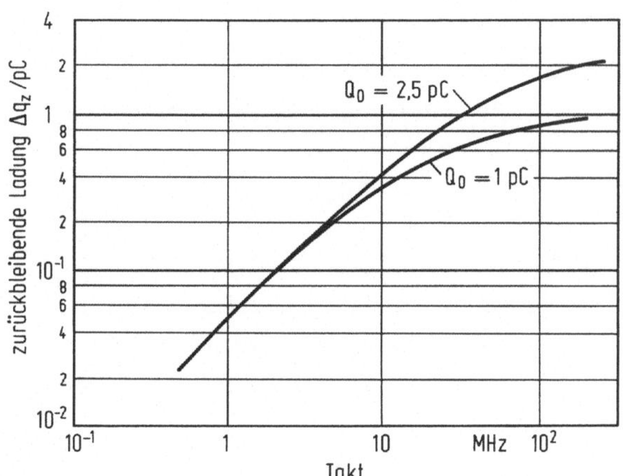


5.54. Zurückbleibende Ladung als Funktion der Frequenz des Verschiebe-
taktes

Als Schiebespeicher gehört die Eimerkette zur Familie der Ladungs-
verschiebebauelemente (charge transfer devices, CTD). Zu dieser Familie gehören auch die ladungsgekoppelten Bauelemente, die eine Konkurrenz für die Eimerkette darstellen. Sie sollen im nächsten Abschnitt besprochen werden.

### 5.3.5 Ladungsgekoppelte Schiebespeicher (charge coupled device, CCD)

Boyle und Smith [5.42] haben die ladungsgekoppelten Bauelemente als Erste beschrieben und untersucht. Bild 5.55 zeigt u.a. den Aufbau eines
dreiphasigen ladungsgekoppelten Bauelementes: Auf einem Halbleiter be-

findet sich eine durchgehende Schicht von $SiO_2$, auf dieser Schicht
wiederum ein System von Elektroden, von denen jeweils 3 benachbarte
ein Teilelement bilden, jede der 3 Elektroden eines Teilelementes ist
an eine Leitung eines 3-Phasensystems angeschlossen (Bild 5.56).

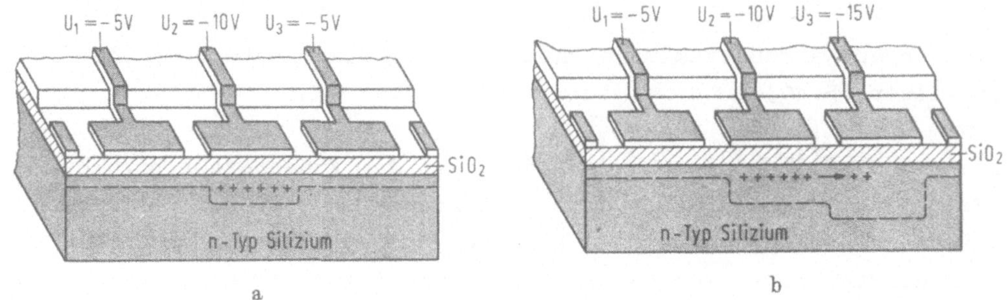


5.55. Aufbau eines ladungsgekoppelten Schiebespeichers nach Boyle und
Smith

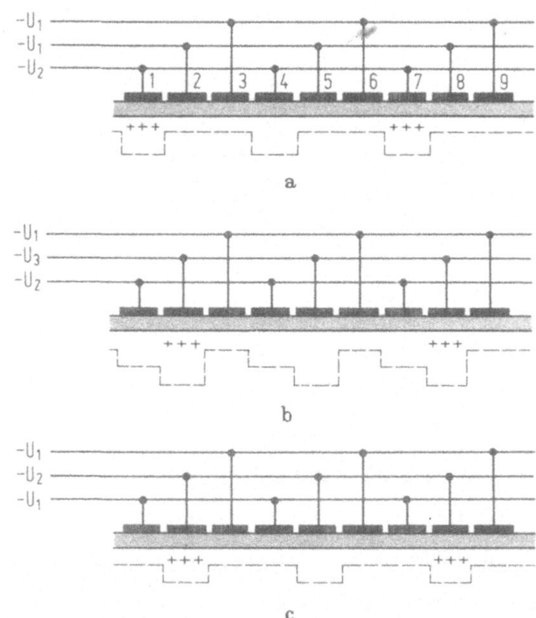


5.56. Verschiebung einer dynamisch gespeicherten Minoritätenladung durch
ein Dreiphasen-Leitersystem

Bei der Beschreibung der Wirkungsweise gehen wir aus vom MOS-Kondensa-
tor. Legt man an die mittlere Elektrode des Teilelementes einen negativen Spannungssprung, so bildet sich eine Verarmungszone, da die Elektroden als Majoritätsträger des n-Halbleiters durch die Wirkung des
elektrischen Feldes ins Innere zurückgetrieben werden. In dieser Ver-

armungszone können Minoritätsträger dynamisch gespeichert werden für
eine Zeit, die kleiner ist als die Zeit zur Rekombination der Minoritätsträger. Diese Zeit kann mehrere Sekunden betragen. Solange nun die
negative Spannung der Elektrode 1 (Bild 5.55a, z.B. -10 V) größer ist
als die der beiden benachbarten Elektroden (z.B. -5 V), bleiben die Minoritätsträger in der Potentialmulde unter der Elektrode 1. Dies ist
der Speicherzustand. Legt man nun an die Elektrode 2 eine größere negative Spannung an (z.B. -15 V), so wird die Potentialmulde unter dieser Elektrode tiefer als unter der ersten und die Minoritätsträger werden sich, wie noch näher zu erläutern sein wird, in diese Mulde hinein-
bewegen. Nach einer gewissen Zeit sind praktisch alle dort versammelt.
Dann kann die Elektrode 2 die Spannung für den Speicherzustand annehmen
(z.B. - 10 V) und die Nachbarelektroden einen im Vergleich dazu kleineren negativen Wert (z.B. -5 V). Um ein Elektrodentripel versetzt kann
der gleiche Vorgang ablaufen.

Als Mechanismen für den Ladungstransport kommen drei Effekte in Frage:

a) Diffusion infolge eines Dichtegradienten. Dazu bedarf es keiner
elektrischen Ladung der Teilchen.
b) Die gleichnamige elektrische Ladung bewirkt, daß sich die Ladungsträger gegenseitig abstoßen und sich im Mittel möglichst weit voneinander entfernen.
c) Ein elektrisches Feld zwischen benachbarten Elektroden.
d) Als hemmender Effekt macht sich die verminderte Oberflächenbeweg-
lichkeit der Ladungsträger bemerkbar. Die Ladungsträger können für
kürzere oder längere Zeiten an Haftstellen der Oberfläche festgehal-
ten werden (traps).

Alle diese Effekte sind quantitativ außerordentlich schwierig zu erfassen. Sie sind z.T. näherungsweise untersucht worden [5.43]. Die
Kenntnisse über diese Zusammenhänge sind außerordentlich wichtig für
die Optimierung der Elemente bezüglich ihres Verschiebewirkungsgra-
des (transfer efficiency). Dieser Wirkungsgrad ist kleiner als 1 und
ist abhängig von der Struktur der Zelle. Als wirksamster Effekt für
die Ladungsverschiebung hat sich das elektrische Feld zwischen benachbarten Elektroden herausgestellt. Damit dieses Feld den Hauptan-
teil des Transports übernimmt und sich nicht im Gegenteil ein Poten-
tialwall zwischen zwei benachbarten Mulden bildet, muß der Abstand
zwischen den Elektroden möglichst klein sein, nach Möglichkeit ver-
gleichbar mit der Oxiddicke. Absolut sind Werte $\leq 3$ μm angegeben,

122

d.h. es werden außerordentlich hohe Anforderungen an die Maskentech-
nik und die Fotolithografie gestellt.

Es sind mehrere Vorschläge gemacht worden, um diese Schwierigkeit
quantitativ zu verbessern. Dazu gehört der sogenannte SCT (surface
charge transistor) [5.44], bei dem die einzelnen Elektroden des Elek-
trodentripels nicht gleichberechtigt sind, sondern zwischen je 2 Speicherelektroden eine 3. eingeführt ist, welche sich mit beiden über-
lappt und als transfer gate (zu deutsch etwa Verschiebeelektrode) bezeichnet wird (Bild 5.57). Der Abstand zwischen den beiden in einer
Ebene liegenden Speicherelektroden kann dann größer sein, die Verschiebeelektrode sorgt beim Verschiebevorgang für den Abbau des Po-
tentialwalls zwischen den Speicherelektroden. Zur Ansteuerung benötigt man ein 4-Phasensystem. Die Herstellung der Speicherelektroden
und der Verschiebeelektroden erfolgt nicht gleichzeitig. Da die Speicherelektroden durch $SiO_2$ von der Verschiebeelektrode isoliert sind,
welches in einem Hochtemperaturverfahren nach dem Aufbringen der
Speicherelektroden hergestellt wird, sind sie aus Molybdän.

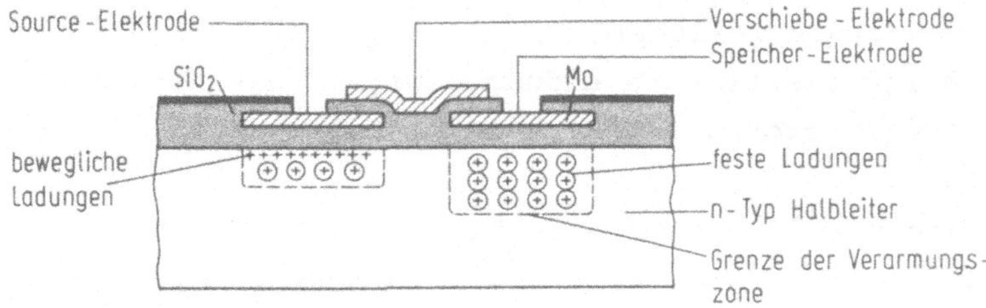


5.57. Aufbau des Surface-charge-Transistors mit überlappender Verschiebe
elektrode

Eine andere Modifikation [5.45, 5.46] ergibt sich durch ein gestuftes
Oxid entsprechend Bild 5.58. Unter dem dünneren Oxid ist bei gleicher
Spannung die Potentialmulde tiefer und dient zur Speicherung (Bild
5.58a). Zur Verschiebung hebt man das Potential der Speicherelektrode
an und senkt das Potential des daneben liegenden Elektrodenpaares ab
(Bild 5.58b). Die gespeicherte Ladung verschiebt sich dadurch nach
rechts. Zur Ansteuerung genügen 2 Leitungen, welche an eine Gleich-
spannung $U_0$ führen und denen impulsförmig entweder eine positive oder
negative Spannung überlagert wird.

Es bleibt die Frage zu besprechen, auf welche Weise die Minoritätsträger in die Potentialmulde gelangen. Die einfachste und für Speicher-
zwecke verwendete Methode ist diejenige über einen PN-Übergang, der wie

die Emitter-Basisstrecke eines bipolaren Transistors für kurze Zeit in
Durchlaßrichtung betrieben wird. Die in Bild 5.59a gezeichnete Möglichkeit beruht auf dem MOS-Feldeffekt-Transistor, bei dem die P-Insel
als Source wirkt und die erste Elektrode als Gate. Die rechts vom Gate
liegende Elektrode ist die erste Speicherelektrode. Eine weitere wichtige Methode der Erzeugung von Minoritätsträgern ist die durch Lichteinstrahlung. Wenn die Energie des eingestrahlten Lichts größer ist
als der Bandabstand des Halbleiters, bilden sich Elektron-Lochpaare.
Das Element arbeitet also auch als elektrooptischer Wandler (Bild 5.59b)
[5.40 bis 5.42].

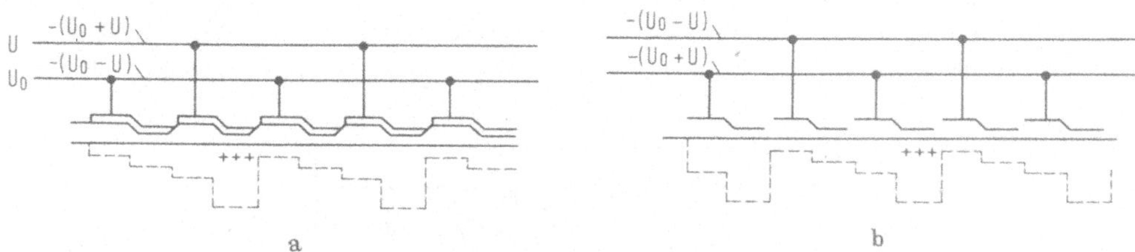

5.58. Zweiphasen-Ladungstransferspeicher mit gestuftem Oxid:
a. Speicherzustand, b. Potentialverlauf für Verschiebung nach rechts

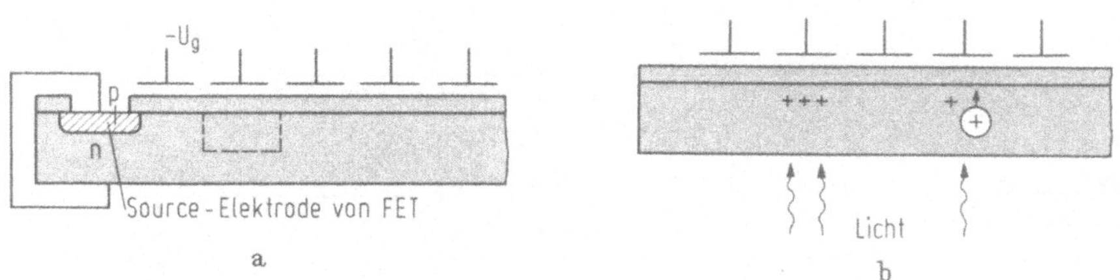

5.59. Erzeugung der Minoritätsträgerladung: a. durch einen PN-Übergang,
b. durch Lichteinstrahlung

Auch die Auskopplung eines Signals kann über einen PN-Übergang erfolgen,
den man sich dann als in Sperrichtung vorgespannte Kollektor-Basisstrek-
ke eines bipolaren Transistors denken kann, welche die Minoritätsträger
aus der Basis einsammelt oder in Form des 2. Teils eines MOS-Feldeffekt-
Transistors, d.h. der Drain-Elektrode mit davorliegender letzter Gate-
Elektrode. Weitere Möglichkeiten der Auskopplung bieten sich am Sub-
stratanschluß oder kapazitiv durch Influenz unter der letzten Elektrode.

Obwohl die ladungsgekoppelten Bauelemente vom Aufbau her eine große Ähn-
lichkeit mit den Eimerkettenelementen haben, es fehlen auf den ersten
Blick eigentlich nur die P-Inseln für die Source- und Draingebiete, ist
die physikalische Wirkungsweise völlig anders. Eine MOS-Eimerkette kann

auch mit einzelnen Transistoren und Kondensatoren aufgebaut werden, ein
CCD-Element muß integriert werden. Bei der MOS-Eimerkette wird die Ladung immer in Form von Majoritätsträgern verschoben, beim CCD sind es
Minoritätsträger. Die dynamische Arbeitsweise kommt bei der Eimerkette durch die Entladung eines Kondensators, z.B. durch Leckströme zustande, beim CCD ist die Speicherzeit begrenzt durch die thermische
Generation und Rekombination, welche die Minoritätsträger zum Verschwinden bringt.

Zum Abschluß seien noch einige Kenndaten von Ladungstransferelementen
erwähnt. Bild 5.60 zeigt den Übertragungswirkungsgrad eines CCD-Bau-
steins in Abhängigkeit von der Zahl der Elektrodentripel bei 2 verschiedenen Taktfrequenzen. Bei 150 kHz Bitfolgefrequenz beträgt er

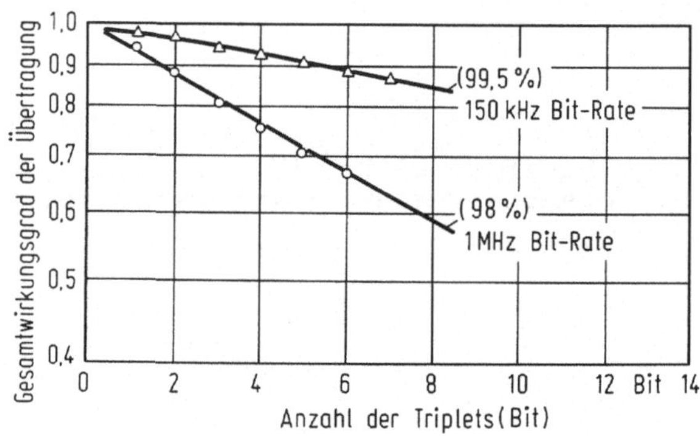


5.60. Übertragungswirkungsgrad in Abhängigkeit der Zahl der Elemente und
der Verschiebetaktfrequenz

noch 99,5 % pro Tripel, bei 1 MHz ist er bereits auf 98 % pro Tripel
abgefallen. Diese Messungen bestätigen die grundsätzlichen Überlegungen. In der Zwischenzeit hat man erhebliche Verbesserungen erzielt,
z.B. einen Übertragungswirkungsgrad von 99,95 % [5.47, 5.48]. Höhere
Folgefrequenzen sind nicht nur für Speicher, sondern hauptsächlich
für die optische Bildabtastung von Interesse [5.48, 5.49]. Die folgende Tabelle zeigt einige Vergleichswerte für die Fläche, die Verlustleistung pro Bit und die höchsten Schiebefrequenzen für verschiedene Bauelemente [5.41]. Die Angaben sind im einzelnen sicher überholt, stellen jedoch eine Art "Augenblicksaufnahme" vom Stand der Technik zu einem bestimmten Zeitpunkt dar.

Über die Zeitabhängigkeit der Übertragungseigenschaften gibt ferner
die Sprungantwort Auskunft. Die Abweichung E vom stationären Endwert
1 als Funktion der Zeit für eine 2-Phasen MOS-Eimerkette und ein 3∅-

CCD zeigt Bild 5.61 [5.40]. Hält man den Fehler fest auf E = 0,25 und trägt über der Anzahl der Speicherbit die erreichbare Folgefrequenz auf, so erhält man für verschiedene Bausteine, die im Bild angegeben sind, den Zusammenhang lt. Bild 5.62. Die bipolare Eimerket-

Tabelle 5.2. Daten von Ladungsverschiebe-Bauelementen

| Bauelement | Verlustleitung pro Bit ($\mu$W) | Bitfolgefrequenz (MHz) | Fläche pro Bit ($\mu m^2$) | Dichte Bit/mm$^2$ |
|---|---|---|---|---|
| CCD | 5 | 10 - 20[*] | 1300 - 2600[**] | 770 - 385 |
| Eimerkette (BBD) | 5 | 10 - 20[*] | 1300 - 2600[**] | 770 - 385 |
| Dynam.MOS-Schiebereg. (Si-Gate-Techn.) | 100 | 5 | 4000 - 8000 | 250 - 125 |

[*]   10 MHz für Standard MOS;    20 MHz für Si-Gate-Technik
[**] 2600 $\mu m^2$ für Standard MOS;  1300 $\mu m^2$ für Si-Gate-Technik

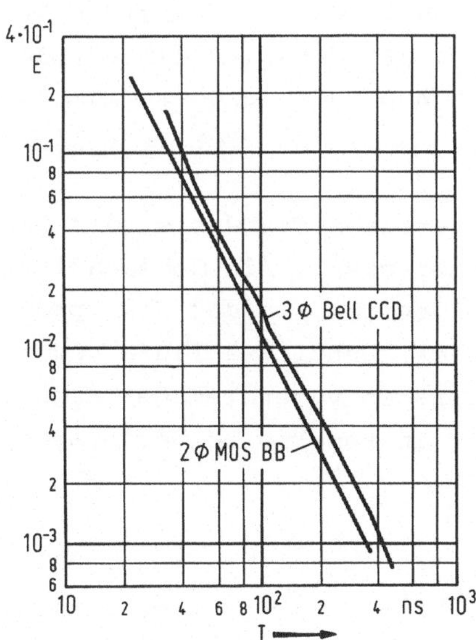


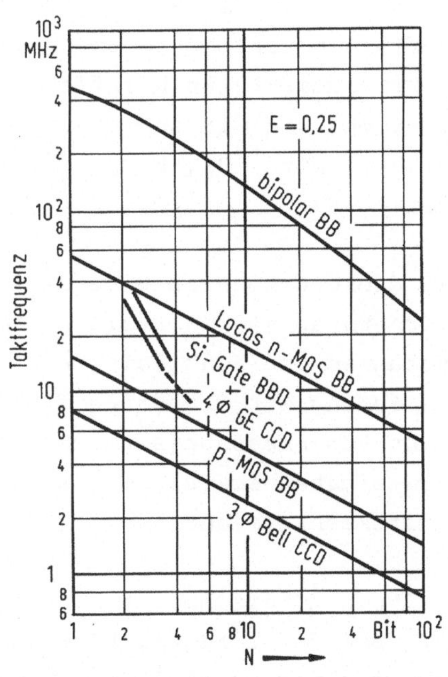


5.61. Abweichung der Sprungsantwort vom stationären Endwert als Funktion der Zeit

5.62. Zusammenhang zwischen Verschiebetaktfrequenz und Zahl der Speicherelemente bei konstantem Übertragungsfehler

te schneidet hier am besten ab. Eine Größenordnung niedriger in der Folgefrequenz verlaufen etwa die Werte der MOS-Eimerkette, hergestellt mit dem LOCOS-Verfahren (siehe Abschnitt 5.2.4.2). Knapp darunter kommen verschiedene CCD-Elemente usw.. Der Vergleich sollte nicht als endgültig betrachtet werden, da die verschiedenen Angaben sich auf bestimmte Ausführungsbeispiele beziehen, denen durch den fortschreitenden Stand der Technik erhebliche Verbesserungen zuteil werden können.

## 5.4 Festwertspeicher (read only memory, ROM)

Festwertspeicher nehmen eine Stellung zwischen Schreib/Lesespeichern, mit denen sie die Struktur (Matrixaufbau) gemeinsam haben, und der fest verdrahteten Logik ein, mit der sie die feste Verknüpfung zwischen Ausgang und Eingang als Merkmal teilen. Wie bereits mehrfach erwähnt, ist die Struktur eines Speichers aufgrund des günstigen Verhältnisses der Zahl der Schaltkreise pro Anschluß für die Großintegration besonders attraktiv.

Im Vergleich zu den Schreib/Lesespeichern ist die einzelne Speicherzelle meist einfacher und damit mit geringerem Platzbedarf, Energiebedarf, höherer Dichte und geringeren Kosten herstellbar. Auch tritt bei Stromausfall kein Informationsverlust auf, da die gespeicherte Information, wie wir sehen werden, in Form einer Strukturänderung gespeichert wird. Oft kommt die Einfachheit auch der Geschwindigkeit zugute.

Alle diese Gesichtspunkte machen den Einsatz von Festwert- oder Lesespeichern an vielen Stellen im System interessant. Als Codewandler, Konstanten und Funktionsspeicher in Tabellenform, in der Mikroprogrammierung zur Steuerung fest vorgegebener Funktionsabläufe und zur Lösung von Anpassungsaufgaben zwischen Geräten verschiedener Signalformate haben sie sich einen festen Platz im Repertoire des Systemarchitekten gesichert.

Als Typen unterscheidet man irreversible und reversible Festwertspeicher. Bei den irreversiblen Festwertspeichern unterscheidet man zwischen den vom Hersteller programmierbaren (z.B. durch Masken bei der Herstellung) und den vom Kunden selbst programmierbaren (user bzw. field-programmable) Festwertspeichern. Mit dem Begriff reversible Festwertspeicher (eigentlich ein Widerspruch in sich) kennzeichnet man die Tatsache, daß der Speicher überwiegend als reiner Lesespeicher (read mostly memory, RMM) eingesetzt wird, daß aber die Möglichkeit zur Änderung der Information, meist erheblich langsamer als beim Lesen, besteht. Auf diese letztere Art von Speichern konzentriert sich heute ein wesentlicher Teil des Interesses in der Forschung.

## 5.4.1 Irreversible Festwertspeicher

Das Prinzip zeigt Bild 5.63. In einer Matrix von Leitungen, bei denen die horizontalen als Wortleitungen organisiert sind und die vertikalen als Leseleitungen mit angeschlossenem Leseverstärker, bestehen in den Kreuzungspunkten Kopplungen, die z.B. die binäre Information "1" oder keine Kopplungen, welche die Information "O" darstellen [5.50]. Die Art der Kopplung reicht von der Ohmschen durch Widerstände über kapazitive, magnetische (induktive) bis zu den elektrooptischen Kopplungen und ist von zahlreichen Nebenbedingungen abhängig wie z.B. Signal/Störverhältnis, leichte Herstellbarkeit, leichte Austauschbarkeit der Informationsträger (Kartenform) usw. [5.51]. Mit der Einführung der Halbleiterspeicher und deren technologischen Möglichkeiten hat auch die Technik der Festwertspeicher einen erheblichen Auftrieb erfahren.

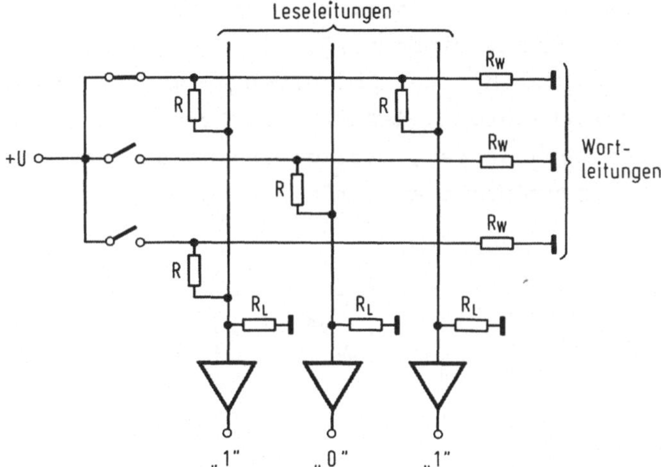


5.63. Prinzip des Festwertspeichers mit Widerstandskopplung

Als Koppelelemente (Bild 5.64) können z.B. Halbleiterdioden Verwendung finden. Sie bieten ein besseres Signal/Störverhältnis als lineare Kopplungselemente. Die Information wird hier üblicherweise auf zweierlei Art festgelegt. Einmal durch den Hersteller, der in seinem Maskensatz für die Herstellung der monolithischen Schaltung z.B. im Leitungsmu-

ster, also in einer Maske, einen dem individuellen Speicher angepaßten
Satz von Verbindungen herstellt. Der Anwender muß dem Hersteller zu
diesem Zweck entsprechende Angaben machen.

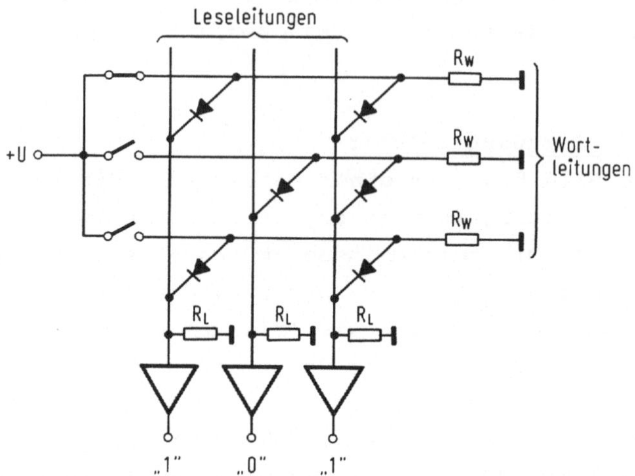


5.64. Prinzip des Festwertspeichers mit Diodenkopplung

Da der Anwender diese Information häufig nur ungern aus der Hand gibt,
geht man auch den anderen Weg, nämlich dem Anwender die Festlegung des
Informationsmusters zu überlassen, z.B. indem man in Reihe zur Diode
eine schmelzbare Verbindung einbaut [5.52]. Ein geeigneter Nickel-
Chrom-Widerstand kann durch einen Strom von 10 mA mit einer Dauer von
ca. 1 ms soweit erhitzt werden, daß er durchbrennt (fusable link) (Bild
5.65a). Eine andere Methode ist, zwei gegeneinander geschaltete Dioden
(Bild 5.65b) im Kreuzungspunkt anzuordnen und dort, wo keine Verbindung

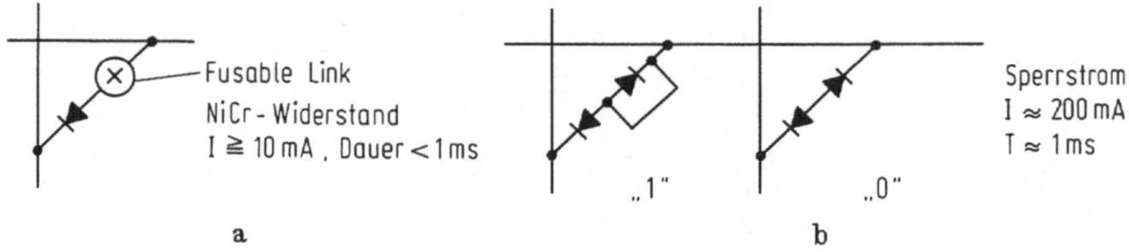


5.65. Möglichkeiten zur externen Programmierung des Festwertspeichers:
a. Prinzip der Schmelzverbindung, b. Prinzip der durchlegierten Diode

entstehen soll, die eine Diode in Sperrichtung zu überlasten derart,
daß sie durchlegiert, d.h. einen Kurzschluß darstellt [5.53]. Nicht
durchgetrennte Dioden im Kreuzungspunkt werden beim Lesen in Sperrichtung unterhalb des Durchbruchs beansprucht, so daß nur ein kleines ka-
pazitives Störsignal in die Leseleitung gelangt.

Derartige Anordnungen haben 2 Nachteile:

a) Der Hersteller kann nicht vorher zerstörungsfrei prüfen, ob beim
vorliegenden Baustein die Programmierung mit seinen üblichen Werten
möglich ist (Ausweg: Teststruktur auf dem gleichen Chip);
b) muß die Schaltung zur Ansteuerung der Wortleitung die gesamte Leistung, welche in Leseleitung fließt, aufbringen und diese hängt
wiederum von der Information ab.

Eine Verbesserung stellt daher eine Matrix von Emitterfolgen dar (Bild
5.66), ihre Verstärkung entlastet die Treiberschaltung. Ihre Herstellung ist nicht wesentlich aufwendiger als die der Diodenanordnung. Als
schmelzbare Verbindung wird die zwischen dem Emitter und der Leselei-

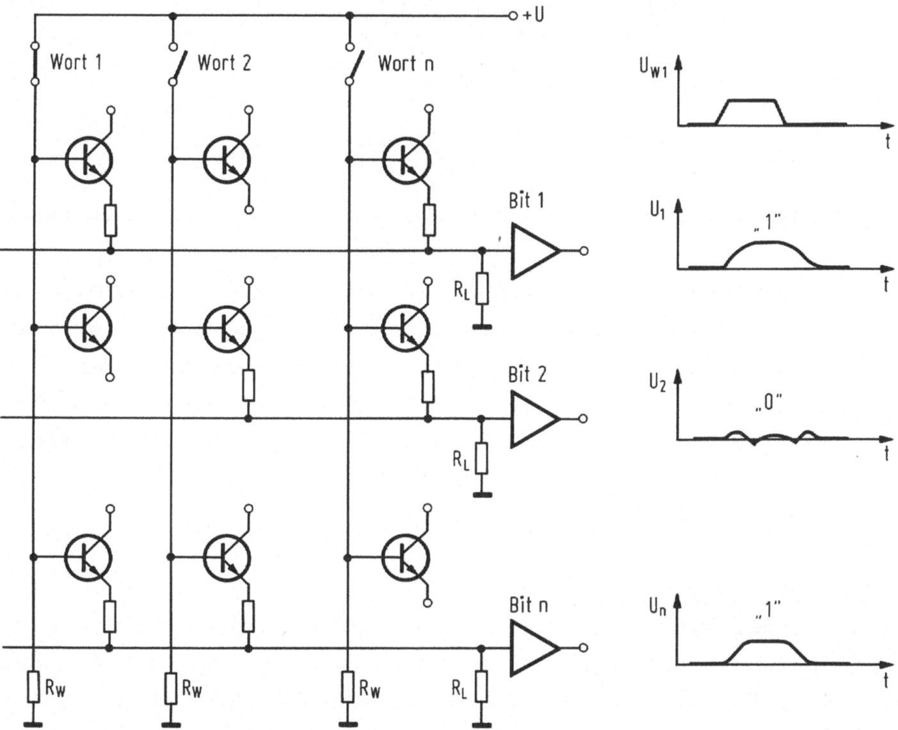


5.66. Festwertspeicher mit Transistorkopplung und Programmierung durch
Schmelzverbindung

tung gewählt. Der im Bild eingezeichnete Widerstand stellt den schmelz-
baren Widerstand dar. Mit dieser Anordnung sind bereits in einem relativ frühen Stadium der Integrationstechnik 1024 Bit auf ein Chip mit
einer Zugriffszeit von 100 ns, einer Dichte von 1600 Zellen/mm$^2$ und einer Verlustleistung von 350 µW/Bit integriert worden [5.54].

130

Als Beispiel für einen maskenprogrammierten Speicher sei eine Matrix
von MOS-Feldeffekt-Transistoren im Bild 5.67 angeführt [5.52]. Der
Gate-Anschluß eines selbstsperrenden FET ist an die Wortleitung angeschlossen, die Drain-Elektrode an die Leseleitung. An den Stellen,
an denen beim Lesen keine Verbindung zwischen Wort- und Leseleitungen
vorhanden sein soll, wird das Gate-Oxid durch Änderung der entsprechenden Maske genau so dick wie das Feldoxid. Die angelegte Spannung

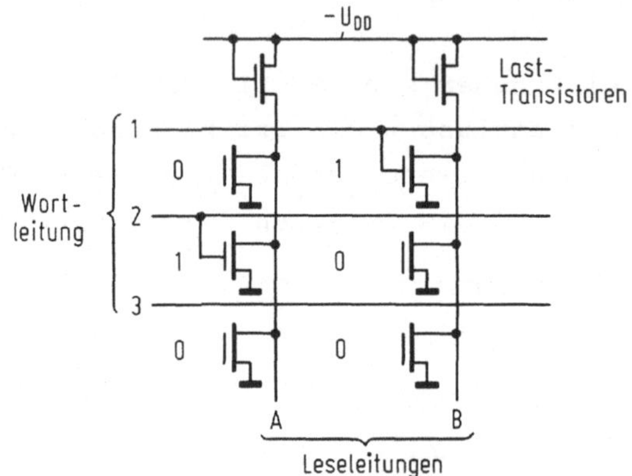


5.67. Festwertspeicher mit MOS-Transistoren und Maskenprogrammierung

reicht dann nicht mehr aus, um bei den Elementen mit dickem Oxid den
Kanal über die Schwellenspannung auszusteuern, wogegen bei den Transistoren mit dem dünnen Oxid die Schwellspannung überschritten wird
und ein Drain-Strom fließt. Es genügt das Standard-MOS-Herstellungs-
verfahren, um eine Dichte von ca. 1000 Bit/mm$^2$ zu erreichen. Allerdings ist es relativ teuer, individuelle Masken herzustellen und deswegen nur bei hohen Stückzahlen rentabel.

## 5.4.2 Reversible Festwertspeicher
Wie bereits in der Einleitung zu diesem Abschnitt erwähnt, überwiegt
bei diesen Speichern die Häufigkeit des Lesens und man legt den Speicher für diesen Betrieb aus (read mostly memory, RMM). Eine Möglichkeit zur Änderung wird jedoch vorgesehen, wobei man erheblich längere
Zeiten für das Schreiben im Vergleich zum Lesen in Kauf nimmt.

## 5.4.2.1 Der MNOS-Transistor (metal nitride oxide semiconductor, MNOS)
Der MNOS-Transistor erreicht das Einschreiben verschiedener Informationen durch eine von außen elektrisch einstellbare Schwellenspannung. Seinen Aufbau zeigt Bild 5.68. Es ist ein Feldeffekt-Transistor, bei dem
die Isolation für die Gate-Elektrode aus einem Schichtaufbau von dünnem

SiO$_2$ direkt auf dem Halbleiter und dickerem Si-Nitrid zwischen dem SiO$_2$ und der Gate-Elektrode besteht. Das SiO$_2$ ist sehr dünn, in der Literatur werden verschiedene Werte genannt [5.55, 5.56]. Sie liegen in der Gegend zwischen etwa 3 bis 30 nm, also etwa eine Größenordnung unter der sonst bei MOS-Transistoren üblichen Dicke des SiO$_2$, während die Dicke des Si$_3$N$_4$ etwa derjenigen bei üblichen MOS-Transistoren entspricht, nämlich etwa 30 bis 100 nm. Die Schwellenspannung ist abhängig von der Ladung der Haftstellen an der Grenzschicht zwischen dem SiO$_2$ und dem Si$_3$N$_4$. Durch eine entsprechend große Spannung am Gate können diese Haftstellen über einen Tunnelstrom durch das SiO$_2$ umgeladen werden.

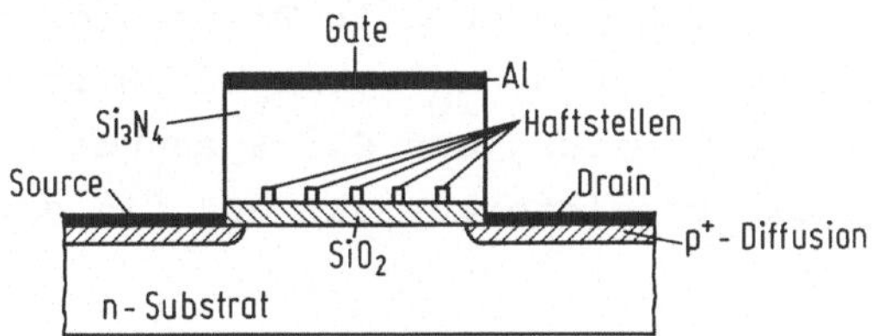


5.68. Aufbau eines MNOS-FET als Element eines reversiblen Festwertspeichers

Dieser Sachverhalt läßt sich in Form einer Hysteresekennlinie beschreiben, bei der in horizontaler Richtung die Spannung für die Umladung aufgetragen ist und in vertikaler Richtung die Schwellenspannung des Elementes (Bild 5.69a). Legt man eine Spannung von etwa 30 bis 40 V

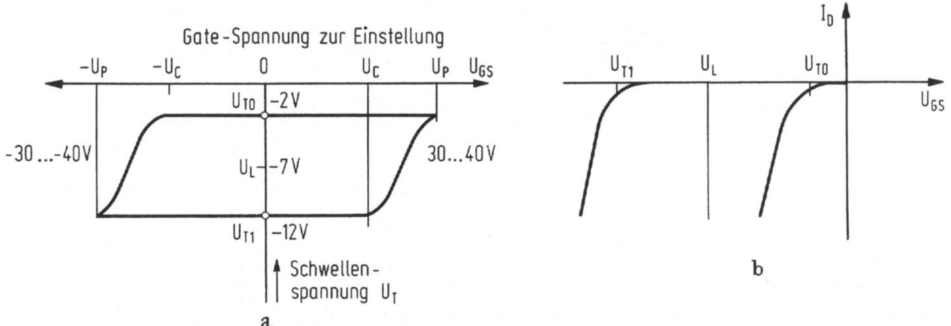


5.69a,b. Elektrische Eigenschaften des MNOS-Transistors
a. Elektrische Hysteresekennlinie
b. Einstellung der Schwellspannung für Speicherung von "0" (U$_{TO}$) und "1" (U$_{T1}$)

für eine Zeit von etwa 50 µs zwischen Gate und Source an, so hat der Transistor als "Remanenz" eine kleine Schwellenspannung U$_{TO}$ von ca. -2 V. Legt man eine Spannung von -30 bis -40 V zwischen Gate und Source an, so hat der Transistor im Anschluß daran eine große Schwellenspannung U$_{TL}$ von ca. -12 V. Beim Lesen einer Matrix aus solchen Elementen

132

legt man die Spannung an der Wortleitung $U_L$ in die Mitte zwischen $U_{TO}$
und $U_{TL}$ (Bild 5.59b). Der Transistor mit der kleineren Schwellenspannung führt dann sicher Strom, und der Transistor mit der großen Schwellenspannung sperrt.


Es verbleibt die Frage, wie die Matrix mit individuell verschiedener
Schwellenspannung der einzelnen Transistoren geschrieben werden kann.
Dazu betrachte man Bild 5.70. Zunächst werden alle Transistoren in
den gleichen Anfangszustand gebracht, d.h. dadurch gelöscht, daß man
für ca. 50 µs die Gate-Leitung (Wortleitung) auf die Spannung $+U_p$
(30 bis 40 V) bringt. Dadurch werden alle Transistoren in den Zustand niedriger Schwellenspannung $U_{TO}$ gebracht. Beim anschließenden
Einschreiben wird die Gate-Leitung auf die Spannung $-U_p$ (-30 bis -40 V)
gebracht. Bei denjenigen Transistoren, die auf die große Schwellen-

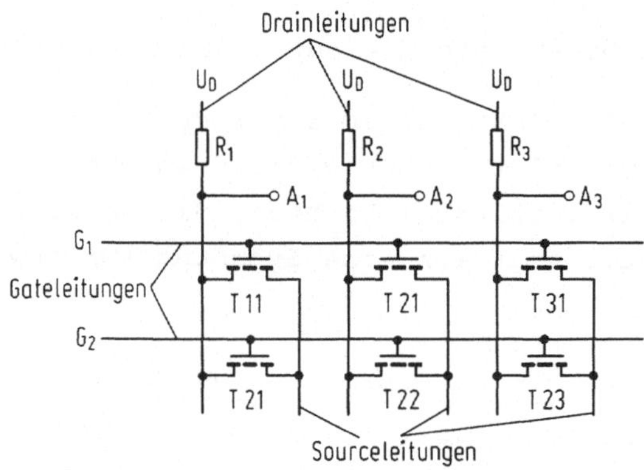


5.70. Matrixaufbau eines Festwertspeichers aus MNOS-Transistoren


spannung $U_{TL}$ gebracht werden sollen, werden die Source-Leitungen an
Masse gelegt, damit wirkt sich die vollen Spannung $U_{GS}$ aus, die anderen Elemente, bei denen $U_{TO}$ erhalten bleiben soll, werden mit offener
Source-Leitung betrieben. Da die Schwellenspannung überschritten ist,
ist der Kanal leitend und die Spannung zwischen Gate und Source gleich
der zwischen Gate und Drain. Die Drain-Spannung ist negativ. Unter der
Bedingung

$$|U_{GD}| < |U_C|$$

bleibt die beim Löschen eingebaute Schwellenspannung $U_{TO}$ erhalten.

Eine weitere Frage ist, wie lange die Grenzschichtentladung und damit die Schwellenspannung erhalten bleibt. Sie kann z.B. durch häufiges Lesen mit negativer Spannung bei den Elementen mit kleiner Schwellenspannung $U_{TO}$ allmählich geändert werden. Tatsächlich zeigt sich, daß nach etwa $10^6$ Leseoperationen eine Stabilisierung eintritt, bei der sich die Ausgangswerte um etwa 30 % geändert haben [5.56]. Eine selbständige Umladung oder Entladung der Haftstellen tritt ebenfalls auf. Man schätzt den Abbau auf 50 % des Anfangswertes in einer Zeit von etwa 10 Jahren [5.57].

Damit läßt sich ein elektrisch langsam veränderbarer Festwertspeicher mit großer Dichte bauen. Als Schwierigkeiten stehen dem entgegen, daß die Dicke des dünnen $SiO_2$ schlecht reproduzierbar ist und daß die Technologie der Herstellung die Beherrschung von $Si_3N_4$ verlangt. An anderer Stelle sind deswegen andere Materialkombinationen in Untersuchung, wie z.B. die Kombination MAS (metal aluminia semiconductor)[5.58], bzw. die Schichtfolge MAOS (metal aluminia oxide semiconductor)[5.59]. Alumina ist das Wort für $Al_2O_3$.

### 5.4.2.2 Der FAMOS-Transistor

Auch die Speicher aus FAMOS-Transistoren (floating gate avalanche injection MOS, FAMOS) beruhen auf der verschiedenen Schwellenspannung ihrer Koppelelemente, nur sind Aufbau und physikalischer Vorgang der Einstellung der Schwelle verschieden von der des MNOS-Transistors. Der Aufbau schließt sich an das im Abschnitt 5.2.4.2 besprochene Si-Gate-Verfahren an. Wie aus Bild 5.71 zu ersehen ist, befindet sich das Gate

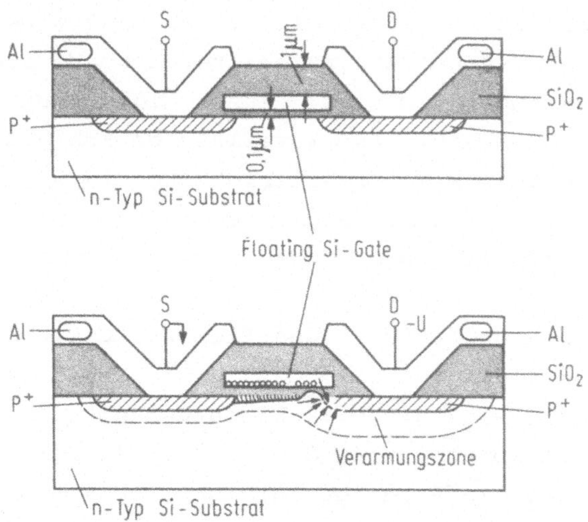


5.71. Aufbau und Einstellung eines FAMOS-Transistors durch Lawineneffekt-Ladungstransport auf das schwimmende Gate

134

eines MOS-Transistors rundum eingebettet in $SiO_2$, das zwischen Kanal
und polykristalliner Si-Gate-Elektrode die übliche Dicke von etwa 100
nm hat.

Das Gate ist elektrisch nicht angeschlossen, es "schwimmt" auf einem
unbestimmten Potential. Legt man nun eine hohe negative Spannung, z.B.
-50 V zwsichen Drain und Gate an, so liegt der größte Teil dieser Spannung am Drain-seitigen gesperrten PN-Übergang. Bei einem Lawinendurchbruch an dieser Stelle können im Feld beschleunigte Elektronen auch
durch das dünne Oxid auf die schwimmende Gate-Elektrode gelangen. Nach
einer Zeit von einigen Millisekunden befinden sich genügend viele Elektronen auf dem Gate, um dem Element nach Ende des Lawinendurchbruchs
eine Schwellenspannung von -10 V zu verleihen, während die Schwellenspannung ohne Lawinendurchbruch sehr niedrig liegt (z.B. -0,5 V).

Die Elektronen bleiben auf dem allseits gut isolierten Gate für sehr
lange Zeit. Einen Abfall der Schwellenspannung um 10 % erwartet man
in etwa 100 Jahren. Manche Autoren schreiben von einem Verlust von
einem Elektron pro Jahr. Der Speicher kann nun von außen mit ultra-
violettem Licht gelöscht werden, falls ein Fenster zur Oberfläche
vorhanden ist, ohne Fenster gelingt das Löschen mit Hilfe von Rönt-
genstrahlen [5.60].

### 5.4.2.3 Speicher aus halbleitendem Glas

Ein Speicherverfahren, das im Zusammenhang dieses Abschnitts aus dem
Rahmen fällt, ist das mit Elementen aus halbleitendem Glas. Alle bisher beschriebenen Speicher aus Halbleiterbauelementen beruhen auf ein-
kristallinem Material. Das nunmehr zu besprechende Verfahren enthält
hingegen Elemente aus amporphem Glas, dessen Widerstand je nach Vorbe-
handlung verschieden groß ist. Eine zuverlässige Erklärung des physikalischen Effekts stößt noch auf Schwierigkeiten [5.61]. Trotzdem sind
Lesespeicher dieser Bauform bereits auf dem Markt. Nach ihrem Erfinder
Ovshinsky werden sie oft auch als "Ovonics" bezeichnet.

Bild 5.72 zeigt einen Schnitt durch das Element. Das schaltbare Glas
liegt zwischen 2 Elektroden aus Molybdän, eingebettet in $SiO_2$, und
in Serie dazu eine Halbleiterdiode in Planartechnik. Das Element aus
Glas hat Kennlinien entsprechend Bild 5.73 [5.62]. Darin läßt sich
ein hochohmiger und ein niederohmiger Ast unterscheiden, welche durch
Umschalten eingestellt werden können. Die Abmessungen sind sehr klein,
ca. 5 µm als Durchmesser für das Glaselement allein.

Beim "Setzen" (set) legt man eine Spannung an das Element, welche
größer ist als die Schwellenspannung von ca. 25 V. Nach einer Zeitvon
ca. 10 ms nimmt der Widerstand des Elements auf einen sehr kleinen

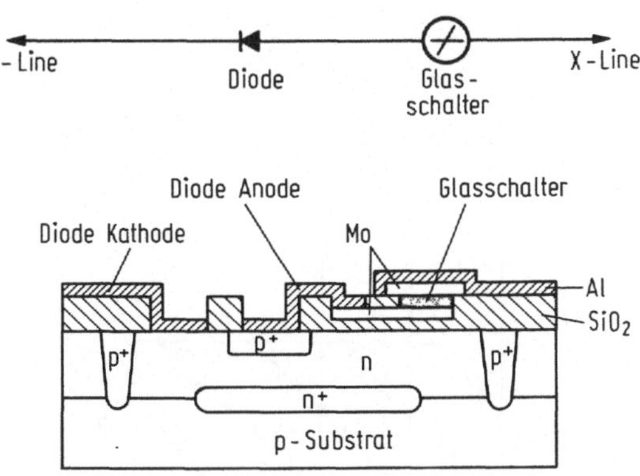


5.72. Aufbau eines Speicherelements aus halbleitendem Glas

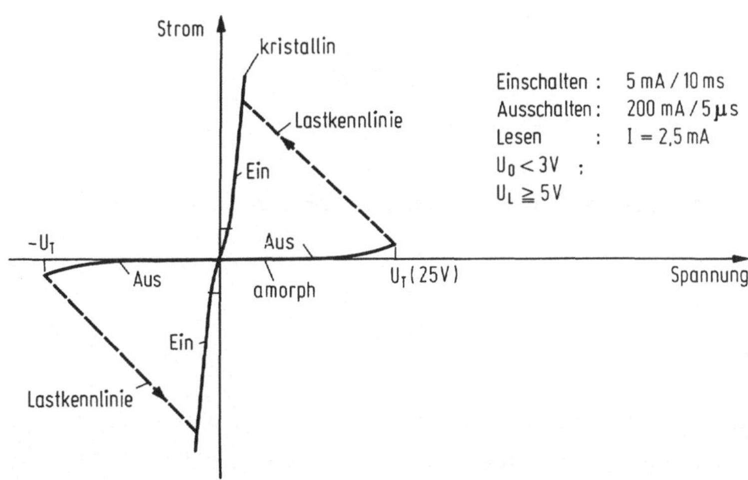


5.73. Kennlinie eines Speicherelements aus halbleitendem Glas

Wert (steiler Ast) ab. Beim "Zurücksetzen" (reset) schickt man einen
großen Strom von ca. 200 mA für eine relativ kurze Zeit von ca. 5 µs
durch das Element. Dadurch erreicht man einen hochohmigen Zustand mit
einem um 3 bis 4 Größenordnungen höheren Nullpunktwiderstand des Elements. Beim Lesebetrieb in einer Matrix entsprechend Bild 5.74 bleibt

die Ansteuerung erheblich unter den Werten für die Umschaltung und
nutzt nur den unterschiedlichen Widerstand der Elemente im Kreuzungspunkt zweier Leitungen aus. Die Diode in Reihe zum Element dient zur
Vermeidung von Nebensprecherscheinungen über benachbarte Leitungen,
da die Spannung der Leseleitung angehoben wird.

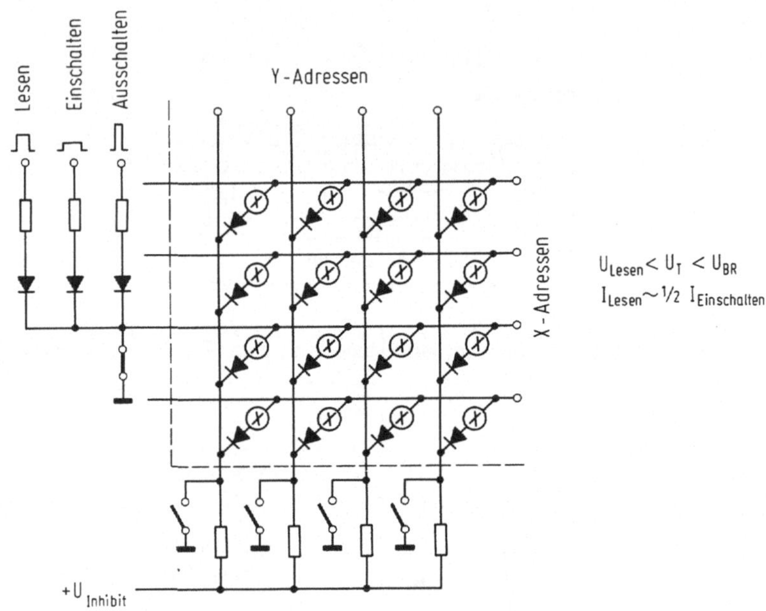


5.74. Speichermatrix und Ansteuerung eines Glasspeichers

### 5.4.3 Daten für Festwertspeicher (Tabellen 5.3 und 5.4)

Die beiden Aufstellungen über Daten von Festwertspeichern sind der
Literatur entnommen [5.52, 5.63] und stecken den Bereich ab, der mit
Festwertspeichern überstrichen werden kann. Es stehen eine Reihe von
Varianten zur Verfügung, welche hohe Integrationsgrade, kurze Zugriffszeit, niedrige Verlustleistung und niedrigen Preis in unterschiedlicher Kombination bieten. Der Anwender hat also die Auswahl
aus einem Spektrum von Möglichkeiten. Es sei darauf hingewiesen, daß
sich beide Tabellen nach heutigem Maßstab nicht mehr auf dem neuesten
Stand befinden.

Tabelle 5.3 [5.52]. Daten von Festwertspeichern

| Type | Construction | Typical organization | Read access time (ns) | Dissipation per bit | Cents per bit |
|---|---|---|---|---|---|
| Mask[*] | MOS | 1024 x 8 | 150 | 60 µW | 0,7 |
| Programmed | MOS | 1024 x 12 | 2000 | 20 µW | 0,3 |
| | SOS | 1024 x 3 | 20 | 60 µW | 1,4 |
| | Bipolar | 1024 x 1 | 50 | 0,5 mW | 2,4 |
| Electrically Programmed | Fusable link (Bipolar) | 256 x 4 | 60 | 0,5 mW | 10 |
| | Shorted diode (Bipolar) | 32 x 8 | 50 | 2 mW | 10 |
| Reprogrammable | FAMOS | 256 x 8 | 700 (static) 500 (dynamic) | 250 µW | 10 |
| | Amorphous Semiconductor | 16 x 16 | 150 | – | 18 |

[*] Masking costs not included

Tabelle 5.4 [5.63]. Daten von Festwertspeichern

| Firma | Bezeichnung | Betrieb | Kapazität | Prog. | Zugriff (ns)max. | P Mittel mW/bit | $U_B$ (V) | TTL- komp. | Bemerkungen | |
|---|---|---|---|---|---|---|---|---|---|---|
| MM | MM 5200 | stat. | 256 x 4 | ROM | 30/50 | 0,35 | 5 | ja | 16 PIN | BIPOLAR |
| MM | MM 6205 | stat. | 512 x 4 | ROM | 30/55 | 0,195 | 5 | ja | 16 PIN | |
| MM | MM 5280 | stat. | 1024x 8 | ROM | 30/150 | 0,055 | 5 | ja | 24 PIN | |
| H | HROM-0512 | stat. | 64  x 8 | PROM | 75 | 0,1 | 5 | ja | fusable link | |
| MM | MM 6300 | stat. | 256 x 4 | PROM | 30/55 | 0,345 | 5 | ja | 16 PIN | |
| MCM | MCM 1131 L | stat. | 64 x 5 x 7 | ROM | 250/500 | 0,18 | -28/-14 | nein | 24 PIN | MOS |
| GI | RO-1-2240 | dyn. | 64 x 5 x 7 | ROM | 500 | 0,11 | 12,5/-12,5 | (ja) | | |
| VO | V 003 | stat. | 1024 x 2 | ROM | 450 | 0,01 | 5/-12 | ja | 16 PIN | |
| EA | EA 3100 | dyn. | 256  x 10 | ROM | 1000 | 0,215 | 10 | (ja) | | |
| EA | EA 4800 | stat. | 2048 x 8 | ROM | 1225 | 0,032 | 5/-12 | (ja) | 24 PIN | |
| Int. | 1601/1701 | stat. | 256 x 8 od. | e.PROM | 1000 | 0,13 | 5/-9 | (ja) | FAMOS | |
| | | dyn. | 512 x 4 | | 650 | | | | Schreib.: -48 V/ 10x20 ms | |
| | | | | | | | | | Lösch.:  Röntgen/ UV-Licht | |
| ECD | RM-256 | stat. | 16 x 16 | e.PROM | 50 | | | | Dioden und amorphes Gas | |

## 5.5 Assoziative Speicher [5.64]

Assoziative Speicher werden auch als inhaltsadressierbare Speicher
(content addressable memory, CAM) bezeichnet. Wie der Name sagt,
ist die Adresse ein Teil des Speicherobjekts. Bei den in den vorher-
gehenden Abschnitten besprochenen Speichern besteht ein Speicherobjekt aus dem Inhalt, d.h. den zu speichernden Daten und einem Ordnungsmerkmal zum Aufsuchen des Inhalts, d.h. der Adresse. Dieser
Sachverhalt ist im Bild 5.75 wiedergegeben. Die Speichermatrix ist
für die Aufbewahrung des Inhalts zuständig. Das Ordnungsmerkmal ist
die Nummer des Speicherplatzes, der Decodierer ordnet jeder Nummer
einen festen Platz zu.

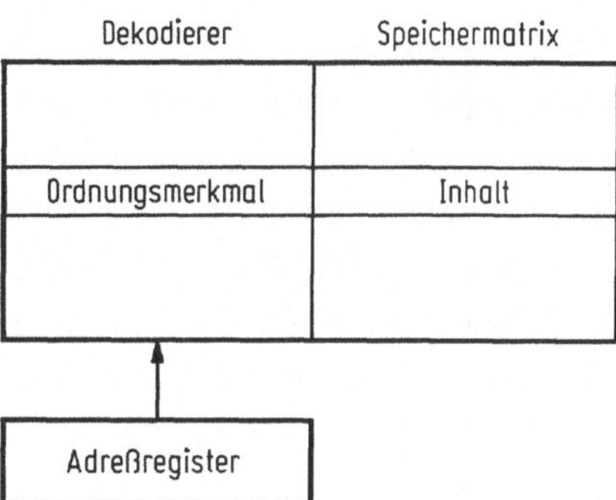


5.75. Prinzip des Adressenspeichers
mit Aufteilung des Speicherobjekts
in Ordnungsmerkmal und Inhalt

Beispiel : Flugplan

|  | lfd. Nr. | Flugnummer | Zeit | Start | Ziel | Marke |
|---|---|---|---|---|---|---|
| Inhalt | 1 | LH 310 | 12.00 | Frankfurt | London | * |
|  | 2 | SAS 150 | 12.15 | Frankfurt | Stockholm |  |
|  | 3 | SR 850 | 12.30 | Zürich | New York |  |
|  | 4 | AF 210 | 12.30 | Paris | Rom |  |
|  | 5 | BEA 180 | 12.45 | London | Frankfurt |  |
|  | 6 | TWA 890 | 12.50 | Frankfurt | London | * |
| Maske | //////// | //////// | //////// |  |  |  |
| Suchwort |  |  |  | Frankfurt | London |  |

5.76. Flugplan als Beispiel für ein Speicherobjekt

Der Flugplan lt. Bild 5.76 als Beispiel wäre also in einem Adress-
speicher nach Maßgabe der laufenden Nummer abgespeichert. Will man z.
B. wissen, welche Flüge von Frankfurt nach London gehen, so muß man
eine Adresse nach der anderen ansprechen, den Speicherinhalt auslesen
und im Ausgaberegister den Teil des Gesamtinhalts, der Start und Ziel
angibt, vergleichen mit den gesuchten Orten. Dies ist offensichtlich
eine langwierige Prozedur.

140

Der inhaltsadressierbare Speicher bietet die Möglichkeit, einen Teil
der Speichermatrix zum Ordnungsmerkmal zu machen und dann nur diejeni-
gen Worte gezielt zu lesen, bei denen zwischen Ordnungsmerkmal und
Speicherinhalt an der vorgeschriebenen Stelle Übereinstimmung, d.h.
Anpassung (match condition) besteht. Ein assoziativer Speicher lt.
Bild 5.77 besteht also aus einer Speichermatrix, in der jede Spei-
cherzelle gleichzeitig die logische Funktion eines Vergleichs mit
Hilfe einer Koinzidenzschaltung durchführen kann. Als Eingang des
Speichers dient das Suchregister, in dessen einem Teil, dem Namenre-
gister, das Suchwort (Frankfurt, London) untergebracht ist und in
dessen Maskenregister die Stellen gekennzeichnet werden, die beim
Vergleich im Augenblick nicht interessieren (Flugnummer, Startzeit).
Beim Speicheraufruf findet parallel ein Vergleich des im Namenregi-
ster gespeicherten Ordnungsmerkmals mit allen Worten im Speicher statt;
bei Übereinstimmung setzt die Koinzidenzschaltung eine Marke im Assoziations-Wortregister. Da an mehreren Stellen (im Beispiel an 2 Stellen) eine solche Übereinstimmung bestehen kann, bedarf es der Wortaus-
wahl, welche festlegt, in welcher Reihenfolge die markierten Worte aus-
gelegen werden. Dabei ist vorausgesetzt, daß die Speichermatrix wortorganisiert ist, d.h. daß die Auslese wortseriell und bitparallel erfolgt.

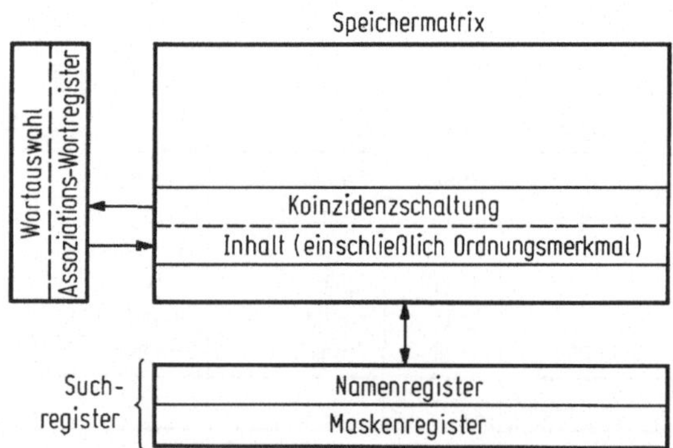


5.77. Prinzip des inhaltsadressierbaren Speichers, bei dem das Ordnungsmerkmal Teil des Inhalts ist

Die wesentlichen Systemeigenschaften eines assosiativen Speichers lassen sich wie folgt zusammenfassen [5.65]:

a) Es wird nicht zwischen Ordnungsmerkmal und Inhalt unterschieden.
Das Ordnungsmerkmal ist von vornherein nicht gegeben, also variabel.
Die Anordnung der Worte im Speicher, z.B. deren Reihenfolge, ist ir-
relevant. Suchraum und Speicherraum sind nicht identisch.

b) Mehrere Worte können gleichzeitig die Suchbedingung erfüllen. Die Reihenfolge beim Auslesen hängt von der Wortrandlogik ab.

Diese Eigenschaften eröffnen dem assoziativen Speicher eine ganze Reihe von Anwendungen, welche speziell von diesen Eigenschaften bei bestimmten Aufgaben Gebrauch machen. Das angeführte Beispiel ist aus der Kategorie der Katalogspeicher entnommen. Darunter fallen z.B. Bibliothekskataloge, Anschriften und Branchenverzeichnisse usw.. Eine andere Anwendung besteht in der Speicherung von logischen Schaltfunktionen (functional memory), bei denen nicht alle Codekombinationen vorkommen und die deswegen wirtschaftlicher mit Hilfe des Assoziativspeichers realisiert werden können. Auch für gleichartige Operationen an ganzen Datenfeldern eignen sich assoziative Speicher sehr gut. Im einzelnen sei auf die Literatur [5.66, 5.67] verwiesen, da diese Fragen weit in den Bereich der Systemarchitektur hineinreichen.

Wesentlich für das im Rahmen dieser Darstellung vorliegende Intersse ist einmal die Tatsache, daß bei den meisten Anwendungen sehr große Speicher benötigt werden ($10^9$ bis $10^{12}$ bit) und daher bisher die Kosten prohibitiv hoch sind. Dies hängt nicht nur mit der Anzahl zusammen, sondern auch damit, daß eine Speicherzelle zusätzliche logische Funktionen erfüllen muß, welche sie stets komplizierter und deswegen auch teurer machen als übliche Speicherzellen. Die Verfahren der Großintegration eröffnen hier neue Möglichkeiten.

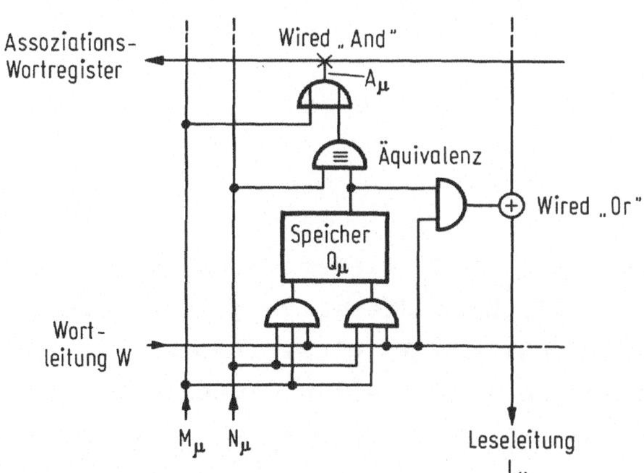


5.78. Logische Struktur einer assoziativen Speicherzelle

Es soll nun auf die Frage der Struktur einer assoziativen Speicherzelle eingegangen werden. Aus Bild 5.78 geht die logische Funktion hervor.

142

Zusätzlich zum eigentlichen Speicher sind die Funktionen für den Vergleich in Form der Äquivalenzprüfung und für die Maskierung vorgesehen. Zusätzlich zur Bitleitung und Leseleitung verläuft in vertikaler Richtung eine Leitung für die Maskierung, in horizontaler Richtung zusätzlich zur Wortleitung eine Leitung zum Assoziations-Wortregister. Die 3 Operationen Lesen, Schreiben, Assoziieren sind wie folgt zu beschreiben:

### Lesen

$$L_\mu = W \wedge Q_\mu.$$

In Worten: Geht die Wortleitung auf "1", so wird der Inhalt des Speichers $Q_\mu$ über das UND-Gatter auf die Leseleitung gegeben.

### Schreiben

$$Q_\mu = W \wedge B_\mu \wedge M_\mu.$$

In Worten: Der Speicherinhalt $Q_\mu$ wird nach Maßgabe des Zustandes der Bitleitung $B_\mu$ eingeschrieben, wobei die Wortleitung angesteuert wird und gleichzeitig die Leitung für die Maskierung auf "1" liegt. Durch die Leitung für die Maskierung kann auch schon beim Einschreiben und nicht nur beim Vergleich maskiert werden.

### Assoziieren

$$A_\mu = M \vee Q_\mu \equiv N_\mu.$$

In Worten: Die Funktion $Q_\mu \equiv N_\mu$ liefert dann eine "1", wenn ihre beiden Eingänge gleich sind. Wenn dieser Vergleich maskiert werden soll, so liefert bereits die Leitung $M_\mu$ diese Information an den Ausgang des ODER-Gatters. Alle Ausgänge der Zellen eines Wortes müssen beim Vergleich übereinstimmen. Daher werden alle Ausgänge konjunktiv verknüpft

$$A = \hat{\bigwedge_\mu} A_\mu.$$

Im Bild ist dies durch ein Kreuz angedeutet, welches eine verdrahtete UND-Verknüpfung darstellt.

Die elektrische Realisierung kann grundsätzlich in irgendeiner Familie
logischer Schaltungen vorgenommen werden, wie das auch bei einer normalen Speicherzelle möglich ist. Aus wirtschaftlichen Gründen versucht
man jedoch meist, durch optimale Ausnutzung der Eigenschaften der verwendeten Bauelemente die obigen Funktionen mit möglichst wenigen Bauelementen zu verwirklichen. Es sind eine ganze Anzahl von solchen Zellen beschrieben worden [5.66]. Als Beispiel soll hier die Struktur einer Zelle in MOS-Technik besprochen werden [5.68], die in Bild 5.79
dargestellt ist.

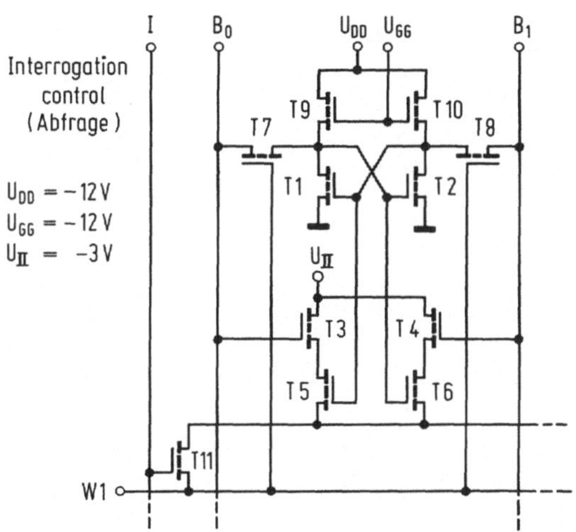


5.79. Schaltbild einer assoziativen Speicherzelle aus MOS-Transistoren
(Texas Instruments TMS 4000 JC)

Das Speicher-Flip-Flop besteht aus den Transistoren T1, T2, T9, T10.
T7 und T8 stellen die Koppeltransistoren zu den beiden Bit/Leselei-
tungen $B_0$ und $B_1$ dar. Die Transistoren T3, T4, T5, T6 und T11 besorgen
die logischen Verknüpfungen. Die Wortleitung ist identisch mit der Leitung zum Assoziations-Wortregister. Zur Abfrage ist ferner eine Leitung mit der Bezeichnung "Interrogation-Control" (Abfragesteuerung) parallel zu den Bit/Leseleitungen geführt. Die Wahrheitstabelle hat fol-
gendes Aussehen:

Tabelle 5.5. Wahrheitstabelle der Assoziativ-Speicher von Bild 5.79

| Operation | Eingang | | | | Ausgang |
|---|---|---|---|---|---|
| | I | W | $B_O$ | $B_1$ | |
| Schreiben "0" | H | L | L | H | |
| Schreiben "1" | H | L | H | L | |
| Schreiben maskiert | H | L | L | L | |
| Lesen "0" | O | L | $\simeq$ L | $\simeq$ L | Strom in $B_1$ ca. 200 µA |
| Lesen "1" | O | L | $\simeq$ L | $\simeq$ L | Strom in $B_O$ ca. 200 µA |
| Abfrage "0" | L | $\simeq$ H | L | H | Strom in W von ca. 200 µA zeigt Fehlanpassung |
| Abfrage "1" | L | $\simeq$ H | H | L | |
| Abfrage maskiert | L | H | H | L | Kein Strom in W von dieser Zelle |
| Wartestellung | H | H | beliebig | beliebig | |

H = 0 V, L = niedrigstes Potential, d.h. -12 V.

Das Schreiben und Lesen erfolgt wie üblich. Beim maskierten Schreiben
werden beide Bit/Leseleitungen auf negatives Potential gelegt, der Zustand der Zelle nach dem Schreiben ist dann unbestimmt. Bei Abfrage
"O" wird an die Bit/Leseleitungen die beim Einschreiben der "O" be-
nutzte Signalkombination angelegt. Bei Anpassung sperrt nun immer einer der Transistoren T3, T5 bzw. T4, T6, so daß in der Wortleitung W
kein Strom fließen kann. Die für das Setzen der Maske im Assoziations-
wortregister zu erfüllende Bedingung ist die, daß überhaupt keine Zelle einen Strom in die Wortleitung schickt. Dann besteht Anpassung in
allen Zellen entlang einer Wortleitung W. Besteht Fehlanpassung, z.B.
$B_O$ = L und T1 leitet, dann leiten T3 und T5 und über T11 gelangt ein
Strom in die Wortleitung. Im umgekehrten Fall leiten T4 und T6. Bei
der maskierten Abfrage werden beide Bit/Leseleitungen auf H gelegt.
Dadurch sperren T3 und T4 und es kann kein Strom in die Wortleitung
fließen. In Wartestellung sind T7, T8 und T11 gesperrt, die Zelle arbeitet als speichernde bistabile Kippstufe.

# 5.6 Zusammenfassung

Zum Abschluß dieses Kapitels möge als Zusammenfassung ein Diagramm
(Bild 5.80) stehen, in dem die beiden wesentlichen technischen Größen,
welche im Wettbewerb der Halbleiterspeicher untereinander die Haupt-
rolle spielen, dargestellt sind, nämlich die Ruheverlustleistung und
die Speicherdichte.

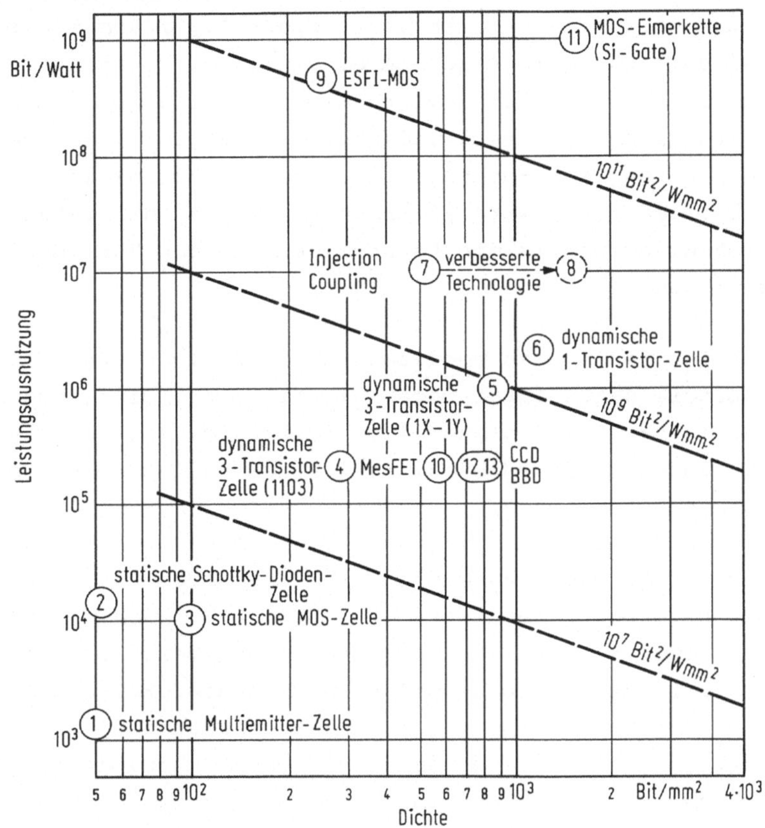


5.80. Vergleich verschiedener Halbleiterspeicher bezüglich Dichte und
Leistungsausnutzung

1. Multiemitter-Zelle (Abschn. 5.2.1.1)
2. Schottky-Dioden-Zelle (Abschn. 5.2.1.2)
3. Statische MOS-Zelle (Abschn. 5.2.1.3)
4. Dynamische 3-Transistor-Zelle (2X-2Y)(Abschn. 5.2.2.1)
5. Dynamische 3-Transistor-Zelle (1X-1Y)(Abschn. 5.2.2.1)
6. Dynamische 1-Transistor-Zelle (Abschn. 5.2.2.2)
7. Statische Bipolar-Zelle mit "Injektionskopplung" (Abschn. 5.2.4.1)
8. Statische Bipolar-Zelle mit "Injektionskopplung" und verbesserter
   Technologie (Abschn. 5.2.4.1)
9. Statische komplementäre MOS-Zelle in ESFI-Technik (Abschn. 5.2.4.2)
10. Statische MES-FET-Speicherzelle (Abschn. 5.2.4.2.7)
11. MOS-Eimerkette in Si-Gate-Technik (Abschn. 5.3.4)
12. MOS-Eimerkette in Si-Gate-Technik (Abschn. 5.3.5)
13. CCD-Element in Si-Gate-Technik (Abschn. 5.3.5)

Als eine Koordinate ist direkt die Dichte in Bit/mm$^2$ gewählt, als andere Koordinate die Zahl der Bit pro Watt Verlustleistung. Als Bezeichnung für die letztere wird "Leistungsausnutzung" vorgeschlagen. Entsprechend der Angabe für die Dichte ist eine bestimmte Speichertechnologie umso besser, je größer der Wert für die Leistungsausnutzung wird. Als Gütekriterium erster Ordnung läßt sich dann das Produkt aus "Leistungsausnutzung·Dichte" definieren. Die Orte, entlang denen dieses Produkt konstant ist, sind Geraden bei doppelt logarithmischer Darstellung. Drei davon sind im Diagramm eingetragen. Damit ist ein ähnlich übersichtlicher Vergleich möglich wie bei der Darstellung der Speicherkapazität über der Geschwindigkeit (Kapitel 1) bzw. dem Diagramm für die Leistung als Funktion der Verzögerung bei logischen Schaltungen (bei letzterem wäre allerdings, um die Entsprechung vollständig zu machen, ebenfalls die Leistungsausnutzung über der Geschwindigkeit aufzutragen).

Beim Vergleich ist im Auge zu behalten, daß für die Beurteilung einer Speichertechnologie weitere Parameter wichtig sind. Die eingetragenen Werte sind die in Kapitel 5 behandelten Beispiele, stellen also eine unvollständige Auswahl dar, die zum Teil einem völlig verschiedenen Stand der Technik entsprechen.

Zur Berechnung der Leistungsausnutzung ist die Ruheverlustleistung herangezogen. Sie sagt bei dynamischen Verfahren u.U. nichts aus über die im Betrieb auftretende wirkliche Verlustleistung bei häufigem Schreiben und Lesen. Falls in der zugrunde gelegten Literaturstelle nur Angaben über die Verlustleistung bei einer bestimmten Frequenz des Aufrufs (z.B. 5 MHz) gemacht sind, sind diese Werte auf 1 kHz umgerechnet worden. Aus diesem Grund kommt z.B. die MOS-Eimerkette aus Abschnitt 5.3.4 (Nr. 11) wohl zu gut weg bei der Darstellung.

Wie man sieht, hat man bei der Dichte seit der Multiemitter-Zelle Fortschritte um etwa 1 1/2 Größenordnungen gemacht, während man in der Ruheverlustleistung rund 6 Größenordnungen an Verbesserung erzielte. Die Frage der Flüchtigkeit der Information bei Ausfall der Versorgungsspannung ist deswegen nicht mehr so wichtig, da bereits eine relativ kleine Batterie als Pufferung dienen kann. Ebenso ist das Problem der Wärmeentwicklung in den Hintergrund getreten.

Die Nummern 1, 2, 7, 9, 1o sind statische Speicherzellen. Die allgemeine Aussage "dynamische Speicherzellen.liefern bessere Werte als statische" läßt sich demnach ebensowenig begründen wie diejenige "MOS-Elemente liefern bessere Daten als Bipolartransistoren", da Nr. 7 als bipolare Zelle beachtliche Werte erreicht. Nachdem also das Rennen noch nicht entschieden ist, ist die wesentliche Frage wohl die, wie ausbaufähig der heutige Stand einer Technologie ist und wie flexibel sie verschiedene Anforderungen erfüllen kann. Der Ende 1973 erreichte Stand von etwa 1000 Zellen/mm$^2$ und $10^6$ bis $10^8$ Zellen/W kann als beachtlicher Erfolg der Halbleitertechnologie insgesamt gewertet werden.

Was die Zugriffszeit anbetrifft, so erreichen großintegrierte Halbleiterspeicher mit Werten unter 1 µs die von Ferritkernspeichern bekannten Werte ohne weiteres, die schnellsten gelangen mit Zeiten um 50 ns weit darunter.

Die Kapazität ist in weiten Grenzen wählbar. Sie beginnt beim einzelnen Flip-Flop und reicht über Register mit der Länge von einem oder mehreren Byte über die Schieberegister oder wahlfrei adressierbaren Speicherchips nach oben bis in den Bereich von mehreren hundert Kilobit. Dabei ist die Größe des einzelnen Bausteins, d.h. die Kapazität von einem Chip, für die Wirtschaftlichkeit von ausschlaggebender Bedeutung, da sie den Umfang und die Zahl der zum Aufbau nötigen Schaltungsplatten und Steckverbindungen bestimmt. Führende Halbleiterhersteller sind der Meinung, daß man bei Chipgrößen von 4000 bit, spätestens mit 8000 bit pro Chip, den Ferritkernspeicher auch bei größeren Kapazitäten endgültig unterbieten wird. Wie besprochen sind solche Bausteine in der Entwicklung, teilweise bereits käuflich.

Die Speicherperipherie ist problemlos für den Anwender. Sie ist auf dem Chip mit integriert. Allenfalls bei hochintegrierten MOS-Schaltungen mit ihren hohen Impedanzen müssen zur Ansteuerung der niederohmigen Verbindungsleitungen zwischen den Bausteinen besondere Maßnahmen ergriffen werden. Im Signalpegel paßt man sich weitgehend den gebräuchlichen TTL-Schaltungen an.

So stellt sich der Halbleiterspeicher heute als _die_ Lösung für den Arbeitsspeicher im Rechner dar. Obwohl die Magnetspeicher 1972 noch 80 % des Marktes beherrschten, scheint ihre Ablösung nur noch eine Frage der Zeit. Dabei soll nicht verkannt werden, daß gewaltige Anstrengungen und Investitionen notwendig waren und noch aufzubringen sind, um die Technologie der Herstellung in all ihren Teilaspekten voll in den Griff

zu bekommen. Ein eindrucksvolles Bild vom Stand der Technik gibt die
Fotografie eines Speicherchips mit 256 bit [5.69] in Form des Bildes
5.81.

5.81. Fotografie eines Speicherchips mit 256 Bit [5.69]

Wie sich diese bisher beschriebenen Speicherverfahren im Vergleich mit
anderen Techniken, die weniger als Hauptspeicher sondern als Massen-
bzw. Hintergrundspeicher konzipiert sind, einstufen lassen, soll zur
Abrundung und Ergänzung im Kapitel 6 untersucht werden.

## 5.7 Schrifttum zu Abschnitt 5

<u>Abschnitt 5.1</u>

5.1  Graham, R.F.: Semiconductor memories: evolution or revolution.
     Datamation (1969) 6.

5.2 Feth, G.C.: Memories are bigger, faster and cheaper. IEEE Spectr. 10 (1973) 11, 28-35.

5.3 Meade, R.M.: How a cache memory enhances a computer's performance. Electronics 45 (1972) 2, 58-63.

5.4 Ayling, J.K.; Moore, R.D.; Tu, G.K.: A high performance monolithic store. ISSCC Dig. of Techn. Papers (1969) 36-37.

5.5 Agusta, B.: A 64 bit planar double diffused monolithic memory chip. ISSCC Dig. of Techn. Papers (1969) 38-39.

5.6 Farber, A.S.; Schlig, E.S.: A novel high-performance bipolar mono-lithic memory cell. IEEE J. SC 7 (1972) 4, 297-300.


Abschnitt 5.2

5.7 Rice, R.; Sander, W.B.; Greene Jr., F.S.: Design considerations leading to the ILLIAC IV LSI process element memories. IEEE J. SC 5 (1970) 5, 174-181.

5.8 Hodges, D.A.: Large semiconductor memory. IEEE Proc. 56 (1968) 7, 1148-1162.

5.9 Lynes, D.J.; Hodges, D.A.: Memory using diode-coupled bipolar transistor cells. IEEE J. SC 5 (1970) 5, 186-191.

5.10 Beneking, H.: Feldeffekttransistoren. Berlin, Heidelberg, New York: Springer 1973.

5.11 Kantz, D.; Mitterer, R.: GDQ 106, ein großintegrierter Speicher-baustein in MOS-Technik. Siemens Z. 45 (1971) 4, 313-315.

5.12 Huber, R.J.; et al.: Simplified n-channel process achieves high performance. Electronics 47 (1974) 5, 117-122.

5.13 Bizjak, J.F.: A new random access memory. Austral. Electr. Engin. 5 (1972) 12, 10-16.

5.14 Hoff Jr.; M.E.: The 1103-1024 memory bits on a chip. Electron. Des. 20 (1972) 2, 40-45.

5.15 Hoff Jr., M.E.: 5 W per million bit of memory. Electron. Des. 20 (1972) 5, 50-53.

5.16 Hoff Jr., M.E.: Silicon-gate dynamics MOS crams 1024 bits on a chip. Electronics 43 (1970) 16, 68-73.

5.17 Regitz, W.M.; Karp, J.A.: Three-transistor 1024-bit 500 ns MOS RAM. IEEE J. SC 5 (1970) 5, 181-186.

5.18 Abbott, R.A.; Regitz, W.M.; Karp, J.A.: A 4k MOS dynamic random access memory. IEEE J. SC 8 (1973) 5, 292-298.

5.19 Boonstra, L.; Lambrechtse, C.W.; Salters, R.H.W.: A 4096-b one-transistor per bit random access memory with internal timing and low dissipation. IEEE J. SC 8 (1973) 5, 305.

5.20 Stein, K.U.; Friedrich, H.: A 1-mil$^2$ single-transistor memory cell in n silicon-gate technology. IEEE J. SC 8 (1973) 5, 319.

150

5.21 Hoffman, W.K.; Kalter, H.L.: An 8k b random access memory chip
using the one-device FET cell. IEEE J. SC 8 (1973) 5, 298.

5.22 Wiedmann, S.K.: Injection-coupled memory: a high density static
bipolar memory. IEEE J. SC 8 (1973) 5, 332.

5.23 Berger, H.H.; Wiedmann, S.K.: Merged-transistor logic (MTL) - a
low-cost bipolar logic concept. IEEE J. SC 7 (1972) 5, 340-346.

5.24 Hart, K.; Slob, A.: Integrated injection logic: a new approach
to LSI. IEEE J. SC 7 (1972) 5, 346-351.

5.25 Harth, W.: Halbleitertechnologie. Teubner Studienskripten. Stuttgart: B.G. Teubner 1972.

5.26 Fogiel, M.: Modern microelectronics. New York: Research and Edu-
cation Association 1972.

5.27 Schneider, H.G. (Hrsg.): Grundlagen aktiver elektronischer Bauelemente. Leipzig: VEB Verlag für Grundstoffindustrie 1972.

5.28 Becker, D.; Maeder, H.: Hochintegrierte MOS-Schaltungen. Stuttgart: Berliner Union 1972.

5.29 Baitinger, U.G.: Schaltkreistechnologien für digitale Rechenanlagen. Berlin, New York: de Gruyter & Co. 1973.

5.30 Goser, K.: Speicher kleiner Verlustleistung in P-Kanal-MOS-Tech-
nik mit Sonderprozessen und in Komplementärkanal-MOS-Technik.
Nachrichtentechn. Z. 26 (1973) 1, 9-15.

5.31 Goser, K.; Pomper, M.: Five-transistor memory cells in ESFI MOS-
technology. IEEE J. SC 8 (1973) 5, 324-326.

5.32 Drangeid, K.E.; et al.: A memory cell array with normally off-type
Schottky-barrier FET's. IEEE J. SC 7 (1972) 4, 277-282.

5.33 Suzuki, S.; et al.: A static random access memory with normally-
off-type Schottky-barrier FET's. IEEE J. SC 8 (1973) 5, 326.


Abschnitt 5.3

5.34 Brockelsby, C.F.: Ultrasonic delay lines. London: Iliffe Books
Ltd. 1963.

5.35 Matick, R.E.: Review of current proposed technologies for mass
storage systems. IEEE Proc. 60 (1972) 3, 266-289.

5.36 Sangster, F.L.J.: Integrated MOS and bipolar delay lines using
bucket brigade capacitor storage. Dig. Intern. Solid State Circ.
Conf., Febr. 1970, 74.

5.37 Sangster, F.L.J.: Der "Eimerkettenspeicher", ein Schieberegister
für analoge Signale. Philips Techn. Rdsch. 4 (1970/71) 97.

5.38 Berglind, C.N.; Boll, H.J.: Performance limitations of the IGFET
bucket brigade shift register. IEEE Trans. ED 9 (1972) 7, 852-860.

5.39 Pfleiderer, H.J.: Der Einfluß der Kollektor-Emitter-Kapazität auf
     das Übertragungsverhalten des Bucket-brigade-Schieberegisters.
     Nachrichtentechn. Z. 26 (1973) 5, 203-210.

5.40 Boonstra, L.; Sangster, F.L.J.: Analog functions fit neatly onto
     charge transport chips. Electronics 45 (1972) 5, 64-71.

5.41 Altmann, L.: The new concept for memory and imaging: charge coup-
     ling. Electronics 44 (1971) 13, 50-52.

5.42 Boyle, W.S.; Smith, G.E.: Charge-coupled devices - a new approach
     to MIS device structures. IEEE Spectr. 8 (1971) 7, 18-27.

5.43 Carnes, J.E.; Kosonocky, W.F.; Ramberg, E.G.: Free charge transfer
     in charge-coupled devices. IEEE Trans. ED 19 (1972) 6, 798-808.

5.44 Engeler, W.E.; Tiemann, J.J.; Baertsch, R.D.: A memory system
     based on surface-charge transport. IEEE J. SC 6 (1971) 5, 306-313.

5.45 Tompsett, M.F.: A simple charge regenerator for use with charge-
     coupled und bucket-brigade shift registers and the design of
     functional logic arrays. IEEE ISSCC Dig. of Techn. Papers (1971)
     160-161.

5.46 Kosonocky, W.F.; Carnes, J.E.: Charge-coupled digital circuits.
     IEEE J. SC 6 (1971) 5, 314-322.

5.47 Tompsett, M.F.; Zimany, E.J.: Use of charge-coupled devices for
     analog delay. IEEE ISSCC Dig. of Techn. Papers (1972) 136-137.

5.48 Séquin, C.H.; et al.: A charge-coupled area image sensor and frame
     store. IEEE Trans. ED 20 (1973) 3, 244-252.

5.49 Sangster, F.L.J.; Teer, K.: Bucket-brigade electronics-new possi-
     bilities for delay, time-axis conversion and scanning. IEEE J. SC
     4 (1969) 3, 131-136.


Abschnitt 5.4

5.50 Scharbert, J.: Festwertspeicher. Entwickl.-Ber. Siemens-Halske
     Werke 32 (1969) 30-34.

5.51 Feustel, O.: Elektronische Zuordner. Elektron. Rechenanl. 7 (1965)
     1, 9-24.

5.52 Mazda, F.F.: The components of computers - part 5: the read only
     memory. Electron. Comp. 13 (1972) 20, 999-1006.

5.53 Rizzi, J.D.: Electrically programable ROMS. Electron. Comp. 12
     (1971) 22, 1279-1280.

5.54 Barrett, J.C.; et al.: Design considerations for a high-speed
     bipolar read-only memory. IEEE J. SC 5 (1970) 5, 196.

5.55 Frohman-Bentchkowsky, D.: The metal-nitride-oxide-silicon (MNOS)
     transistor-characteristics and applications. IEEE Proc. 58 (1970)
     8, 1207-1219.

5.56 Horninger, K.: Elektrisch umprogrammierbare Speichermatrix mit
     MNOS-Transistoren. Elektron.-Ind. 4 (1972) 5/6, 94-95.

152

5.57 Carlstedt, L.G.; Svensson, C.M.: MNOS memory transistor in simple memory arrays. IEEE J. SC 7 (1972) 5, 382-386.

5.58 Nakanuma, S.; et al.: Read-only memory using MAS transistors. IEEE J. SC 5 (1970) 5, 203-207.

5.59 Balk, P.; Stephany, F.: Charge storage in MAOS structures. Nachrichtentechn. Z. 23 (1970) 10, 526-527.

5.60 Frohman-Bentchkowsky, D.: A fully decoded 2048-bit electrically programable FAMOS read-only memory. IEEE J. SC 6 (1971) 5, 301-306.

5.61 Haberland, D. Der Chalkogenidglas-Schwellwertschalter. Frequenz 27 (1973) 3, 68-74.

5.62 Neale, R.G.; Nelson, D.L.; Moore, G.E.: Nonvolatile and reprogramable, the read-mostly memory is here. Electronics 43 (1970) 20, 56-60.

5.63 Kirchner, J.H.: Halbleiterspeicher. Der Elektroniker 11 (1972) 4, 175-184.


Abschnitt 5.5

5.64 Weil, G.: Assoziativspeicher: Konzeption-Anwendung-Aufbau. NTZ-Kurier 10 (1973) K 175.

5.65 Leilich, H.O.; Karlowsky, I.; Lawrenz, W.; Zeidler, H.Ch.: Ein Rechnerkonzept mit assoziativem Arbeitsspeicher - Prinzip und Organisation. In: Lectures Notes in Computer Science, Bd. 8 Berlin, Heidelberg, New York: Springer 1974.

5.66 Hanlon, A.G.: Content-adressable and associative memory systems - a survey. IEEE Trans. EC 15 (1966) 509-521.

5.67 Behrooz Parhami: Associative memories and processors: an overview and selected bibliography. IEEE Proc. 61 (1973) 6, 722-730.

5.68 High-Speed content-adressable memory TMS %000 JC, TMS 4000 NC. Texas Instruments Integrated Circuits Data Book. Dallas, Texas: Texas Instruments Inc. 1971.


Abschnitt 5.6

5.69 Hittinger, W.C.: Metal-oxide semiconductor technology. Scient. Amer. 229 (1973) 2, 48-57.

# 6. Ergänzungen in Richtung Massenspeicher

Zur Ergänzung der bisherigen Abschnitte soll in diesem Kapitel eine
Beziehung zu den Speicherverfahren geschaffen werden, welche als Mas-
sen- bzw. Hintergrundspeicher in Gebrauch bzw. in Entwicklung sind
und den bisher besprochenen Speicherverfahren am nächsten stehen. Wie
sich zeigen wird, sind die Zugriffszeiten, die Speicherkapazitäten und
die Speicherdichte größer und die Kosten pro Bit niedriger. Auf diesem
Gebiet erwächst den im Augenblick noch führenden magnetischen Platten
eine scharfe Konkurrenz durch andere teils magnetische, teils optische
Verfahren.

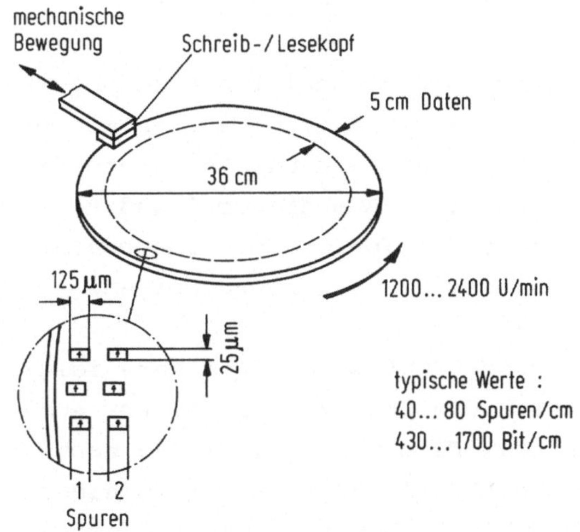



6.1. Prinzip eines Magnetplattenspeichers

Typische Plattenspeicher haben einen Durchmesser von 36 cm (Bild 6.1),
von denen nur die äußeren 5 cm zur Speicherung benutzt werden [6.1].
Die Bitdichte entlang der Spur schwankt zwischen etwa 400 bis 1700 Bit/
cm; in radialer Richtung können 40 bis 80 Spuren pro cm untergebracht
werden. Der Flächenbedarf für eine "Speicherzelle" ist im günstigsten

Fall 6 µm·125 µm, woraus eine Dichte von 1300 Bit/mm$^2$ resultiert. Die
Umdrehungszahl ist 2400 U/min bis 3600 U/min. Der Abstand des Schreib/
Lesekopfes, der auf einem Luftkissen auf der Oberfläche "schwimmt", beträgt zwischen 1,3 und 4 µm. Aus den Abmessungen und der Umdrehungsge-
schwindigkeit errechnet sich eine Bitrate von 0,5·10$^6$ bis 10·10$^6$ bit/s.
Die Zugriffszeit setzt sich zusammen aus der mittleren Umlaufzeit einer
Spur von 8 ms bis 12 ms und der Zeit zur mechanischen Positionierung
des Kopfes auf die richtige Spur von 25 bis 75 ms. Wie man sieht, er-
kauft man sich den Vorteil einer außerordentlich wirtschaftlichen Peripherie in Form einer Schreib/Leseeinheit für eine totale Speicherkapazität von etwa 7 bis 60·10$^6$ bit im wesentlichen durch eine erhöhte Zugriffszeit. Sobald man zu Systemen mit mehreren Köpfen pro Oberfläche
übergeht, werden die Kosten pro Bit für die Peripherie drastisch erhöht
und man kann den Zugriff bestenfalls bis zur Zeit einer halben Platten-
umdrehung herabsetzen. Einer wesentlichen Verbesserung der obigen Werte
sind enge Grenzen gesetzt. Will man die Bitdichte erhöhen, so muß man
den Luftspalt im Kopf herabsetzen auf Werte um 1 µm, der Abstand zur
Plattenoberfläche muß herabgesetzt werden auf unter 1,3 µm und die Spuren müssen näher zusammenrücken. Dem stehen enorme mechanische Probleme
entgegen. Als Preis pro Bit ergeben sich Werte zwischen 0,01 bis 0,1
Pf/Bit, bei großen Einheiten auch noch darunter.

Es zeigt sich, daß gerade die mechanische Bewegung, welche es möglich
macht, eine so große Anzahl von Speicherzellen mit minimalem Aufwand
an Peripherie zu erreichen, heute auch die Grenze für wesentliche weitere Verbesserungen darstellt. Aus diesem Grund versucht man nunmehr
eine optische Ansteuerung des Speichermediums oder verzichtet ganz auf
den mechanischen Transport, wie wir sehen werden.

Eine Anordnung eines magnetooptischen Speichers zeigt Bild 6.2. Die
Speicherung erfolgt nach wie vor magnetisch. Zur Auslese zieht man den
magneto-optischen Faraday-Effekt heran, der je nach Lage der Magneti-
sierung auf der Speicheroberfläche eine unterschiedliche Drehung der
Polarisationsebene des Lichts bewirkt, das von einem Gallium-Arsenid-
Laser ausgeht. Zur Ansteuerung mehrerer Spuren bedarf es entweder der
Ablenkung des Laserstrahls oder eines Laserelementes pro Spur. Zum
Schreiben gibt es wieder eine Reihe von Möglichkeiten. Vielfach wird
eine Kombination von Licht und Magnetfeld benutzt. Durch eine erhöhte
Intensität des auftreffenden Lichts kann eine örtliche Erwärmung er-
folgen, mit der eine Änderung der Koerzitivfeldstärke verbunden ist.
An dieser Stelle wird nun magnetisch geschrieben. Die Dichte in Dreh-

richtung ist begrenzt nach oben durch die Wellenlänge des Lichts von
0,83 µm; 2 µm Bitgröße und ein Abstand von 4 µm von Bit zu Bit werden
für möglich gehalten [6.1]. Der Spurabstand ist bestimmt durch den Abstand der Gallium-Arsenid-Laser-Dioden, welcher auf 50 µm angenommen
wird. Läßt man die übrigen Abmessungen gleich, so erhält man 1000 Spuren zu je 250 kbit, d.h. insgesamt $2,5 \cdot 10^8$ bit pro Platte. Durch die
Erhöhung der Umdrehungszahl der Platte auf 6000 U/min steigert sich
die Datenrate auf 25 Mbit/s. Als realistisch erreichbare Dichte wird
ein Wert von $1,5 \cdot 10^4$ Bit/mm$^2$ angesehen. Die wesentlichen Probleme liegen im Augenblick in den Eigenschaften der verwendeten magnetooptischen Materialien.

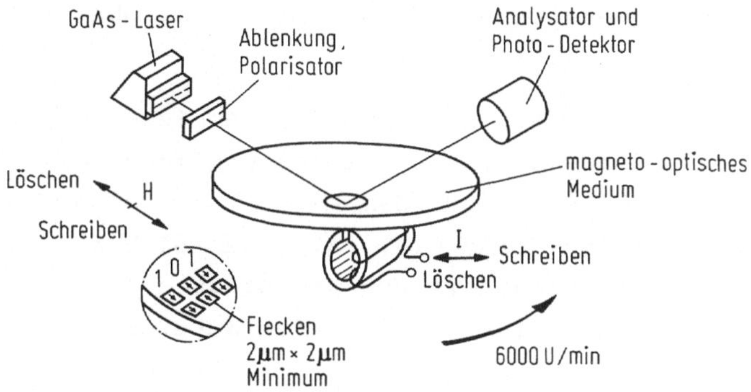


6.2. Plattenspeicher mit magnetooptischer Ansteuerung

Andere Versuche zielen in Richtung der Abschaffung des bewegten Speichermediums wie bei den Speichern mit wahlfreiem Zugriff. Ein äußerst
aussichtsreiches Konzept in dieser Richtung stellen die magnetischen
Zylinder-Domänen dar (magnetic bubbles, bubble: Blase). Sie beruhen
auf Materialien mit einer Anisotropie derart, daß die leichte Magnetisierungsrichtung senkrecht zur Ebene einer Schicht aus magnetischem
Material verläuft. Solche Materialien sind die sogenannten Orthofer-
rite, eine Mischung aus seltenen Erden und Eisenoxid $Fe_2O_3$ und auch
die magnetischen Granate, welche aus Yttrium bzw. seltenen Erden und
$Fe_5O_{12}$ aufgebaut sind. Als Gleichgewichtszustand zwischen der magneto-
statischen Energie und der Wandenergie bilden sich ohne äußeres Feld
mäanderförmige Domänen (Bild 6.3a). Beim Anlegen eines äußeren Feldes
wachsen die in Feldrichtung liegenden Domänen und lassen bei einem bestimmten Wert des Feldes zylinderförmige Domänen, sogen. Blasen übrig
(Bild 6.3b) [6.2]. Diese Blasen können als Informationsträger eingesetzt werden. Das Feld senkrecht zur Schicht wird durch Permanentmagnete erzeugt. Die Information ist also unabhängig von äußerer Energie
zu ihrer Aufrechterhaltung.

Diese magnetischen Blasen verhalten sich weitgehend wie magnetische Dipole, d.h. sie lassen sich unter Einfluß eines Magnetfeldes in der Schichtebene verschieben. In einem Speicher verschiebt man nun die Bla-

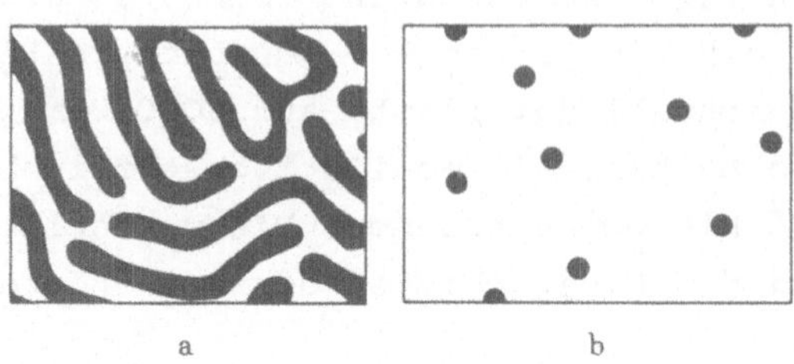

6.3. Magnetischer Blasenspeicher (Ausschnitt): a. ohne äußeres Feld, b. mit äußerem Feld

sen entlang definierter Wege nach Art eines Schieberegisters. Zur Definition der Wege und zur Erzeugung der notwendigen Verschiebefelder bedient man sich entweder eines auf dem Magnetmaterial aufgebrachten Musters von Leiterschleifen (Bild 6.4), zu denen sich die Blasen senkrecht bewegen, oder eines Musters aus weichmagnetischem Material (Permalloy) in Verbindung mit einem rotierenden äußeren Magnetfeld [6.3].

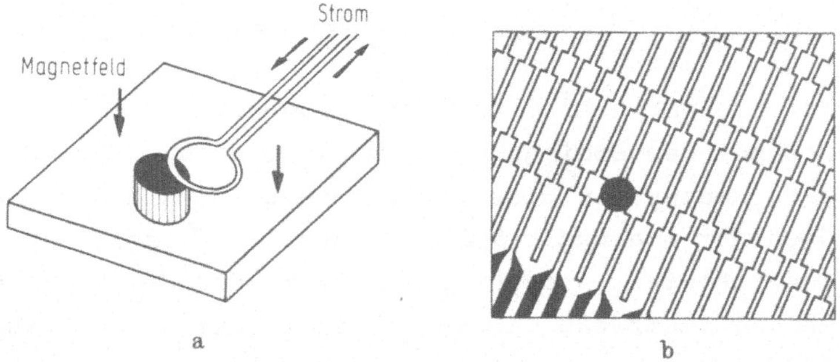


6.4. Anordnungen zur Verschiebung von Zylinderdomänen mittels stromdurchflossener Leiterschleifen

Ein solches Muster ist z.B. das T-Balkenmuster lt. Bild 6.5. Unter dem Einfluß des äußeren Feldes (siehe Bildfolge) bilden sich aus dem weichmagnetischen Material kleine Magneten, welche die Blasen anziehen und bei der Rotation des äußeren Feldes um eine räumliche Periode des Musters weiter bewegen. Mit Hilfe von Leiterschleifen bzw. magnetischer Muster lassen sich auch Blasen erzeugen und vernichten (Bilder 6.6, 6.7). Das Auslesen kann induktiv erfolgen, wobei die Signale wohl zu klein sind, besser aber durch den Hall-Effekt oder durch eine magnetische Widerstandsänderung.

Die Speicherdichte hängt ab von der Größe der Blasen und diese wiederum hängt mit den Materialeigenschaften zusammen. 3 µm Durchmesser für
eine Domäne sind erreicht worden, 1 µm wird für möglich gehalten. Der
Abstand muß aus Gründen der Vermeidung der gegenseitigen Beeinflussung
etwa gleich dem 3-fachen Durchmesser sein. Die Dichte bei 3 µm Durchmesser beträgt damit etwa $10^4$ Bit/mm$^2$. Auch die Beweglichkeit hängt
mit den Materialparametern zusammen. Als Faustregel werden für eine
Verschiebung um einen Blasendurchmesser 100 ns angegeben [6.1]. Da eine Binärstelle eine Strecke von 3 Blasendurchmessern beansprucht, ergibt sich ein Bitschiebetakt von etwa 3 Mbit/s.

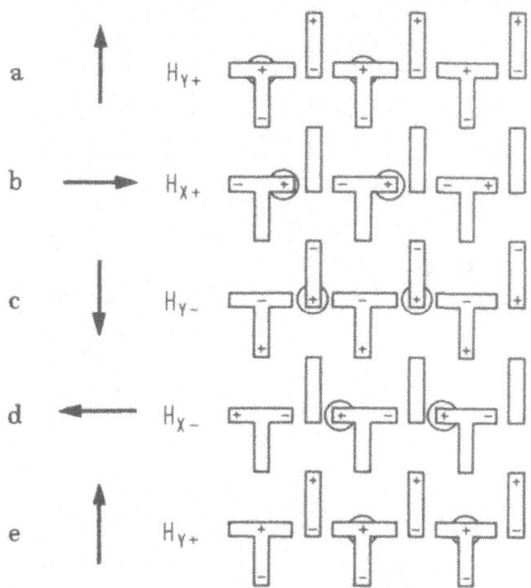



6.5. Verschiebung von Zylinderdomänen mittels äußerem Feld und weichmagnetischem T-Balkenmuster

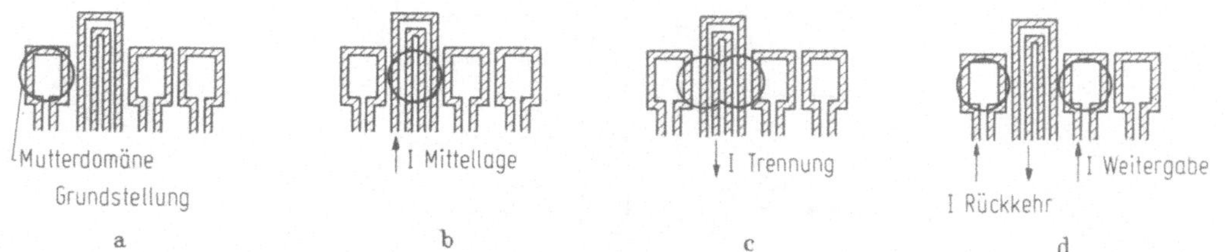



6.6. Erzeugung von Zylinderdomänen mittels stromdurchflossener Leiterschleifen

Die Organisation erfolgt in einem System von Haupt- und Nebenschleifen
(Bild 6.8). Für jede Stelle eines Wortes ist eine Nebenschleife vorgesehen. An einer Stelle kann eine Übertragung aus einer Nebenschleife
in eine Hauptschleife vorgenommen werden. Alle Bits eines Wortes sind
zur gleichen Zeit an der Transferstelle zur Hauptschleife, so daß auf

diese Weise das parallele Einschreiben oder Lesen stattfinden kann. Von
der Hauptschleife gelangen die Bits seriell zur eigentlichen Auskopp-
lungsstelle für das Lesesignal. Bei größeren Speichern geht man den

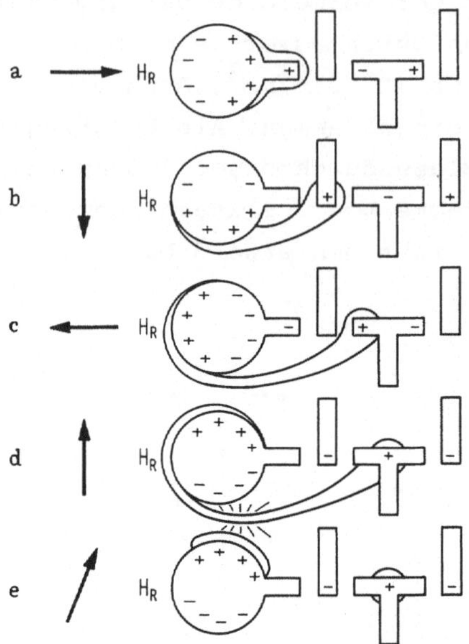



6.7. Erzeugung von Zylinderdomänen mittels rotierendem äußerem Magnetfeld

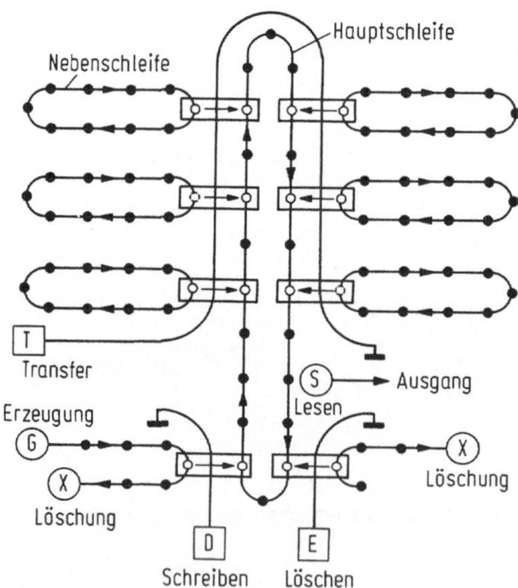



6.8. Magnetischer Blasenspeicher aufgebaut auf einem System von inein-
andergreifenden Haupt- und Nebenschleifen

gleichen Weg wie bei Halbleiterspeichern, d.h. man ordnet die Bits eines Wortes auf verschiedenen Chips an. Für einen Speicher von 67 Mbit

gelangt man zu einer Zugriffszeit von 0,5 ms [6.1]. Das sind zwei Größenordnungen weniger als beim Plattenspeicher.

Auch von der Verlustleistung her bietet der magnetische Zylinder-Domä-
nen-Speicher günstige Werte: Um eine Million Blasen mit $10^6$ Schiebetak-
ten pro Sekunde zu bewegen, braucht man nur 40 mW, etwa 250 mal weniger
als bei Halbleiterschaltungen. Das Problem ist, Materialien mit geeigneter Kombination von Parametern für hohe Dichte und Geschwindigkeit zu
finden und deren Herstellung in den Griff zu bekommen. Zur weiteren Information sei auf die Literatur verwiesen [6.4 bis 6.6].

Ein Konzept auf der Basis magnetischer Speicherung, das ebenfalls auf
die Bewegung der Information bei ruhendem Medium hinzielt, ist in Form
der sogenannten DOT-Speicher (domain tip propagation, DOT) in Entwicklung [6.7]. Dabei werden magnetische Domänen in einer Schicht aus einer Nickel-Eisen-Kobaltlegierung mit Glas als Substrat verschoben, wobei
der Weg einerseits durch den Aufbau, andererseits durch lokale Magnetfelder bestimmt wird. Der Aufbau ergibt eine kanalartige Struktur dadurch, daß im "Kanalbett" die Magnetschicht direkt auf Glas aufliegt
und eine kleine Koerzitivfeldstärke aufweist, wogegen sie zwischen den
Kanälen mit Aluminium unterlegt ist, was eine hohe Koerzitivfeldstärke
ergibt. Durch ein geeignetes Leitungsmuster und entsprechend ablaufen-
de Ströme verschieben sich die magnetischen Bereiche entlang der Kanä-
le nach Art eines Schieberegisters mit einem Grundtakt von etwa 30 kHz.

Durch geeignete Systemorganisation lassen sich größere Speicher von
$2 \cdot 10^6$ bit Kapazität mit einer Datenrate von $266 \cdot 10^3$ byte (9 bit-Wor-
te) pro Sekunde und einer mittleren Zugriffszeit von 7,7 ms aufbauen.
Die Speicherdichte beträgt ca. 5 Bit/mm$^2$, als Preis werden etwa 0,3
bis 0,7 Pf/Bit angegeben. Die Entwicklung zielt auf Kapazitäten von
5 bis 10 Mbyte, Zugriffszeiten von 2 bis 5 ms und Übertragungsraten
von 1 bis 3 Mbyte/s [6.8].

Einen Vergleich zwischen verschiedenen Technologien bezüglich ihrer
wesentlichen Daten zeigt Tabelle 6.1 [6.9].

Eine weitere Alternative bieten optische Speicher [6.10]. Als Speichermedium werden meist Hologramme vorgeschlagen, welche auf einem lichtempfindlichen Material oder thermoplastisch erzeugt werden. Die thermo-
plastische Speicherung hat den Vorteil der leichteren Änderbarkeit der
gespeicherten Information. Die Speicherung als Hologramm hat den Vor-

Tabelle 6.1: Vergleich verschiedener Speicherarten [6.9]

|  | Einheit | Bubble | Festkopfplatte | CCD | DOT |
|---|---|---|---|---|---|
| Modulkapazität | Mbyte | 0,1 bis 10 | 0,1 bis 10 | 0,1 bis 1 | 0,1 bis 1 |
| Packungsdichte | $\frac{kbit}{mm^2}$ | 0,5 bis 2,5 | 0,2 | 0,5 bis 5 | 0,001 bis 0,02 |
| mittlerer Zugriff | ms | 0,1 bis 1 | 2,5 bis 17 | 0,01 bis 0,1 | 1 bis 2 |
| Schiebefrequenz | $\frac{Mbit}{s}$ | 0,1 bis 4 | 2 bis 12 | 0,5 bis 20 | 0,03 |
| Datenrate | $\frac{MW}{s}$ | 0,4 bis 16 | 2 bis 12 | 0,5 bis 20 | 0,3 bis 1 |
| Leistungsverbrauch | $\frac{\mu W}{bit}$ | 0,5 bis 1 | 10 bis 20 | 5 bis 20 | 20 |
| Verhalten bei Stromausfall | – | nicht flüchtig | nicht flüchtig | flüchtig | nicht flüchtig |

teil, daß die Information für jedes Bit über die ganze Fläche verteilt
gespeichert ist und örtliche Fehler im Speichermaterial (Kratzer, Staub)
nur eine Verschlechertung des Signalstörverhältnisses insgesamt bedingen.

Bild 6.9 zeigt den Aufbau eines optischen Speichers [6.11]. Das Speichermedium befindet sich in der Hologrammebene und ist aus einer Anzahl
von Teilhologrammen (pages: Seiten) aufgebaut. Bei einer bestimmten
Stellung des Laserstrahls wird ein bestimmtes Teilhologramm entweder
erzeugt oder durch Abbildung auf eine optische Detektormatrix ausgele-
sen. Bei der Erzeugung des Teilhologramms liegt ein Block von Information in Form einer Datenmaske vor, in welcher binäre Information durch
ein Flächenmuster von durchsichtigen (für "1") oder undurchsichtigen

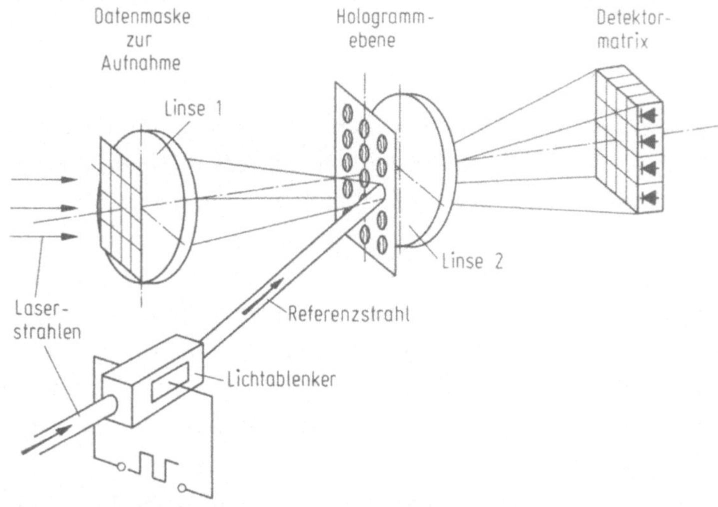


6.9. Prinzipieller Aufbau eines optischen Speichers

Stellen (für "0") dargestellt wird. Durch Überlagerung des Lichts von
einem Laser, der die Datenmaske durchstrahlt und einem Referenzstrahl
erzeugt man das Hologramm als Interferenzmuster. Bei späterer Beleuch-
tung mit dem Referenzstrahl entsteht in der Ebene der Detektormatrix
das ursprüngliche Bild der Datenmaske wieder. Es wird angestrebt, etwa
$10^4$ bis $10^5$ Hologramme mit einem Durchmesser von 1 mm in der Speicher-
ebene anzuordnen, wobei ein Hologramm etwa $10^4$ bit speichert. Die erreichbare Speicherdichte ist weniger begrenzt durch die optische Auflösung, welche Dichten von etwa $10^6$ Bit/mm$^2$ zulassen würde, sondern
durch die Genauigkeit der Ansteuerung durch den abgelenkten Lichtstrahl.
Ein Wert von $10^5$ Bit/mm$^2$ erscheint realistisch. Die Gesamtkapazität

liegt bei etwa $10^8$ bis $10^9$ bit. Zur Ansteuerung der einzelnen Teilhologramme wird der Referenzstrahl durch einen Lichtablenker geschickt. Seine Ablenkzeit bestimmt zusammen mit der Detektormatrix die Zugriffszeit des Systems. Diese Zeiten liegen in der Größenordnung einiger Mikrosekunden. Zum Schreiben eines Hologramms bedarf es etwa 50 µs.

Alle Komponenten des optischen Speichers befinden sich noch im Stadium der Entwicklung. Es bedarf noch einiger Anstrengungen, um sie auf einen Stand der Zuverlässigkeit, Reproduzierbarkeit und der wirtschaftlichen Herstellung zu bringen, welche der Systementwickler verlangen muß.

Zur eingehenden Information sei auf die Literatur verwiesen [6.12 bis 6.20].

In den letzten Jahren haben auch die supraleitenden Speicherelemente in Form der sogen. "Josephson-Junction" neue Aussichten auf hochdichte Speicher geringster Verlustleistung und ultrakurzer Schaltzeit auferweckt [6.21]. Hierbei wird die Zweipolkennlinie eines Josephson-Schichtelementes vom supraleitenden in den normalleitenden Zustand und umgekehrt geschaltet in Zeiten von wenigen Picosekunden (1 ps = $10^{-12}$s) [6.22]. Die Fläche ist durch die Fotolithografie bestimmt und liegt bei 100 $\mu m^2$. Das Produkt aus Leistung·Verzögerung liegt bei ca. $4 \cdot 10^{-18}$ Ws, etwa $10^6$ mal niedriger als bei TTL-Schaltkreisen. Als Nachteil muß man heute noch die niedrigen Temperaturen von wenigen Grad Kelvin betrachten, was die Kühlung mit flüssigem Helium notwendig macht.

Im Zusammenhang dieses Kapitels sei noch einmal an die akustischen Verzögerungsleitungen aus Abschnitt 5.3.1 erinnert, welche in Form der piezoelektrischen Oberflächenwellenelemente in den Wettbewerb eingreifen. Ihre Speicherdichte reicht ebenfalls über $10^4$ Bit/$mm^2$ hinaus, die Datenrate liegt bei $10^8$ bit/s; die Zugriffszeit in der Gegend einiger Mikrosekunden [6.1].

Über die Kosten der im Forschungsstadium befindlichen Verfahren lassen sich beim heutigen Stand der Entwicklung nur unsichere Aussagen machen. Die Tatsache, daß an ihrer Entwicklung überhaupt gearbeitet wird, zeigt, daß man ihnen das Potential zugesteht, die heutigen Speicherverfahren zu

unterbieten. Bild 6.10 zeigt eine Zusammenstellung der Kosten und ihre
Abhängigkeit von der Zugriffszeit für einige typische Vertreter der
Speichertechnik.[*]

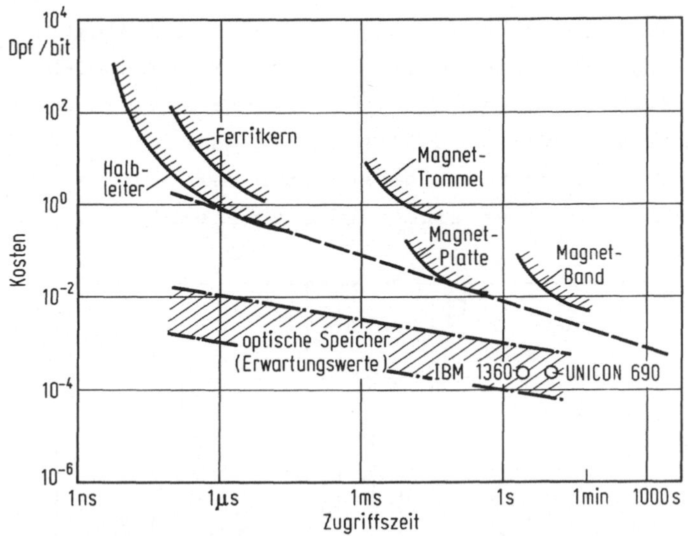


6.10. Übersicht über die Kosten pro Bit und die Zugriffszeit verschiedener Speicherverfahren (nach Einsele)

Zum Abschluß mögen einige zusammenfassende Gesichtspunkte dienen. Es besteht wenig Zweifel, daß der Systemarchitekt es begrüßen würde, wenn er
einen großen Speicher mit wahlfreiem Zugriff, mit schnellem Schreiben
und Lesen, geringer Verlustleistung und geringem Preis zur Verfügung
hätte. Die Tatsache, daß eine Vielzahl von Speicherverfahren existieren
und dazu noch erhebliche Ergänzungen auf der Seite der Software bemüht
werden, zeigt, daß es den idealen Speicher nicht gibt, sondern je nach
Anwendung andere Gesichtspunkte eine bestimmte Variante zum Favoriten
machen. Bild 6.11 gibt einen Überblick über wichtige Kennwerte gebräuch-
licher Speicherverfahren zusammen mit den Bereichen, die sie überstrei-
chen.[*]

Die magnetischen Verfahren mit ihren hauptsächlichen Vertretern Ferritkernspeichern, Magnetplatte und Magnetband sind nunmehr für rund 20
Jahre die bevorzugten Systeme gewesen und waren in dieser Zeit vielfa-
cher Konkurrenz ausgesetzt. Bis jetzt konnten sie nicht verdrängt wer-

---

[*] Die Bilder sind einem Vortrag von Herrn Prof. Dr.-Ing. Th. Einsele,
T.U. München, vom 16.5.1974 mit dessen freundlicher Genehmigung entnommen.

den, vielmehr gaben die konkurrenzierenden Verfahren immer nur den An-
stoß zu ihrer weiteren Verbesserung. Heute sind sie ihren Grenzen näher
als je zuvor; die Kosten für die Weiterentwicklung zahlen sich umso weniger aus, je näher man an die Grenze einer bestimmten Technologie gelangt. So scheint es, daß heute die Aussichten der Konkurrenten besser
sind als je zuvor, aber noch beherrschen die Magnetspeicher etwa 8o %
des Marktes [5.2]. Sie haben sich im Laufe der Zeit zu einem Vergleichs-
maßstab entwickelt, an dem jede Alternative gemessen wird. Es wird schwie
rig sein, die Kombination von Eigenschaften der heute eingesetzten magnetischen Speichermedien zu erreichen oder zu überbieten. Selbst wenn die

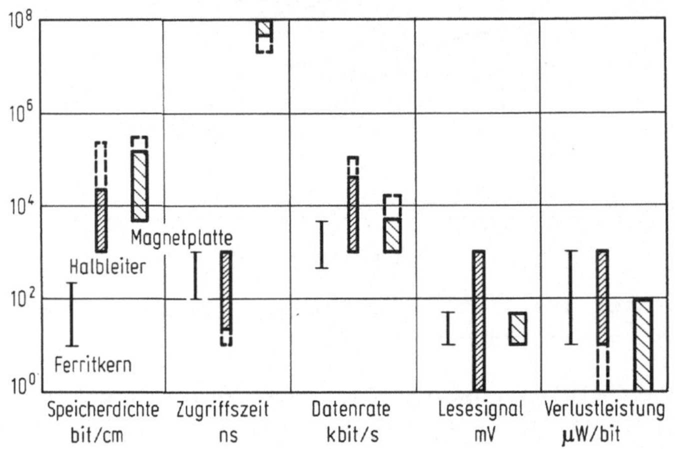


6.11. Vergleich wichtiger Kennwerte verschiedener Speicherverfahren
(nach Einsele)

gleiche Leistungsfähigkeit erreicht wird, so muß sie zu niedrigerem
Preis geboten werden und dies ist umso schwieriger, je mehr wissen-
schaftliche, technische und fertigungsmäßige Investitionen zur Einführung einer neuen Technologie zu erbringen sind, von den Anforderungen der Unterhaltung und Wartung ganz zu schweigen. Die Halbleiterspeicher haben hier die besten Aussichten.

Im übrigen gilt die alte Regel "Qui vivra, verra"!


## 6.1 Schrifttum zu Abschnitt 6


6.1　Matick, R.E.: Review of current proposed technologies for mass
　　　storage systems. IEEE Proc. 60 (1972) 3, 266-289.

6.2　Lapidus, G.: The domain of magnetic bubbles. IEEE Spectr. 9 (1972)
　　　9, 58-62.

6.3 Bobeck, A.H.: The magnetic bubble. Bell Lab. Rec. (1970) June/July, 163-169.

6.4 Bobeck, A.H.; et al.: Application of orthoferrites to domain-wall devices. IEEE Trans. MAG 5 (1969) 3, 544-553.

6.5 Bonyhard, P.I.; Danylchuk, I.; Kish, D.E.; Smith, J.L.: Appli cations of bubble devices. IEEE Trans. MAG 6 (1970) 3, 447-451.

6.6 Anacker, W.: Possible uses of charge-transfer devices and magne-tic-domain devices in memory hierarchies. IEEE Trans. MAG 7 (1971) 410-415.

6.7 Deichelmann, H.: DOT-Speicher als periphere Einheiten in Rechner-systemen. In: Mikroelektronik 5. München, Wien: R. Oldenbourg 1972, 534-549.

6.8 Deichelmann, H.: Fortschritte bei der DOT-Technik. Vortrag anl. eines Seminars über Datenspeicher. Intern. Elektronik-Zentrum München, Mai 1973.

6.9 Parzefall, F.: Datenspeicher hoher Packungsdichten mit magneti-schen Zylinderdomänen. Vortrag anl. eines Seminars über Daten-speicher. Intern. Elektronik-Zentrum München, Mai 1973.

6.10 Tufte, O.N.; Chen, D.: Optical techniques for data storage. IEEE Spectr. 10 (1973) 9, 26-32.

6.11 Hill, B.: Ein optischer Datenspeicher mit schnellem Zugriff. Vor-trag anl. eines Seminars über Datenspeicher. Intern. Elektronik-Zentrum München, Mai 1973.

6.12 Kiemle, H.: Holographische Speicherung digitaler Daten. Entwickl.-Ber. Siemens-Halske Werke 32 (1969) 35-40.

6.13 Kulcke, W.: Holographie und elektronische Datenverarbeitung. Elektrotechn. Z.-B 23 (1971) 13, 301-304.

6.14 Eschenfelder, A.H.: Promise of magneto-optic storage systems com-pared to conventional magnetic technology. J. Appl. Phys. 41 (1970) 3, 1372-1376.

6.15 Rajchman, J.A.: Promise of optical memories. J. Appl. Phys. 41 (1970) 3, 1376-1383.

6.16 Dell, R.H.: Design of a high density optical mass memory system. Comp. Des. 10 (1971) 8, 49-53.

6.17 Anderson, L.K.: Applications of holographic optical techniques to bulk memory. IEEE Trans. MAG 7 (1971) 601-605.

6.18 Weiss, H.; Busse, J.: Physikalische Aspekte strahlgesteuerter Spei-cher. Nachrichtentechn. 20 (1970) 7, 268-273.

6.19 Lohmann, R.D.; Mezrich, R.S.; Stewart, W.C.: Holographic mass me-mory's promise: megabits accessible in microseconds. Electronics 44 (1971) 2, 61-66.

6.20 Maslowski, S.: Datenspeicherung mit hoher Aufzeichnungsdichte auf UV-empfindlichen Schichten. Vortrag anl. eines Seminars über Da-tenspeicher. Intern. Elektronik-Zentrum München, Mai 1973.

6.21 Anacker, W.: Potential of superconductive Josephson tunneling technology for ultra-high performance memories and processors. IEEE Trans. MAG 5 (1969) 6, 968-975.

6.22 Jutzi, W.; Mohr, Th.O.; Gasser, M.; Gschwind, H.P.: Josephson junctions with 1 μm dimensions and with picosecond switching times. Electron. Letters 8 (1972) 24.

# Sachverzeichnis